स्वदेश के फ़िराक़

स्वदेश के फ़िराक़

डॉ. भवदेव पाण्डेय

वाणी
प्रकाशन

प्रकाशन के उत्कृष्टतम 61 वर्ष

सजिल्द पहला संस्करण : 2008
सजिल्द दूसरा संस्करण : 2024

vaniprakashan.com

वाणी प्रकाशन
4695, 21-ए, दरियागंज, नयी दिल्ली-110 002
फ़ोन : +91 11 23273167, 23275710
शाखाएँ
अशोक राजपथ, पटना-800 004, बिहार
कॉफ़ी हाउस कैम्पस, महात्मा गांधी मार्ग, प्रयागराज-211 001, उत्तर प्रदेश
महात्मा गांधी अन्तरराष्ट्रीय हिन्दी विश्वविद्यालय, वर्धा-442 001, महाराष्ट्र
36/ए, शेक्सपियर सरणी, रानी बिरला गर्ल्स कॉलेज के पास, कोलकाता-700 017, प. बंगाल
sales@vaniprakashan.in
vaniprakashan@gmail.com

Swadesh ke Firaq
by Dr. Bhavdev Pandey

ISBN : 978-81-8143-709-9
Criticism

मूल्य : ₹ 375

सिटी प्रेस, दिल्ली-110 095 में मुद्रित

वाणी प्रकाशन का लोगो मक़बूल फ़िदा हुसेन की कूची से

अनुक्रम

रचनात्मक मुक्ति आन्दोलन में फ़िराक़'

साहित्य में फ़िराक़ का प्रथम दाखिला १५ सितम्बर १९१९ को हुआ था। रघुपति सहाय बी.ए. के प्रथम दाखिल के अदबी स्कूल का नाम था 'स्वदेश', गोरखपुर यानी एक 'साप्ताहिक अख़बार' जिसके सम्पादक थे दशरथ प्रसाद द्विवेदी। 'स्वदेश' के सम्पादक द्विवेदीजी एक बड़े साहित्यकार और भारतीय नवजागरण के अज़ीम क्रान्तिदूतों में एक प्रतिष्ठित व्यक्ति थे। उनका मोटो था 'जो घर फूँके आपनों चले हमारे साथ'।

संयोग की बात थी कि रघुपति सहाय वल्द गोरखप्रसाद 'इबरत' साकिन गाँव कुरावल, तहसील बाँसगाँव, ज़िला गोरखपुर अपना घर तो फूँककर आये ही थे, साथ ही अपनी उद्दाम काम वासनाओं तथा ऐन्द्रिय उपभोग के रंगीन सपनों को भी फूँक आये थे। स्वदेश में इनके भर्ती के जामिन बने प्रेमचन्द और मन्नन द्विवेदी गजपुरी। बाबू रघुपति सहाय, बी.ए. के दाख़िला के पहले स्वदेश में प्रेमचन्द की तीन कहानियाँ और मन्नन द्विवेदी के निबन्ध और कविताएँ प्रकाशित हो चुके थे, इसलिए रघुपति सहाय के लिए इन लोगों की सिफ़ारिश काम आ गयी थी।

यह कम आश्चर्य की बात नहीं थी कि दाख़िले के समय रघुपति सहाय के पास कोई मौलिक रचना नहीं थी। था तो 'डानजुअन' का अनुवाद। 'डानजुअन' अँगरेजी कवि बायरन की सबसे अधिक प्रसिद्ध महाकाव्यात्मक कविता थी। इस कविता के नायक डानजुअन का चरित्र एक ऐसा आईना था जिसमें बायरन को अपने वासनात्मक चेहरे का मुकम्मल अक्स उभरा हुआ दिखाई पड़ा था—प्राकृतिक-अप्राकृतिक। रघुपति सहाय के दिल में यह कविता धँस गयी थी। इसलिए उन्होंने 'डानजुअन' के सृजनशील हिन्दी अनुवाद द्वारा अपने साहित्यिक यात्रा का श्री गणेशाय नमः किया था।

'स्वदेश' में रघुपति सहाय द्वारा अनूदित 'डानजुअन' या 'दीर्घायु' नीर चार किस्तों में प्रकाशित हुआ। पहली किस्त १५ सितम्बर, १९१९ और चौथी किस्त २२ दिसम्बर १९१९। यह कम हैरतअंगेज वाक़िया नहीं है कि आज जब फ़िराक़ के विषय में बहुत कुछ लिखा जा चुका है तब भी उनकी प्रारंभिक रचनाओं का रहस्य नहीं जाना गया है। केवल अटकलें लगायी गयी हैं। इन अटकलों का जाइज़ा डॉ. काज़िम अली खाँ के एक लेख 'फ़िराक़ की इब्तेदाई अदबी ज़िन्दगी' (फ़िराक़ :

सदी की आवाज़ पृ. १३८ सम्पादक सैय्यद अमजद हुसैन, प्रकाशक 'रोहित नन्दन, निदेशक-सूचना एवं जन सम्पर्क विभाग, उ.प्र. लखनऊ') द्वारा लिया जा सकता है। यह भी कम आश्चर्यजनक नहीं है कि नया दौर के विशेषांकों (सन् १९८३ और १९८४) में भी फ़िराक़ ने अपने विस्तृत आत्मकथ्यों में अपने इब्तेदाई लेखन की चर्चा तक नहीं की। आखिर ऐसा कैसे और क्यों हुआ? इसका अनुमान उनके दिये गये बयानों से लगाया जा सकता है। जब वे इलाहाबाद विश्वविद्यालय से बी.ए. उत्तीर्ण करने के बाद सन् १९१८ में ऐन्द्रिय सौन्दर्योपभोग को सामने लेकर घर आये, तब प्रथम पत्नी-दर्शन ने उनको क्षोभ एवं निराशा से भर दिया। उनके सारे सपने विच्छिन्न होकर टुकड़े-टुकड़े बिखर गये। वे अपने विच्छिन्न सपनों से कितना अंग-न्यास कर सकते थे। वे अपने को ढूँढ़ने लगे। बी.ए. कक्षा के क्लासफेलो याद आये, परन्तु प्राप्ति से दूर। इसलिए 'पाठ' याद आये। उन्हीं पाठों में बायरन की झलक मिली। कामवासना में डूबा बायरन 'प्राकृतिक और अप्राकृतिक' जीवन जीत, बायरन, ज़गह-ज़गह भटकता बायरन, जंग और संघर्ष का वरण करता बायरन।

रघुपति सहाय ने बायरन से जी बहलाना शुरू किया। इसी दरम्यान डानजुअन दिखलाई पड़ा। फिर तो वे बायरन के डानजुअन में डूब गये। कविता में डानजुअन नायक और खलनायक दोनों रूपों में मिला—आंगिक एषणाओं का उपभोक्ता, परन्तु साहसिकता और संघर्ष के लिए आत्माहुति करने का संकल्प भी। बायरन की तरह रघुपति सहाय ने भी अपना चेहरा डानजुअन में देखा। अगर हू-ब-हू नहीं तो बहुत कुछ समानधर्मी।

रघुपति सहाय ने अपने निष्प्रयोज्य बिम्बों को प्रयोजनीय बनाने का उपक्रम किया। इससे उनकी एकान्तिकता टूटी, वे उदासी से उबरे, धुँधलका कम हुआ। मानस की क्षोभ तरंगे उतरने लगीं। वे भौतिकता और आध्यात्मिकता के बीच छटपटाते कुरावल (गाँव) से गोरखपुर शहर भागे जहाँ उन्हें प्रेमचन्द मिले। प्रेमचन्द को रघुपति की जहानत पहचानने में देर नहीं लगी। वे उन्हें 'स्वदेश' के सम्पादक दशरथ प्रसाद द्विवेदी के पास ले गये। स्वदेश में प्रेमचन्द की कहानियाँ पहले से प्रकाशित हो रही थीं। रघुपति को भी ठोंक बजाकर 'स्वदेश' के सहायक रूप में रख लिया गया।

'स्वदेश' में रघुपति सहाय की प्रतिभा की आँधी चलने लगी। वे अपनी सृजन सत्ता और देश की आज़ादी को उग्रतर बनाने के कारण शीघ्र ही विख्यात हो गये। हालाँकि प्रारम्भ में इन्हें केवल बीस रुपये मासिक मिलते थे परन्तु दो साल बाद इनका वेतन बढ़ाकर चालीस रुपये कर दिया गया। रघुपति सहाय, बी.ए. साहित्यकार और सम्पादक साथ-साथ बने। साहित्यकार के रूप में वे देर रात तक

जागते रहते थे और सम्पादक के रूप में दिन भर जंगे आज़ादी को प्रभंजन बनाने के लिए सभाओं में शिरकत करना और अगिया बैताल—सा तकरीर करना इनकी बेवफा ज़िन्दगी की दास्तान बन गये।

यह कहा जा चुका है 'स्वदेश' ने २२ दिसम्बर, १९१९ तक बाबू रघुपति सहाय को एक प्रतिष्ठित साहित्यकार के रूप में तराशकर जग जाहिर कर दिया। यह थी 'डानज़ुअन' दीर्घायुनीर के अनुवाद की आखिरी तिथि।

प्रारम्भ में बाबू रघुपति सहाय ने गद्य-लेखन किया, अनूदित और मौलिक दोनों। उनका गद्य-लेखन कई रूपों में सामने आया, मसलन निबन्ध, लेख, कहानी, संस्मरण, आलोचना, फीचर और सम्पादकीय लेखन। गद्य-लेखन के इन विविध लेखनों में वे अपने समकालीन हिन्दी लेखकों से बीस रहे। उनमें नवचिन्तन के अनेक परिदृश्य उभरे। उन्होंने तद्‌युगीन लेखकीय विचारधाराओं में भारी परिवर्तन किया। अगर सच पूछा जाय तो स्वदेश ही बाबू रघुपति सहाय, बी.ए. के लेखन का इब्तिदाए ज़माना था। इसी 'स्वदेश' ने उन्हें 'शुक्रवार फाल्गुन शुक्ल १५ संवत् १९८३ यानी १८ मार्च १९२७ को इन्हें फ़िराक़ बना दिया। यह था 'स्वदेश' की अदबतराशी। तराशिद थे दशरथ प्रसाद द्विवेदी जो स्वयं हिन्दी, अँगरेजी तथा उर्दू फ़ारसी के अच्छे ज्ञाता थे। १५ सितम्बर, १९१९ फ़िराक़ के साहित्यकार का प्रथम दिन था। 'डानजुअन या दीर्घायुनीर' के अनुवाद में सर्जना का जौजाद था वह अनुपमेय और अतुलनीय था। २० वीं सदी के दूसरे दशक में शायद ही किसी के अनुवाद में रघुपति सहाय जैसी जीवन्तता, ताज़गी और तपिश रही हो। इस अनुवाद में रघुपति सहाय बी.ए. और फ़िराक़ दोनों का ज़िन्दगीनामा दर्ज है। इस अनुवाद में जो सैंसुअल्टी, कामुकता और बे-अदब बिम्बों का विन्यास हुआ है, वही फ़िराक़ की रचना-प्रकृति को समझने का सूत्र यानी 'अथातो फ़िराक़ जिज्ञासा है।'

आश्चर्य तो यह है कि फ़िराक़ पर इतना अधिक लिखे जाने और स्वयं फ़िराक़ के साक्षात्कारों के बाद भी आज तक इस रहस्य का विमोचन हुआ ही नहीं कि फ़िराक़ ने साहित्य की सदस्यता का फार्म हिन्दी में भरकर हस्ताक्षर किया था, रघुपति सहाय बी.ए. और इसकी तस्दीक की थी प्रेमचन्द ने बतौर अभिभावक के रूप में। रघुपति सहाय बी.ए. के हिन्दी लेखन की शैली और भाषाई संरचना ने द्विवेदी-युग के सभी लेखकों को पीछे छोड़ दिया। इस तथ्य की प्रामाणिकता के लिए 'दीर्घायुनीर' का एक छोटा-सा गद्यांश देखा जा सकता है—'यह दृश्य देखकर डानजुअन काँप गया। संसार की सारी शान-शौकत, भोग-विलास, सुन्दरता और कोमलता, जीवन का सारा बल, अभिमान और चमत्कार मृत्यु को दण्डवत कर रहे थे। लेकिन इस प्रतिष्ठित इटली में धर्म और अधर्म ऐसे सम्मिलित और एकामय हो रहे थे कि धर्म एक तरह का व्यभिचार और व्यभिचार एक तरह का

धर्म हो गया था।' (स्वदेश पृ. ६ ,२९ सितम्बर सन् १९१९)

यह डानजुअन की दूसरी किस्त थी। इसकी पहली किस्त प्राप्त नहीं है। डानजुअन के अनुवाद की शेष किस्तें प्राप्त हैं और उसे परिशिष्ट में इसलिए दिया जा रहा है कि इसकी तुलना आचार्य महावीर प्रसाद द्विवेदी, बाबू श्याम सुन्दर दास बी.ए., आचार्य रामचन्द्र शुक्ल, प्रेमचन्द और जयशंकर प्रसाद जैसे तद्‌युगीन लेखकों से की जा सके। तुलना का यह मोर्चा स्वदेश के सम्पादक दशरथ प्रसाद द्विवेदी ने ही खोल दिया जो सन् १९२५ तक चलता रहा। वे रघुपति सहाय के निबन्धों के समानान्तर आचार्य रामचन्द्र शुक्ल और कहानियों के समानान्तर प्रेमचन्द और विश्वम्भर नाथ शर्मा 'कौशिक' को प्रायः देते रहे थे। इससे तुलनात्मक समीक्षा का नया जनपथ बना था। इसके प्रवर्तक बने थे पद्मसिंह शर्मा, रामदास गौड़, कृष्ण दत्त पालीवाल और रामनाथ लाल सुमन जैसे एक दर्जन लेखक। परिशिष्ट में रघुपति सहाय के भाषिक नव-चेतना का स्वरूप विश्लेषण किया जा सकेगा। यह इसलिए ज़रूरी है कि किस प्रकार रघुपति सहाय बी.ए. ने ही रघुपति सहाय को 'फ़िराक़' बनाया था। अगर 'फ़िराक़' के बाबू रघुपति सहाय बी.ए. को पढ़ा गया होता तो 'फ़िराक़ सदी की आवाज़'—सम्पादक 'सैय्यद' अमजद हुसैन और 'प्रकाशक' सूचना और जन सम्पर्क विभाग, उत्तर प्रदेश लखनऊ जैसे मानक किताब में यह नहीं लिखा गया होता— 'फ़िराक़' अँगरेजी साहित्य पर गहरी नज़र रखते थे। उर्दू उनकी मातृ भाषा थी किन्तु फ़ारसी उनके रग-रग में रची-बसी थी। वह कला के चिन्तक थे और पश्चिमी और पूर्वी कला में तालमेल पैदा करना उनका बहुत बड़ा कारनामा था। (सम्पादक अपनी बात पृ. १) जैसी तथ्यहीन और भ्रामक बातें नहीं लिखी गयी होती। (मार्च १९७७) अज्ञात नहीं है कि सम्पादकीय लिखना ज़िम्मेदाराना दायित्व हैं, लेकिन कई-कई सम्पादकों में लिख मारने का 'तुरन्ता' नज़रिया होता है। इसलिए 'फ़िराक़' सदी की आवाज़ के सम्पादक पर कोई प्रश्न चिह्न लगाने की ज़रूरत नहीं है, बल्कि ज़रूरत है परिशिष्ट बनाने की जिसमें फ़िराक़ के प्रामाणिक पाठ दिए जायँ।'

'फ़िराक़ सदी की आवाज़' में इतनी अधिक बातें तथ्यहीन और भ्रमपूर्ण लिख दी गयी हैं जिनका प्रामाणिक खण्डन करने में एक दूसरी किताब तैयार हो सकती है। 'फ़िराक़' जब फ़िराक़ नहीं बल्कि रघुपति सहाय बी.ए. थे तभी वे पूर्वांचल के मिथ बन गये थे। यह मिथकत्व उन्हें भारतीय स्वतन्त्रता संग्राम में आक्रामक भूमिका निभाने के कारण तो मिला ही था साथ ही 'स्वदेश' में हिन्दी-उर्दू साहित्य को बुलन्दी देने के कारण भी मिला था। स्वदेश के सम्पादक दशरथ प्रसाद द्विवेदी हिन्दी के अच्छे साहित्यकारों में थे, इसलिए उन्होंने फ़ारसी मिश्रित ग़ज़लों को अधिक महत्व नहीं दिया था। स्वदेश में आते ही रघुपति सहाय ने बड़े

शायरों से संपर्क स्थापित किया। स्वदेश के सम्पादकीय तक में ग़ज़ल छपने लगी। 'जो ज़बाने बन्द थीं आज़ाद हो जाने को हैं' में महात्मा गाँधी को गिरफ़्तार कर मुम्बई भेज देने के विरोध में लिखा गया। साल बीतते-बीतते बाबू रघुपति सहाय लिजेण्ड्री गाथा बन गये। भारतीय काँग्रेस को नवजागरण का केन्द्र बनाकर सभाएँ करने और जनता को संघर्ष के लिए उकसाने के कारण वे अँगरेज शासकों की आँखों की किरकिरी बन गये। परिणाम स्वरूप २७ फरवरी, १९२१ के मुखपृष्ठ (स्वदेश) पर शीर्षक दिया गया, 'गोरखपुर में दमन नीति का श्रीगणेश। बाबू रघुपति सहाय का मुँह बन्द। मजिस्ट्रेट का विचित्र फ़रमान। बड़े-बड़े टाईप में दिये गये शीर्षकों के बाद रघुपति सहाय पर अंकुश लगाने के लिए ज़िला मजिस्ट्रेट का फ़रमान दिया गया, 'चूँकि हमें यह यकीन करने का काफ़ी वजह है कि तुम्हारी आदत है कि इस ज़िले में ज़गह-ज़गह सभाएँ करते हो और ऐसे व्याख्यान दिया करते हो जिनसे अशिक्षित जनता के भड़क उठने की सम्भावना है और जिनसे विद्यार्थियों के अध्ययन में बाधा पड़ती है तथा जिनसे भारत में स्थापित सरकार (Government Constituted by authority in India) के खिलाफ दुश्मनी (Enimity) फैलने की सम्भावना है, जैसा कि तुमने २६ जनवरी से २९ जनवरी तक व्याख्यान दिया—चूँकि अगर ऐसे व्याख्यान रोक न दिये जाएँगे तो वे सामाजिक शान्ति के लिए खतरनाक होंगे, इसके लिए मैं दफ़ा १४४ जाप्ता फौजदारी की से तुम रघुपति सहाय वल्द बाबू गोरख प्रसाद को नोटिस देता हूँ कि इस नोटिस की तामील की तारीख से दो महीने तक गोरखपुर ज़िले में कोई ऐसी सभा करने, उसमें व्याख्यान देने अथवा शरीक़ होने से अपने को रोक रक्खो जहाँ जनता जमा हो—हस्ताक्षर ए.पी. कालेट आई.सी.एस. डिस्ट्रिक मजिस्ट्रेट गोरखपुर।

डिस्ट्रिक मजिस्ट्रेट के फ़रमान के बाद पुलिस की निगरानी में रघुपति सहाय को उन्हीं के घर में उन्हें एकान्तवासी बना दिया गया।

गोरखपुर में पहली बार काँग्रेस के किसी युवा व्यक्ति को उत्तेजक भाषणों के कारण स्वगृह में तनहाई की सजा मिली। सोचा जा सकता है कि २४ वर्षीय रघुपति ने अपनी खण्डित संवेदना को किस सीमा तक मार्गान्तरित कर दिया था। बाबू रघुपति सहाय के ऐकान्तिक क्षणों में भी कभी 'घन घमण्ड गरजत घन घोरा। प्रियाहीन डरपत मन मोरा' जैसी निराशापूर्ण सिहरनें नहीं उठी थीं। वे दो महीनों की तनहाई में अँगरेजों के विरुद्ध आन्दोलनों को तीव्रतर बनाने और सोई हुई जनता में नवजागरण की उत्ताल तरंग उठाने की योजना बनाते रहे थे। दो महीने तक 'स्वदेश' के काग़ज़ को जंगे शमशीर बनाने की इंजीनियरिंग पढ़ रहे थे।

बाबू रघुपति सहाय ने दो महीनों के एकान्त में जो नये पाठ पढ़े, वे थे—हिन्दू-मुस्लिम एकता, राष्ट्रीय शिक्षा, स्वदेशी, असहयोग और हिन्दुस्तानी बाजार

के पाठ। हालाँकि ये पाठ नये नहीं थे परन्तु इनमें रुढ़ियों, अन्ध विश्वासों धर्मान्तरताओं और आलस्य-भाव का इतना अधिक पुरानापन था जिसे उन्मूलित किये बिना राष्ट्रीय आज़ादी की कल्पना नहीं की जा सकती थी। उन्होंने इन नुक्तों को हल करने के लिए कुछ फारमूले बनाये। निर्वासन से निकलते ही 'स्वदेश' के पन्ने रघपुति सहाय के सूत्रों की व्याख्याओं से भर गये। वे २७ अप्रैल १९२१ को तनहाई से बाहर निकले और अपनी योजनाओं को अंजाम देना शुरू किया। उन्होंने सबसे पहले हिन्दू-मुस्लिम एकता पर लिखना और लिखवाना शुरू किया। इसके लिए उन्होंने भाषा और साहित्य को 'अगुवा बनाया।' कुछ ही दिनों पहले उन्होंने 'मूर्धन्य शायर ह.फ़ीज' के कलाम छापे, मुखपृष्ठ पर। शीर्षक दिया—'कलाम ह.फ़ीज'—

अजब ज़माने की गर्दिशें हैं खुदा ही बस याद आ रहा है।
नज़र न जिससे मिलाते थे हम वही अब आँखें दिखा रहा है॥
बढ़ी है आपुस की बदगुमानी मज़ा मुहब्बत का आ रहा है।
हम उसके दिल को टटोलते हैं तो हमको वह आज़मा रहा है॥
घर अपना करती है ना-उमेदी हमारे दिल में ग़ज़ब है देखो।
यह वह मकां है कि जिसमें बरसों उमीदों का जमघटा रहा है॥
बदल गया है मिज़ाज उनका मैं अपने इस-दिल के सदके।
यही शिकायत है अब उधर से इधर जो पहले गिला रहा है॥
किसी की आस टूट जाए तो ख़ाक वह आसरा लगाए।
शिकस्ता दिल करके मुझको ज़ालिम निगाह अब क्या मिला रहा है॥
यहाँ तो तर्के शराब से खुद दिलो जिगर फुँक रहे है वावज।
सुना के दोज़ख़ का जिक्र नाहक़ जले को तू भी जला रहा है॥

होता है ग़म के हाथों अब खून आरजू का
जालिम था मुद्दतों से प्यासा मेरे लहू का।
वस्ले बहार गुलशन इक सैर की ज़गह है
बे एतबार लेकिन आलम है रंगो बू का।
गर्दन में प्यार से वह हाथों का डाल देना
हम बहशियों के हक में अब तौक है गिलू का॥

... ...

अम्बूह हसरतों का तुम देखते थे जिसमें
उस दिल में रह गया है एक दाग आरजू का।

पैगम्बर हुआ है कुछ हम-कलाम उनसे।
यह साफ़ कह रहा है अन्दाज गुफ़्तगू का।
आहिस्ता हाथ रखना जख़्मे ज़िगर ये देखो।
ऐसा न हो कि टूटे टाँका किसी रफ़ू का
कुछ ऐ हफ़ीज़ हम दिल की हालत
कमबख़्त दोस्त होकर दुश्मन है आबरू का।

इस प्रकार की कोशिशें उन्होंने स्वदेश के प्राय: हर नम्बर में की। यह उनका भाषाई और साहित्यिक मनोविज्ञान था। रघुपति सहाय को इलाहाबाद विश्वविद्यालय की बी.ए. कक्षाओं में वैयक्तिक और सामूहिक मनोविज्ञान तथा नार्मल और एबनार्मल मनोविज्ञान की शाखाएँ और जितने भी दूसरे सिद्धान्त पढ़ाये गये थे, उन सबका प्रयोग इन्होंने 'स्वदेश' में किया। सच तो यह है कि 'स्वदेश' उनकी उम्र के संवेगों और वासनाओं की अभिव्यक्तियों का प्राइमरी स्कूल और विश्वविद्यालय दोनों रहा है। जिसने स्वदेश नहीं पढ़ा उसने फ़िराक़ को नहीं पढ़ा। 'स्वदेश' को पढ़कर ही उनकी महत्वाकांक्षा, उनका मनगढ़न्त अहम्, उनकी प्रतियोगी छटपटाहट और उनकी बिगड़ी-बनी कामवासना को समझा जा सकता है। 'स्वदेश' की सफ: दर सफ़: को पढ़कर ही समझा जा सकता है कि किस प्रकार विच्छिन्न और नाउम्मीद काम-वासना किसी व्यक्ति को क्रान्तिदर्शी बना सकती है। पत्नी से टूटे तुलसीदास रामचरित मानस के रचयिता बने और रघुपति सहाय भारतीय स्वतन्त्रता संग्राम के गोरखपुरी सेनापति बने। उन्होंने अपने संकल्प को सफल बनाने के लिए इतनी अधिक कुर्बानियाँ दीं कि वे 'स्वदेश' बन गये। हिन्दू-मुसलमान एकता के लिए उन्होंने 'स्वदेश' में इतना अधिक लिखा है कि उनके संग्रह से एक पूरी किताब बन सकती है। उन्होंने अनुभव किया कि हिन्दुओं और मुसलमानों दोनों में कुछ पुराने लोग जो अँगरेजों की जी हजूरी करने और अपने नाम और नामा की ओछी भूख शान्त करने में लगे थे, उन्हें फटकारना ज़रूरी हो गया था। चौबीस वर्ष के रघुपति ने 'एक हिन्दू' उपनाम से एक लेख लिखा शीर्षक दिया 'हिन्दू और मुसलमानों का मेल-मिलाप'। (स्वदेश : १ अगस्त १९२० पृ. १२) इस लेख में रघुपति सहाय (एक हिन्दू) ने जहाँ ज़रुरी समझा वहाँ तल्ख या विनम्र शब्दों का प्रयोग करते हुए दोनों कौंमों की एकता के लाभ पर विचार व्यक्त किये। इसी सन्दर्भ में मऊ (आजमगढ़) में गोवध को लेकर दंगे को भी धिक्कारा।

एक ज़हीन रंगरूट रघुपति सहाय ने ब्रिटिश सरकार को ललकारना शुरू कर दिया। वे ज़िले भर में घूम-घूमकर सभाओं का आयोजन करने और हर क्षेत्र की जनता का उद्‌बोधन करने में लग गये। फलतः सन् १९२० बीतते-बीतते, उन्हें फिर

गिरफ़्तार कर लिया गया। इस गिरफ़्तारी के कारण गोरखपुर ज़िले में तलहका मच गया। 'स्वदेश' (६ मार्च, १९२१) के मुखपृष्ठ पर चार पंक्तियों का मोटा शीर्षक लगा 'गोरखपुर में फौलादी पंजा, ज़िले के पांच सेवकों का मुँह बन्द, बाबू रघपति सहाय के मुँह पर दुहरे ताले, दमन-नीति का जवाब सहन शक्ति से।' आगे लिखा गया 'अभी और भी गुल खिलने वाले हैं।' इसके बाद एक लम्बा समाचार देकर बताया गया कि बाबू रघुपति सहाय, बी.ए. द्वारा पूरे ज़िले में सभाएँ की जा रही हैं जिनमें हिन्दू और मुसलमान दोनों शिरकत कर रहे हैं। व्याख्यान हिन्दी में दिये जा रहे हैं जबकि ढिंढोरा पीटकर बताया जा चुका है कि कोई व्यक्ति हिन्दी के जरिए पंचायत न करे और स्कूलों के आसपास कोई भी सभा न करे। फिर भी रघुपति सहाय ज़िला मस्ट्रिट के आदेश का उल्लंघन कर ज़गह-ज़गह सभाएँ कर रहे हैं और जनता को सरकार के खिलाफ भड़का रहे हैं। इसलिए इन्हें गिरफ़्तार करना और तन्हाई में डालना ज़रूरी हो गया है।

रघुपति सहाय के अतिरिक्त पड़रौना के श्री राम जी, रुँगटा, बरहज के परमहंस स्वामी राघवदास, छाँगुर त्रिपाठी और बाबू अमलानन्द पर दफ़ा १४४ के तहत नोटिस जारी करे दिया गया। परन्तु मौलाना अब्दुल समद साहब के नाम जो नोटिस जारी किया गया उसका मज़मून अवश्य दूसरा था। क्या था इसका विवरण नहीं दिया गया।

बाबू रघुपति सहाय की गिरफ़्तारी और तन्हाई के कारण 'स्वदेश' की व्यवस्था में भी परिवर्तन करना ज़रूरी हो गया। इसमें सहायक सम्पादक के रूप में एक उर्दू लेखक की नियुक्ति कर दी गयी। बाबू रघुपति सहाय द्वारा प्रेरित हिन्दी-उर्दू की भाषाई और साहित्यिक एकता को अंजाम देने के लिए यह व्यवस्था परिवर्तन अस्थाई रूप में किया गया था।

दो महीने, जब रघुपति सहाय जेल में थे, तब भी स्वदेश उनकी नीतियों का प्रचार कर रहा था। स्वदेश के हर अंक से झलकता है कि इसके मालिक और प्रधान सम्पादक दशरथ प्रसाद द्विवेदी नहीं बल्कि बाबू रघुपति सहाय, बी.ए. थे। जब दो महीने तन्हाई झेलने के बाद रघुपति सहाय स्वदेश में पुनः लिखने लगे तब हिन्दू-मुस्लिम दोनों हिन्दुस्तानी की आवाज़ उठाने लगे। जेल से निकलने के बाद उन्होंने साम्यवादी शासन-व्यवस्था का समर्थन करना शुरू कर दिया। १६ अक्टूबर, १९२१ वाले अंक के पाचवें पेज पर मन्नन द्विवेदी और पण्डित रामनरेश त्रिपाठी की कविताएँ प्रकाशित कीं और सबसे नीचे अज्ञात नाम से एक ग़ज़ल दी। ग़ज़ल का शीर्षक था 'दोनों'। लिखा—

बैठे हैं हिन्दु मुसलिम सीना फ़िगार दोनों

अब मादरे वतन पर होंगे निसार दोनों।
हम पर मुसीबतों के टूटे पहाड़ बेहद
मुँह मोड़ेंगे न हर्गिज़ हम जाँ-निसार दोनों।
देखी है जबसे हमने हिन्दोस्तां की ख़्वारी
थमती नहीं है आँखें हैं अचूकवार दोनों।
मोहन की मुरलिया ने हमको किया बेखुद
फिरते हैं उसके पीछे दीवानेदार दोनों।
आपसे बैर को हम दिल से भुला चुके हैं
कोशिश से गाँधीजी की हैं हम किनार दोनों।
फाँसी की कैद को हम समझे हैं कारेतिफलां
मैदान मरदुमी के हैं शहसवार दोनों।
ऐ बदरियः दुआ कर हो मौज पर सितारा
फूलें फलें जहाँ में लैलो-नेहार दोनों।

देखा जा सकता है कि उक्त ग़ज़ल बाबू रघुपति सहाय की चाहे भले नहीं थी, परन्तु यह रघुपति की नीतियों के समर्थन में ही कही गयी थी। हालाँकि अज्ञात नाम से और छद्म नाम से रघुपति सहाय ने बहुत कुछ लिखा था लेकिन शैली और शब्द संगठन की दृष्टि से वह उनकी ग़ज़ल नहीं हो सकती।

यह अवश्य है कि इसी पेज की दूसरी तरफ 'ज़मीन किसकी है' में रघुपति सहाय ने भी अपनी राय व्यक्त की है। इस लेख में उन्होंने अपनी पुरानी परम्परा और ऐतिहासिक साक्ष्यों के आधार पर 'ज़मीन प्रजा की है' का जबर्दस्त समर्थन किया इस लेख में उन्होंने लिखा, ''इस लेख में हम न्यायतः ज़मीन का अधिकारी कौन है, इस व्यापक प्रश्न पर विचार करके, केवल इसी प्रश्न पर विचार करेंगे कि हमारे देश में पहले ज़मीन मानी किसकी जाती थी, अब किसकी मानी जाती है और न्यायतः किसकी मानी जानी चाहिए?'' इसी के उत्तर में उन्होंने लिखा ''प्राचीन काल में हमारे देश में, ज़मीन राजा की न मानी जाकर प्रजा की मानी जाती रही है।''

आगे उन्होंने भारत की ब्रिटिश सरकार की नीतियों का विरोध करते हुए लिखा, ''ब्रिटिश भारत सरकार-ज़मीदारों को ज़मीन का मालिक न मानकर उन्हें केवल मालगुज़ारी उगाहने के कमीशन एजेण्ट समझती है।'' यानी ब्रिटिश भारत सरकार का विरोध करते हुए उन्होंने साम्यवादी सिद्धान्तों को सही बतलाया।

'स्वदेश' के 'फ़िराक़' की दृष्टि बहुआयामी थी। वे सामाजिक, सांस्कृतिक और राजनैतिक नवजागरण के लिए हिन्दी साहित्यकारों द्वारा दुहरी नीतियों के

सख्त विरोधी थे। 'स्वदेश के पाठक जानते हैं कि इसमें रघुपति सहाय के शामिल होने के बाद यह स्थानीय साप्ताहिक नहीं रह गया। 'रघुपति' ने गणेश शंकर विद्यार्थी के 'प्रताप' की तरह 'स्वदेश' को भी राष्ट्रीय समाचार पत्र बना दिया।

छः मार्च से अगस्त १९२१ तक जेल की तन्हाई भोगकर जब वे गोरखपुर कारागार से बाहर आये तो उन्होंने भारत के लगभग सभी बड़े और राष्ट्रीय समाचार पत्रों से सम्पर्क साधा। जिस दमन-नीति का विरोध करने के कारण वे जेल गये थे वैसी घटनाएँ कहाँ-कहाँ घटी थीं इसका आँकड़ा एकत्र किया और ११ दिसम्बर १९२१ के मुखपृष्ठ से शुरू कर लगभग चार पृष्ठों तक एक लम्बी सूची बनायी और उसका प्रकाशन इसलिए किया कि हर पाठक के दिल में उद्वेलन की गति तेज हो और स्वदेश की खबरें बलिदानी भाव का आईना बने। ११ मार्च १९२१ के मुखपृष्ठ पर मोटे अक्षरों में शीर्षक लगाया 'स्वराज का द्वार खुल रहा है। नेतागण बलिबेदी पर चढ़ रहे हैं। इसी पृष्ठ के एक कालम में पण्डित माधव शुक्ल की एक कविता दी, शीर्षक 'बलिदान'। यानी खबरों और संग्रहीत खबरों द्वारा हिन्द के युवा वर्ग में अँगरेजों के प्रति गुस्साहट भरी उत्तेजना का बवण्डर उठाया गया। रघुपति सहाय की योजना का अच्छा परिणाम निकला।

रघुपति सहाय खबरों के शीर्षक बनाने में बेहद माहिर थे। वे शब्दों और वाक्यों के स्थान भी पहचानते थे—लिखा—'लाजपत, मोती, जितेन्द्र, स्टोक्स सब एक साथ। इस सप्ताह से नौकरशाही खुलकर वार करना शुरू कर दिया है। अराजक कानून तोड़ने के अपराध में पंजाब केसरी लाला लाजपत राय, श्री सन्तराम बैरिस्टर, गोपीचन्द और मलिक खाँ साहब पकड़ लिये गये हैं। १२ तारीख को फैसला सुनाया जाएगा। बंगाल के नेता बाबू जितेन्द्र लाल बनर्जी को दो साल कैद की सख्त सजा दी गयी। अमृतसर के ग्यारह सिक्ख नेताओं को ५-४-६ महीने की सजाएँ मय जुर्माने के साथ हुई। प्रयाग के पण्डित मोतीलाल को छह मास कैद और ५०० रुपये जुर्माना, बाबू पुरुषोत्तम दास टण्डन को १८ मास कैद और २५० रुपये जुर्माना, मौ. कमाल उद्दीन जाफरी, देशभक्त दास के इकलौते लड़के, बीवी, बहन, भांजी भी गिरफ़्तार हुए। राजेन्द्र नाथ बसु, जवाहर लाल नेहरू, पण्डित मोहन लाल, पण्डित श्यामलाल, पण्डित गौरी शंकर मिश्र और माथुर साहब पर भी मुकदमा चल रहा है।'

इस प्रकार रघुपति सहाय ने पूरे उत्तर भारत से हज़ार से ज्यादा लोगों का विवरण दिया। शाहजहाँपुर में मुहम्मद मुर्तजा खाँ, हबीब अहमद, मु. इनायत अली खाँ ने अपनी-अपनी वकालत और मुख्तारकारी स्थगित कर दी। बाबू रघुपति सहाय काँग्रेस द्वारा चलाए गये बहिष्कार आन्दोलन को दमदार बनाने के लिए 'स्वदेश' की ओर से केवल अपील ही नहीं कर रहे थे बल्कि व्यंग्य और अप्रत्यक्ष

धिक्कार के जादू भी दिखा रहे थे। रघुपति सहाय द्वारा हास्य का परिवेश बुनने की कला 'स्वदेश' के कई-कई पन्नों पर रेखांकित है।

स्वदेश के फ़िराक़ ने देखा कि बस्ती में वकालत और मुख्तारगिरी छोड़ने का आन्दोलन बस्ती ज़िला में जोर नहीं पकड़ रहा है। इसके लिए अपील करने अथवा वकीलों में भाषण देने का रास्ता छोड़कर उन्होंने एक फन लेटर (Fun letter) का सहारा लिया। जिसका प्रकाशन उन्होंने १७ अप्रैल १९२१ के पृष्ठ तीन पर किया—पूरे तीन कालम का शीर्षक लगाया—"एप्रैल फूल! बस्ती के वकील! धत्त तेरे की!" शीर्षक में ही तखट्युल के 'फ़िराक़' को आसानी से समझा जा सकता है। यानी लेखन के लिए मज़मून की तलाश करता फ़िराक़ यानी कल्पना के पंख लगाकर दूर आसमाँ में उड़ जाने वाला फ़िराक़, अलाहिदगी और संयोग के मिलन बिन्दु पर खड़ा फ़िराक़, साथ ही फिदाए मिल्लत फ़िराक़। ब्यौरा दिया—बस्ती के एक 'उपस्थित' महाशय लिखते हैं कि "गत एक अप्रैल को बस्ती के वकालतखाने में किसी 'स्वामी बुलबुलानन्द नामक शक़्स ने वकीलों को एक सील और मुहर किया हुए लम्बा चौड़ा लिफ़ाफ़ा भेजा जिसके ऊपर अँगरेजी में लिखा था कि इस लिफ़ाफ़े के अन्दर 'सर रास बिहारी बोस' के वसीयतनामें की एक नक़ल और उन्होंने आला संस्थाओं का साथ-साथ आपके वकालत खाने को भी कुछ दान किया है। सँभालकर खोलिए। साथ ही एक अच्छे मजमें में पाँच खास-खास वकीलों के दस्तख़त के बाद लिफ़ाफ़ा की मुहर आदि देख लिया जाय और तब बहुत सहूलियत के साथ खोला जाय और उसके बाद लिफ़ाफ़ा जिस पर पाँच साहबान के दस्तख़त होंगे आफ़िस में जिसका पता इसी पर लिखा था, लौटा दिया जाय। इस पर सब वकील साहबान मारे खुशी के उछल पड़े। यह नहीं सोचा कि उनके बार एसोसियन ने कौन सा ऐसा काम किया है जिसकी वजह से सर रास बिहारी दान देंगे। लिफ़ाफ़े पर एक अप्रैल लिखा था, लोगों ने उसी हौसले में इसका भी ख्याल नहीं किया और तमाम लोग वकालत खाने में जमा हुए तथा बहुत जिम्मेदारी व सहूलियत के साथ पाँच वकीलों ने हस्ताक्षर किये और मुहर वगैरः देख लेने के बाद लिफ़ाफ़ा खोला तो उसमें निम्नलिखित कविता निकली जो उसी समय पढ़ी गई और लोग खूब ही झेंपे।"

बाबू रघुपति सहाय ने यह कविता बाँसगाँव के एक दलित से लिखवायी थी। इस दलित का नाम पतरी चमार था जो रघुपति सहाय की अन्य सभाओं में भी नवजागरण सम्बन्धी लोकगीत सुनाया करता था। बस्ती के वकीलों को सम्बोधित करते हुए 'पतरी चमार' का लिखा गीत कुछ बड़ा है इसलिए उसके पुनर्पाठ की ज़रूरत नहीं प्रतीत होती है। उसके शीर्षक से ही अभिप्राय निकाला जा सकता है—शीर्षक था, 'तनी सुनि लेव अरजिया हमार, उकील बाबू पइयाँ परीं।" भोजपुरी

भाषा में गीत के आठ बड़े-बड़े बन्द जिनका तात्पर्य था कि वकील लोग भी कचहरी का बहिष्कार करें और गरीबों तथा निरक्षरों का खून चूसने की बेरहमी न दिखलाएँ। कुल मिलाकर उक्त गीत रघुपति सहाय द्वारा असहयोग की सफलता के लिए दिये गये भाषणों का ही प्रतिरूप था।

ऊपर रघुपति सहाय के हास-परिहास और व्यंग्य-लेखन का एक नमूना मात्र है। स्वदेश के फ़िराक़ यानी बाबू रघुपति सहाय ने इतने अधिक हास्य-व्यंग्य-लेखन किये हैं कि उनके एकत्रीकरण से भारतेन्दु बाबू हरिश्चन्द की किताब 'परिहासिनी' की तरह एक पूरी पुस्तक बनायी जा सकती है। बाबू रघुपति सहाय छद्मनाम अथवा 'अज्ञात' नाम से व्यंग्य लेखन करते रहे परन्तु कुछ ऐसे ठप्पे लगा देते कि उनके लेखकीय रूप की पहचान आसानी से की जा सके। उनके प्राय: सभी व्यंग्य अँगरेजों के पिट्ठुओं के विरोध में लिखे गये। लाल बुझक्कड़ के छद्म लेखों का प्रयोग तो उन्होंने प्राय: गाँधी और तिलक विरोधियों के लिए किया।

'स्वदेश' में प्रवेश लेने के एक ही साल बाद बाबू रघुपति सहाय ही स्वदेश बन गये। इस तथ्य को केवल वही जान सकते हैं जो रघुपति सहाय की बौद्धिक ऊर्जा और रचना-निष्ठा से परिचित हैं। उन्हें यह जानकर हैरत होगी कि बाबू रघुपति सहाय को काल-चेतना की एक-एक नस की पहचान थी। उनकी उम्र का अखण्ड इतिहास तो बाबू रघुपति सहाय में केन्द्रित है, जब वे फ़िराक़ बन गये ग़ज़लें और नज़्में कहने लगे तो उनका वास्तविक इतिहास ज़गह-ज़गह टूटा हुआ है। इस इतिहास को खुद फ़िराक़ ने तो तोड़ा ही, साथ ही उनेक अध्येताओं ने भी तोड़ा। फ़िराक़ को झूठा मिथ बनने में मजा आने लगा। गोरखपुरी से इलाहाबादी बनते ही फ़िराक़ किंवदन्तियों और दन्तकथाओं के व्यक्ति बन गये।

जब रघुपति सहाय 'स्वदेश' में 'क़लमें फौलाद' बन गये थे तो वहाँ भी द्वन्द्व की हैसियत में आ गये थे। यह सब उनकी बौद्धिक ऊँचाई का फल था। उन्होंने कठिन से कठिन दायित्व निभाया। सोती हुई क्षेत्रीयता को जगाकर हिन्दुस्तान बना देना साधारण बात नहीं थी। 'दशरथ' को 'रघुपति' मिल गये थे। उन्होंने 'स्वदेश' की काँटों भरी राजगद्दी 'रघुपति' के हवाले कर दी। रघुपति भी अपने तर्ज़े तक़रीर के कारण जनता और जमाने को चौंका दिया। अब वे काँग्रेस की बड़ी-बड़ी सभाओं में मुख्य वक्ता अथवा अध्यक्ष का पद सँभालने लगे। सीनियारिटी-जूनियारिटी का भारी द्वन्द्व खुलकर सामने आने लगा। 'स्वदेश' के सम्पादक दशरथ प्रसाद द्विवेदी ने १८ अप्रैल १९२० के 'स्वदेश' के पृष्ठ १३ और १४ पर एक सम्पादकीय लिखा, जिसमें रघुपति सहाय के पक्ष का समर्थन करते हुए लिखा—'अब रहे बाबू नरसिंह दास। मैं कहूँगा कि गोरखपुर में बाबू सरस्वती प्रसाद और बाबू जुगुलकिशोर, इनके बाद बाबू नरसिंह दास और विन्ध्यवासिनी प्रसाद। मैं

कहूँगा कि गोरखपुर में इन लोगों की हस्ती गनीमत है...परन्तु इन दोनों सज्जनों को भी जूनियारिटी का रोग बेतरह सताए रहता है। बात भी ठीक है, परन्तु मेरा निवेदन यह है कि चाहे कोई सीनियर हो या जूनियर, बैरिस्टर हो या वकील, अमीर हो या ग़रीब यदि वह सार्वजनिक सेवा की ओर बढ़ता है तो उसे अपना कदम खूब मजबूत करके आगे बढ़ना चाहिए, क्योंकि जनता को अन्धकार में रखे रहना किसी भी सार्वजनिक सभा करने वाले के लिए, सेवा करने वाले के लिए शोभा की बात हर्गिज नहीं हो सकती...। जमाना बदल रहा है। जो शख़्स जनता की मुसीबत में उसका साथ नहीं दे सकता, जो शख़्स अन्धकार में पड़े हुए लोगों को प्रकाश में नहीं ला सकता, जो शख़्स हाकिमों की केवल भृकुटी के उतार-चढ़ाव पर अपने आन्तरिक भाव (काँग्रेस) की हत्या कर सकता है, जो शख़्स तनिक-सी गर्मी से पिघल और ज़रा-सी सर्दी से सिकुड़ सकता है, मैं पूछता हूँ कि वह क्या सार्वजनिक सेवा करेगा और कैसे लोगों को तसल्ली दे सकेगा?'

बाबू दशरथ प्रसाद द्विवेदी हर सप्ताह राष्ट्रीय भारतीय काँग्रेस के क्रिया कलाप में रघुपति सहाय के साहसपूर्वक सम्मिलित होने तथा अपने आग्नेय भाषणों से आम जनता में गर्मी फूँक देने के समाचार प्रकाशित करने लगे। उदाहरण के लिए 'गोरखपुर समाचार' (२४ जुलाई १९२१ पृ० १२) शीर्षक से एक लेख लिखा। उसमें लिखा, 'बाबू रघुपति सहाय पर दो मास के लिए तिबारा १४४ की नोटिस तामील हुई। आप इस समय हाटा तहसील का संगठन कर रहे हैं और हमे आशा है कि आपके उद्योग से वह तहसील अवश्य चमक उठेगी। काम खूब हो रहा है। २१ अगस्त १९२१ पृ० ३ पर बड़े-बड़े शीर्षक लगाकर फिर लिखा—'प्रथम हाटा तहसील कांफ्रेंस। बाबू रघुपति सहाय का प्रशंसनीय उद्योग। दस हज़ार जनता का अपूर्व समारोह। चर्खे पर भाषण, चर्खे की प्रदर्शनी, अच्छे सूत पर इनाम, विदेशी कपड़े की होली, राष्ट्रीय झण्डा गड़ा।' इसके बाद समाचार लिखा, "गोरखपुर ज़िले में तहसीलों पर की गयी यह सबसे पहिली कांफ्रेंस है और इसके लिए बाबू रघुपति सहाय के अथक परिश्रम की जितनी प्रशंसा की जाय कम है।" आगे लिखा कि रघुपति सहाय को गोरखपुर ज़िला काँग्रेस कमेटी ने चन्द हफ़्ते पहले ही हाटा तहसील का चार्ज दिया था। बाबू रघुपति सहाय ने ज़िला काँग्रेस कमेटी की इच्छा की बहुत हद तक पूर्ति कर दी। इसके बाद १४ अगस्त को हरपुर में कांफ्रेंस का गयी। इसमें मौलाना सुभान उल्ला साहब, पं० भगवती प्रसाद द्विवेदी, अध्यापक, विद्यार्थी, बनारस की श्रीमती शान्ति देवी और स्वामी अभयानन्द, प्रयाग के मौ० कमालुद्दीन साहब जाफरी के भाई भी सम्मिलित हुए। बाबू रघुपति सहाय ने एक जुलूस के साथ गौरीगंज स्टेशन से हरपुर के लिए प्रस्थान किया। वास्तव में रघुपति के नाम और काम दोनों में जादू था। उनके जुलूस में ८०० स्त्रियाँ सम्मिलित हुईं।

इस समय की स्वागतकारिणी समिति के अध्यक्ष भी रघुपति सहाय रहे। उन्होंने यादगार स्वागत भाषण किया। विषय प्रवर्तन भी किया और इसके बाद दर्जन भर से अधिक लोगों ने भाषण दिये। अन्त में बाबू रघुपति सहाय द्वारा बाहर से आये अतिथियों को १०० नम्बर के सूत का एक बण्डल तथा एक मेडेल प्रदान किये गये। इस जुलूस में बाबू दशरथ प्रसाद द्विवेदी भी सम्मिलित हुए थे। उनके सहायक सम्पादक रघुपति सहाय की भूमिकाओं ने उन्हें तथा उन्हीं के साथ 'स्वदेश' को भी कम गौरव नहीं दिया था। स्वदेश '२ अगस्त, १९२१ पृ० ३ और ४' पर रघुपति द्वारा आयोजित कांफ्रेंस, जुलूस और स्वदेशी—सभा का पूरा विवरण दिया गया है।

इसी प्रकार बस्ती ज़िले में स्वतन्त्रता आन्दोलन को तीव्रतर करने और 'स्वदेशी' का प्रचार करने की योजना बनी। बस्ती के लोगों को गोरखपुर के रघुपति सहाय याद आये। लोगों ने योजना को अमली रूप देने के लिए रघुपति सहाय को बुलाया। गोरखपुर में तमाम ऐसे नेता थे, उम्रदराज और नामी-गिरामी परन्तु रघुपति की तरह योजनाओं को समाहार देने की कूबत किसी में नहीं थी। रघुपति सहाय बस्ती गये और केवल बस्ती निवासियों को अँगरेजी शासन के विरुद्ध आक्रामक होने की निडरता ही नहीं बल्कि राष्ट्रीय नवजागरण के लिए नयी दिशाएँ दिखलायीं। स्वदेशी और राष्ट्रीय शिक्षा को बढ़ावा देने के लिए कई क्षेत्रीय विद्यालयों की स्थापना की, चर्खे पर सूत कातने के मेले आयोजित किये और ये नयी संस्थाएँ बन्द न हों इसके लिये स्थानीय लोगों की समितियाँ बनायीं पूरा ज़िला रघुपतिमय हो गया।

वे फिरकी की तरह नाचने की कहावत बन गये। रघुपति में भी मनोवैज्ञानिक हादसे घट रहे थे, फिर चाहे गोरखपुर हो या बस्ती, देवरिया हो या आजमगढ़ वे अपने तन और मन दोनों को आग में झोंकने के लिए तैयार रहते थे, इसलिए 'चहूँ ओर ऐंचों फिरै फिरकी लौं दिन जाय'

बस्ती से आते ही उन्हें मालूम हुआ कि सुभानुल्ला के मुँह पर चिप्पियाँ लगा दी गयी हैं। आजमगढ़ के ज़िला मजिस्ट्रेट ने दफा १४४ को रोज-रोज का खिलौना बना दिया है। रघुपति सहाय ने अपने एक बयान में कहा—'इस समय दफा १४४ जाब्ता फौजदारी का सहारा लेकर हमारे मजिस्ट्रेट साहब देश में ही रामझल्ला मचाये हुए हैं जहाँ देखो वहाँ से दफा १४४ की आवाज आ रही है, ऐसी स्थिति में यदि मौलवी सुभानुल्ला पर भी इन अधिकारियों की कृपा हो गयी है, तो यह कोई बड़ी बात नहीं। हमने शुरू से ही इस दफ़ा की प्रत्येक कार्रवाई को उपेक्षा की दृष्टि से देखा है। कारण यह है कि इस प्रकार की तबाही मचाना जिसने अपना कर्तव्य समझ रक्खा हो, उसके विषय में कुछ कहना-सुनना बिलकुल बेसूद है। 'अन्धे के आगे रोवै अपना दीदा खोवै।' लेकिन आजमगढ़ के ज़िला मजिस्ट्रेट ने मौलवी

साहब को हुक्म जारी किया है, वह तो अब तक के निकले हुए १४४ के सभी हुक्मों से बाज़ी मार ले गया। बोलो मिट्ठू सीताराम। (स्वदेश १ मई, १९२१ पृ० ४।)

रघुपति सहाय ने ब्रिटिश हुक्मे हाकिम का उपहास किया। चिकनाई भरी भाषा उन्हें आयी ही नहीं। उनका एक-एक शब्द उनके तेजस् का प्रतिरूप था। रघुपति ने शब्दों के प्रयोग में अपनी आकांक्षा का ज़्यादा ध्यान रखा। वे भाषा में द्विविधाग्रस्त कभी नहीं रहे, परन्तु यह देख पढ़कर आश्चर्य होता है कि 'फ़िराक़' बनते ही उनके शायर की भाषा बदल गयी। अब उन्होंने ज़गह-ज़गह विपर्यय की भाषा का प्रयोग शुरू कर दिया। भाषा को अतिशयोक्ति, असंगति के साथ अपनी महत्वाकांक्षाओं की पूर्ति का साधन बना दिया। हिन्दी से उर्दू होते ही भाषा में बदलाव आया परन्तु अभिव्यक्ति में उनका बाँकपन कहीं कम नहीं हुआ। यहाँ यह बात स्पष्ट कर देने की ज़रूरत है कि यह हल्का-फुल्का परिवर्तन उनके व्यक्तित्व की पहचान नहीं है। अगर कहीं कुछ है तो उनके अज्ञात मन की बाध्यता।

अच्छा हो कि रघुपति सहाय के साथ उपनाम जुड़ने की घटना पर भी यहीं कुछ तथ्य प्रस्तुत कर दिये जायँ। सम्भवतः इससे किसी रचनाकार की मनोदशा और उसके भाषिक व्यवहार का पता लगाया जाना आसान हो जाय। जब रामनाथ लाल 'सुमन' ने बाबू रघुपति सहाय, बी०ए० को पहली बार 'फ़िराक़' बनाया था तब रघुपति सहाय को यह परिवर्तन बुरा नहीं लगा था। 'स्वदेश' में 'तख़ल्लुस' की यह प्रथम प्राप्ति रघुपति सहाय ने सिर माथे लगाया। रघुपति सहाय का यह परिवर्तन १८ मार्च, १९२७ को हुआ था। 'स्वदेश' का यह होली अंक था। सम्पादन किया था रामनाथ लाल 'सुमन' (पहल के सम्पादक ज्ञानरंजन के पिता)। हालाँकि सुमनजी इस अंक के सम्पादक नहीं बनना चाहते थे। उन्होंने 'आत्मनिवेदन' शीर्षक टिप्पणी लगाते हुए लिखा था।—'हमारा विचार इस बार होलीकांक निकालने का नहीं था...लेकिन अधिकांश पाठकों और अपने मित्रों की आज्ञा के सामने हमें सर झुकाना पड़ा और होली के इस शुभ अवसर पर भला-बुरा जैसा भी जल्दी में हो सका, हम यह उपहार पाठकों को भेंट करते हैं—सुमन।'

यहाँ यह जानना रुचिकर होगा कि बाबू रघुपति सहाय, बी०ए० ने भी इस अंक के लिए 'रामकहानी' शीर्षक से अपनी रचना भेजी थी। सुमनजी ने इस अंक को ऐतिहासिक बना दिया। इसे पढ़ने से लगता है कि उन्होंने विशेषांक निकालने की लेखकीय और सम्पादकीय दृष्टि ही बदल दी। समय और सामयिकता के साथ उन्होंने पाठक-रुचि को महत्व दिया, लेखक और लेखन में उन्होंने लेखन को महत्व दिया, सम्पादन में अपव्ययवाद से बचे और लेखकीय कमाण्डरों को यथास्थान जगह दी। 'बुरा न मानो होली है' के झूठ-सच की स्वतन्त्रता भी ली। इस अंक की पहली रचना थी 'बसन्त और होली'। लेखक थे पं० लक्ष्मण नारायण

गर्दे। ठीक इसके बाद 'राम कहानी' शीर्षक रचना दी गयी। सुमन जी पूरे नाम के साथ उपनाम 'फ़िराक़' भी लगा दिया। 'बुरा न मानो होली है' का लोकवाद उनके लिए सहारा था।

'फ़िराक़' साहब के 'तख़ल्लुस' को लेकर तमाम-तमाम अनुमान और बेबुनियाद प्रमाणों का सहारा लिया गया है। यानी 'उर्दू के कथाकार नासिर अली फ़िराक़' के तख़ल्लुस में कुछ ऐसा जादू था कि मैंने अपना तख़ल्लुस चुन लिया। (फ़िराक़ सदी की आवाज पृ १४१) इसी पृ० पर डॉ० अफ़ग़ान उल्लाह खाँ का कथन, प्रेमचन्द के पुत्र अमृत राय की किताब 'कलम के सिपाही' जैसे एक दर्जन लेखकों ने 'फ़िराक़' उपनाम पर विचार किया है, परन्तु लिखित प्रामाणिकता किसी के पास नहीं है। 'स्वदेश' ने बाबू रघुपति सहाय बी०ए०, रघुपति सहाय बी.ए. 'फ़िराक़' और रघुपति सहाय 'फ़िराक़' नाम से सन् १९१९ से १९२७ तक कई रचनाएँ प्रकाशित कीं। रघुपति की मौजूदगी किसी न किसी रूप में हर अंक़ में थी। इसीलिए इस अवान्तर प्रसंग द्वारा 'फ़िराक़' उपनाम के प्रथम प्रयोग की प्रामाणिकता देना असंगत नहीं लगा। यथा स्थान होली अंक के इस असाधारण गौरवपूर्ण विशेषांक की चर्चा की जाएगी। 'रामकहानी' के माध्यम से स्वदेश की यह २२वीं और २३वीं संख्या थी। इसके बाद 'फ़िराक़' ग़ज़लें और नज़्में लेकर 'स्वदेश' में आ गये। स्वदेश की सन् १९२७ की २५वीं संख्या में उनकी दो ग़ज़लें छपीं। पहले का शीर्षक 'उचटी हुई नींद' और दूसरे का शीर्षक 'अँधेरी रात'। अच्छा हो कि ये दोनों ग़ज़लें यहीं पढ़ ली जायँ और फिर उनकी लड़ाई के मैदान में चला जाय। स्वदेश में प्रकाशित 'फ़िराक़' की ग़ज़लें काफ़ी छोटी थीं। पहली में केवल पाँच और दूसरी में चार शेर थे—'स्वदेश ३ अप्रैल सन् १९२७ ई. संख्या २५'

'उचटी हुई नींद'

—रघुपति सहाय 'फ़िराक़'

न समझने की है बात न समझने की
जिन्दगी उचटी हुई नींद है दीवाने की।
मैकदे से कोई पीकर जो चला खिंच ही गयी।
एक तस्वीर छलकते हुए पैमाने की।
एक तस्वीर है यह बुझती हुई शमए मजार
जिन्दगानी मेरी धड़कनों में गुज़र जाने की।
टपकी पड़ती है मएनाब रिसे जाते हैं हाथ

खैर साकी तेरे चटके हुए पैमाने की।
उजले उजले से कुफ़न में सहरे हिज्र 'फ़िराक़'
एक तस्वीर हूँ मैं रात के कट जाने की।

दूसरी ग़ज़ल थी—

'अँधेरी रात'

अँधेरी रात है छिटके हुए सितारे हैं
वो बैठे रोते हैं जो किस्मतों के मारे हैं।
यही हया है यही जान है मुहब्बत की
जो नीची नज़रों से कहते हैं "हम तुम्हारे हैं"।
वही जो सीधे चल नहीं सकते सीधे सुभाव
उन्हीं से आज सितारे भी चाल हारे हैं।
निगाहें पास उठी हैं दुहाइयाँ देतीं
कि बेपनाह सितमगर ने तीर मारे हैं।

इसके बाद फिर 'श्रीरघुपति सहाय, बी.ए. फ़िराक़' के नाम से स्वदेश में ३१ जुलाई, १९२७ को एक ग़ज़ल प्रकाशित हुई, शीर्षक था 'आधी रात'—

रात आधी से ज़ियादा गयी थी सारा आलम सोता था।
नाम तेरा ले ले के कोई दर्द का मारा रोता था।
और मरीजों को कहते हो मैं भी हूँ इस दुनिया में
ऐसा दर्द उन्हें कब उठा जिनको वचना होता था।
कुछका कुछ कह जाता था फुरक़त की बेताबी में
सुनने वाले हँस पड़ते थे होश मुझे तब होता था।
तारे अक्सर डूब चले थे रात के रोने वालों के।
आने लगी थी नींद सी कुछ दुनिया में सबेरा होता था।
आज फ़िराक़ बहुत याद आया दीवाने कुछ कहते थे।
सुन के कोई हँस देता था जिस दम इक आलम होता था।

इसी पृष्ठ एक पर फ़िराक़ की ग़ज़ल के बाद 'विद्रोही' शीर्षक से मोहन लाल महतो 'वियोगी' की भी एक कविता छपी। वियोगी की कविता राष्ट्रीय आज़ादी के लिए कुर्बानी देने के आवाहनों और सम्बोधन से भरी थी जबकि फ़िराक़ की

ग़ज़ल वैयक्तिक गम की तहरीर थी।

फ़िराक़ के लेखकीय रोज़नामचा में दर्ज़ इस पाठ की व्याख्या करना तो बेहद कठिन है कि जब वे गद्य में लिखते थे तब वे दिलबाज होते थे परन्तु जब पद्य में लिखते थे तब वे दिलशिकस्त थे। रचना में रूप के बदलाव अथवा विपर्यय द्वारा वस्तु के परिवर्तन के कारणों को फ़िराक़ के अलावा और कौन समझ सकता था। परन्तु इतना अवश्य कहा जा सकता है कि फ़िराक़ जब गद्य लिखते तो भी 'वाह-वाह' होते और जब पद्य लिखते थे तो भी 'वाह-वाह' होते थे। लेखन की दृष्टि से फ़िराक़ जैसा खुशकिस्मत बहुत कम लोग होते हैं। क्योंकि फ़िराक़ ने द्विवेदी युग को रचना का जो मानवशास्त्र दिया वह शायद ही किसी ने दिया हो।

यहाँ यह कह देना ज़रूरी है कि फ़िराक़ भाषा के प्रति (हिन्दी-उर्दू के प्रति) किसी पूर्वग्रह के शिकार नहीं थे। ऊपर उदाहरण देते हुए कहा जा चुका है कि डानजुअन या दीर्घायुनीर का अँगरेजी से हिन्दी में अनुवाद करते वक्त साहित्यिक हिन्दी के जिस रूप का प्रयोग फ़िराक़ ने किया, वह उस काल के दूसरे लेखक नहीं कर पा रहे थे। गद्य की किसी भी विधा में लिखते हुए वे समकालीन से बीस रहते। उस समय उन्होंने संस्कृत के तत्सम शब्दों के प्रयोग से कोई परहेज नहीं किया। फारसी-अरबी के वे ही शब्द उन्हें पसन्द आये जो जन-जन की बोली में घुल-मिल गये थे।

यहाँ यह जानना ज़रूरी है कि फ़िराक़ की ऊपर दी गयी ग़ज़लों के शिल्प और उनमें प्रयुक्त भाषा पर दिल्ली का प्रभाव पड़ा था। गोरखपुर में हिन्दी का वर्चस्व ज्यादा था। हिन्दी साहित्य के बड़े-बड़े कवियों और लेखकों ने बनारस से गोरखपुर तक अपनी रचनाओं के द्वारा ख्याति अर्जित की थी। रघुपति सहाय हिन्दी साहित्य के सर्जकों से आगे बढ़ जाने की महत्वाकांक्षा के तहत लिखते थे। उन्होंने यह महत्वाकांक्षा पूरी भी की। लेख और निबन्ध लेखन में आचार्य रामचन्द्र शुक्ल और कहानी लेखन में प्रेमचन्द उनके सामने थे। 'स्वदेश' के सम्पादक बाबू दशरथ प्रसाद द्विवेदी को साहित्य में प्रतिस्पर्धा का अखाड़ा उद्घाटित करने में मजा आता था। उन्होंने रामचन्द्र शुक्ल का निबन्ध 'क्षात्र धर्म का सौन्दर्य' और रघुपति सहाय का निबन्ध 'जय पराजय' स्वदेश के विजयादशमी विशेषांक में अगल-बगल प्रकाशित किया। यह इसलिए किया गया था कि पाठक शुक्ल और रघुपति के विचार और भाषाई विन्यास की तुलना कर सकें। इसी प्रकार प्रेमचन्द और रघुपति सहाय द्वारा लिखी कहानियों को अगल-बगल छापने के कई-कई उपक्रम किये गये। इनसे रघुपति सहाय के साहित्य में हिन्दी-मानस की उदात्तता की पर्याप्त व्याख्या हो गयी।

लेकिन यह सब कुछ रघुपति सहाय के दिल्ली जाने के पहले ही हुआ था।

रघुपति सहाय के वास्तविक निर्माता दशरथ प्रसाद द्विवेदी ही थे। द्विवेदीजी के कारण ही वे दिल्ली गये। जब कभी महात्मा गाँधी अथवा जवाहर लाल नेहरू गोरखपुर आये तो दशरथ प्रसाद द्विवेदी ने रघुपति सहाय को ही उनके साथ रहने, उनकी सभाओं का आयोजन करने और भाषण देने का मौका दिया। हालाँकि इस अवसरप्रदायकता के कारण बदनाम भी कम नहीं हुए परन्तु उन्होंने उसकी चिन्ता कभी नहीं की। वे रघुपति सहाय के निर्माता धर्म से कभी नहीं चूके।

रघुपति सहाय १७ फरवरी १९२४ को जवाहर लाल नेहरू के बुलाने पर दिल्ली चले गये। पण्डित नेहरू का पत्र स्वदेश कार्यालय में काफ़ी पहले ही प्राप्त हो गया था। स्वदेश के सम्पादक ने अपने कार्यालय में १६ फरवरी को रघुपति सहाय को धन्यवाद ज्ञापित करने के लिए एक सभा आयोजित की। इसमें गोरखपुर, बस्ती, देवरिया आदि ज़िलों से प्रतिष्ठित प्रतिनिधियों ने भाग लिया। स्वाभाविक था अब बाबू रघुपति सहाय जवाहर लाल नेहरू के निजी सचिव होकर दिल्ली जा रहे थे। सभी लोगों ने स्वदेश तथा भारतीय राष्ट्रीय काँग्रेस की नीतियों और आन्दोलनों को सफल बनाने में रघुपति सहाय की भूमिका की सराहना की। साथ ही साथ १७ फरवरी, १९२४ को इनके प्रस्थान-जुलूस में भाग लिया। हालाँकि विदाई देने वालों की मन:स्थितियाँ अलग-अलग थीं लेकिन ऊपर से सभी चश्मे नम थे। दशरथ प्रसाद द्विवेदी ने रघुपति सहाय के प्रति आभार व्यक्त करते हुए 'स्वदेश का सम्पादन' शीर्षक टिप्पणी में लिखा ''छ: सात महीनों तक स्वदेश के सम्पादन की जिम्मेदारी मेरे मित्र बाबू रघुपति सहाय ने अपने ऊपर ले रक्खी थी। इससे वह भार फिर इन दुर्बल कन्धों पर आ पड़ा। मैं अपने मित्र बाबू रघुपति सहाय का और उनकी पिछली कृपाओं का धन्यवाद देते हुए आज से स्वदेश के सम्पादन की जिम्मेदारी अपने ऊपर लेता हूँ। परमात्मा मुझे अपने प्रयत्न में सफल होने की शक्ति दे।'' (पृ. ३) कुछ विस्तार के साथ लगभग यही टिप्पणी फिर ६ जनवरी वाले अंक में लगायी १७ फरवरी, १९२४ रघुपति सहाय को विदाई देने के बाद १३ अप्रैल, १९२४ को एक विज्ञापन, 'स्वदेश पत्र को अकेले सँभालने हेतु सम्पादक की ज़रूरत।' यह विज्ञापन स्पष्ट कर रहा है कि बाबू रघुपति सहाय स्वदेश का सम्पादन अकेले ही करते आ रहे थे। इस अवधि की सभी सम्पादकीय टिप्पणियाँ रघुपति सहाय की थीं जिनकी संख्या १०० से अधिक हैं।

दिल्ली जाने के पहले जब बाबू रघुपति सहाय 'स्वदेश' का सम्पादन कर रहे थे तब भी ये अकेले ही थे। 'स्वदेश' के रजिस्टर्ड सम्पादक पण्डित दशरथ प्रसाद द्विवेदी स्वदेश के वास्तविक सम्पादक बहुत दिनों तक नहीं रहे। 'स्वदेश' का सारा दायित्व रघुपति सहाय ने ले रखा था। उनके दिल्ली जाने के बाद रामनाथ लाल सुमन ('पहल' के सम्पादक ज्ञानरंजन के पिता) सम्पादकीय दायित्व सँभालने

लगे, परन्तु दिल्ली में होते हुए भी बाबू रघुपति सहाय 'स्वदेश' का स्तर बनाये रखने के लिए उनको पूरी मदद देते रहे। 'स्वदेश' के हर अंक के लिए उन्होंने रचनाएँ भेंजी। गद्य और पद्य दोनों विधाओं की रचनाएँ।

यह अज्ञात नहीं है कि जब सन् १९२४ में 'स्वदेश' का विजयांक निकला था तब सरकार विरोधी अंक होने के कारण इसे जप्त कर लिया गया और स्वदेश के रजिस्टर्ड सम्पादक दशरथ प्रसाद द्विवेदी को ५ दिसम्बर, १९२४ को गिरफ़्तार कर लिया गया। इसके वास्तविक सम्पादक पाण्डेय बेचन शर्मा 'उग्र' गिरफ़्तार होने के पहले ही भाग खड़े हुए थे, तब से रामनाथ लाल सुमन ही 'स्वदेश' का सम्पादन करने लगे थे।

एक बार फिर कहा जाय कि रघुपति सहाय के दिल्ली जाने की घटना में नमक-मिर्च लगा तमाम कानाफूसियाँ हुईं। लेकिन गोरखपुर में रघुपति सहाय की तेज़ी और उनके नेतृत्व गुण सम्पन्न होने के कारण ही दशरथ प्रसाद द्विवेदी ने उन्हें बेइन्तिहा ऊँचाइयाँ दीं। अगर दशरथ प्रसाद द्विवेदी ने उनके सामाजिक व्यक्तित्व में कहीं भी अनुस्वार या विसर्ग लगा दिया होता तो सम्भवतः फ़िराक़ भ्रष्ट-मनोरथ होकर आपराधिक जगत के शिकार हो गये होते। फ़िराक़ को पढ़ने वाले यह जानते ही नहीं कि रघुपति सहाय को लेकर दशरथ प्रसाद द्विवेदी ने कितना झेला था। उदाहरण के रूप में 'स्वदेश' के २५ सितम्बर, १९२१ वाले अंक में शीर्षक लगाया 'गोरखपुर और बस्ती में जवाहिर लाल। तीन दिन में १३ सभाएँ।' और इसमें लिखा कि 'स्वदेश के पाठकों को जवाहिर लाल नेहरू के परिचय देने की आवश्यकता नहीं है। वे तो भलीभाँति परिचित ही होंगे क्योंकि समय-समय पर उनके बारे में लिखा जा चुका है। परिचय देने की आवश्यकता है बाबू रघुपति सहाय, बी.ए. की क्योंकि इन्हीं के बुलाने पर जवाहिर लाल नेहरू ने तीन दिन के लिए गोरखपुर और बस्ती में आने की कृपा की।' फिर द्विवेदीजी ने लिखा कि गोरखपुर और बस्ती की मनोकामना पूरी करने के लिए रघुपति सहाय ने कुल तेरह सभाएँ कीं इन सभाओं में स्वागत भाषण किये। हालाँकि इन स्वागत भाषणों का प्रकाशन तो नहीं हुआ परन्तु द्विवेदीजी द्वारा लिखे समाचार से यह तो ज्ञात होता ही है कि रघुपति सहाय ने पण्डित जवाहिर लाल को अपनी बौद्धिक दक्षता, उद्बोधन शैली और प्रभाव वितरण से बहुत अधिक प्रभावित किया। शायद जवाहिर लाल को रघुपति सहाय की सहायता की ज़रूरत यहीं महसूस हो गयी। राष्ट्रीय आन्दोलनों को गति देने के लिए रघुपति सहाय के पास जन-आकर्षक मौलिक तर्क थे। पण्डित नेहरू भी इन तर्कों की प्रयोगशाला बनाना चाहते थे। इसलिए उन्होंने बाबू रघुपति सहाय को बतौर व्यक्तिगत सचिव के रूप में दिल्ली बुला लिया।

गोरखपुर आने से पहले पण्डित नेहरू की बलिया और आजमगढ़ में भी

सभाएँ आयोजित की गयी थीं, परन्तु उनको रघुपति सहाय की तरह मुग्धकारी व्यक्ति नहीं मिला था, इसलिए जब वे गोरखपुर से बस्ती गये तो रघुपति को अपने साथ ले गये। इतना ही नहीं बल्कि बस्ती में कहाँ-कहाँ बोलना था, इसकी जिम्मेदारी भी उन्होंने रघुपति सहाय को ही दे दी। लेकिन रघुपति सहाय के लाख प्रयासों के बाद भी पण्डित नेहरू इसलिए नहीं बोल सके कि वहाँ के प्रशासन ने 'ब्रह्मास्त्र दफा १४४ जाब्ता फौजदारी का प्रयोग किया।' रघुपति सहाय इस सरकारी ब्रह्मास्त्र को तोड़ फेंकना चाहते थे, परन्तु पण्डित नेहरू ने ऐसा करने से मना कर दिया क्योंकि उनकी नवजागरण यात्रा अभी और आगे तक बढ़नी थी।

जब रघुपति सहाय, पण्डित नेहरू को लेकर 'क़ारखाना रामपुर आये।' परन्तु रामपुर में भी वही चिप्पी' लग गयी। यहाँ से वापस गोरखपुर जाते हुए पण्डित नेहरू 'उसी मोटर से रघुपति आदि को लेकर बुद्ध भगवान के निर्वाण-स्थल कसया देखते हुए गोरखपुर के लिए रवाना हुए क्योंकि यह तय था कि उसी दिन शाम सात बजे एक विराट सभा होगी। परन्तु रास्ते में मोटर खराब होने के कारण वे गोरखपुर ग्यारह बजे रात पहुँचे। पण्डित जवाहिर लाल नेहरू को सुनने के लिए लगभग १२ हज़ार की भीड़ तिलक इस्लामिया विद्यालय में एकत्र हुई थी। भीड़ लगभग १० बजे रात तक डटी रही। उन तीन घण्टों में पण्डित बद्री प्रसाद और श्री श्याम बिहारी द्वारा कई राष्ट्रीय गान गाये गये। मौ. सुभानुल्ला, पण्डित मुरारी शर्मा और पण्डित भगवती प्रसाद द्विवेदी के भाषण हुए। वासुदेव दुबे की कविता लोगों ने खूब पसन्द की। मौल्वी साहब की एक नज़्म भी बड़े मार्के की थी।' (स्वदेश : २५ सितम्बर, १९२१ पृ० ६)

दूसरे दिन सुबह नेहरूजी, बाबू रघुपति सहाय आदि के साथ 'शिकारपुर' के लिए रवाना हुए। यहाँ भीड़ इतनी करारी थी कि एक मंच से काम नहीं चल सकता था। इसलिए तीन मंच और बनाये गये। रघुपतीय स्वागत के बाद पण्डित नेहरू का व्याख्यान शुरू हुआ। लेकिन मुश्किल से १५-२० मिनट ही वे बोले होंगे कि गोरखपुर के शहर कोतवाल, एक शार्ट हैण्ड राइटर और दो सिपाही, मय बन्दूक के, १४४ की चिप्पी लिये हुए पहुँच गये। लगभग ४० हज़ार जनता को निराश होना पड़ा। साढ़े तीन घण्टे का आयोजन १५ मिनट में समाप्त। इसके बाद एकत्र जनता ने पण्डित नेहरू को १७०० रुपये की थैली दी, विदेशी कपड़े जलाये और लगभग चार बजे पण्डित नेहरू गोरखपुर चले गये। वापसी के समय रघुपति सहाय के आग्रह पर पण्डित नेहरू कुछ समय के लिए भटहट बाज़ार रुके और वहाँ एकत्र दो हज़ार लोगों को सम्बोधित किया और लगभग सात बजे सायं गोरखपुर में आयोजित सभा में पहुँचे। लगभग १२ हज़ार जनता का उद्‌बोधन किया। इस सभा की अध्यक्षता मौलवी सुभानुल्ला ने की। पण्डित श्याम बिहारी जी ने एक स्वागत

कविता पढ़ी। फिर बाबू रघुपति सहाय ने पण्डित नेहरू का विस्तृत परिचय कराते हुए स्वागत भाषण किया। रघुपति सहाय के बाद पण्डित जवाहिर लाल नेहरू ने 'लगभग एक घण्टे के भाषण में वर्तमान सभी विषयों पर प्रकाश डाला। उसी दिन अली बन्धुओं की गिरफ्तारी की खबर आयी। इसलिए नेहरूजी ने अपने भाषण की शुरुआत अली बन्धुओं की देश-सेवा से की।' सभा समाप्त होते ही इसी सभा में बाबू बिन्ध्यवासिनी प्रसाद ने अली बन्धुओं को गिरफ़्तार करने के कारण सरकार के विरुद्ध एक निन्दा प्रस्ताव पेश किया। जिसका समर्थन रघुपति सहाय ने किया।

दूसरे दिन यानी १९ सितम्बर, १९२१ को बाबू रघुपति सहाय ने पण्डित नेहरू को लेकर भीटी के लिए प्रस्थान किया, परन्तु सहजनवा स्टेशन पर काफ़ी भीड़ एकत्र हो गयी। बाबू रघुपति सहाय ने जनता से आग्रह किया कि आज ही पण्डितजी को फैजाबाद पहुँचना ज़रूरी है। इसलिए पण्डित नेहरू की हस्तलिपि में कुछ सन्देश लेकर आप लोग अपने-अपने क्षेत्रों में काँग्रेस के कार्यक्रमों को सफल बनाने का काम करिए। पण्डितजी के दर्शन के बाद जनता ने बाबू रघुपति सहाय का आग्रह स्वीकार कर स्वस्थान प्रस्थान किया। पण्डित नेहरू को रघुपति सहाय का यह दूसरा प्रभाव भी आश्चर्य में डाल दिया।

रावतभीटी बस्ती में भारी भीड़ थी, इसे देखते हुए वहाँ के स्थानीय प्रशासन ने उसी १४४ का प्रयोग किया जिसे और ज़गहों पर आजमाया जा चुका था। वहीं से पण्डित नेहरू रघुपति सहाय को लेकर फैजाबाद चले गये। यह गोरखपुर के वरिष्ठों का भारी अपमान था। इस हैरतनामी ने उनके दिल पर भारी चोट पहुँचायी थी। हालाँकि बैखरी तो सभी की गुम थी, परन्तु मध्यमा वाणी में, 'दशरथ प्रसाद द्विवेदी हाय-हाय, जपते हुए लोग वापस आये।

बाबू रघुपति सहाय शीघ्र ही गोरखपुर वापस आ गये थे और नेहरूजी के फरमान का पालन करते हुए काफ़ी तीखे चरित्र के हो गये थे। अँगरेजों के दमन-चक्र से निश्चिन्त। प्राणाहुति के लिए तैयार। आम जनता की आँखों के सितारे बाबू रघुपति सहाय। १८ दिसम्बर, १९२१ को स्वदेश के मुखपृष्ठ पर 'गोरखपुर नैया के ६-६ खेवनहार। ज़िले भर में यही गूँज। 'वीरों! आगे बढ़े चलो! हम भी आते हैं' इसके तहत जो ख़बर छपी उसमें सबसे महत्वपूर्ण रहे रघुपति सहाय बी.ए., लिखा गया—'गोरखपुर में खास २ काम करने वालों में बरहज के परमहंस बाबा राघवदास तो पहले ही से १०८ में, बनारस का जेल पवित्र कर रहे हैं, तारीख १४ दिसम्बर, १९२१ को टाउन काँग्रेस कमेटी के उप सभापति, भारतीय राष्ट्रीय काँग्रेस कमेटी के पी.एम. डब्लू, रेलवे के मेंस एसोशिएसन के वाइस प्रेसिडेण्ट और स्थानीय बंगाली समाज के एक बहुत ही प्रतिष्ठित व्यक्ति डॉक्टर विश्वनाथ मुखर्जी भी पकड़कर बस्ती भेज दिये गये। यह भी खबर आयी है कि स्थानीय काँग्रेस के मन्त्री बाबू

विन्ध्यवासिनी प्रसाद (वकील), देवरिया तहसील काँग्रेस कमेटी के मन्त्री अवध नारायण मुख़्तार और गोरखपुर ज़िले के एक मात्र असहयोगी हिन्दू लीडर बाबू रघुपति सहाय जिसकी योग्यता की प्रशंसा खुद गाँधीजी ने यंग इण्डिया में की थी—हिन्दुओं के तीर्थराज प्रयाग प्रान्तीय कमिटी की बैठक के अवसर पर यकायक, पकड़ लिये गये।' (स्वदेश : मुखपृष्ठ १८ दिसम्बर, १९२१)

बाबू रघुपति सहाय के पकड़े जाने पर 'मुबारक' शीर्षक में इस जनमन अधिनायक रघुपति सहाय को दिये गये मुबारकबाद का उल्लेख करने से पहले पण्डित दशरथ प्रसाद द्विवेदी के शीर्षक पर विचार करना ज़रूरी प्रतीत हो रहा है। उन्होंने बाबू रघुपति सहाय, बी.ए. (जो बाद में फ़िराक़ कहलाये) को गोरखपुर का एकमात्र असहयोगी हिन्दू लीडर क्यों लिखा? यह एक विवाद का मसला है। आज के दौर में बेहद गम्भीर। इतना अवश्य था कि असहयोग आन्दोलन के विरोधी मुसलमानों को उन्होंने बेहद तुर्शी के साथ फटकारा था क्योंकि अँगरेजधर्मी चाहे हिन्दू रहे हों चाहे मुसलमान, दोनों ने हिन्दू-मुस्लिम एकता के रास्ते में रोड़े अटकाए थे। इस साक्ष्य के लिए 'स्वदेश' के १४ अगस्त, १९२१ वाले अंक के पृ० ४ पर रघुपति सहाय द्वारा लिखी 'हिन्दू-मुस्लिम एकता' शीर्षक टिप्पणी पढ़ी जा सकती है। हालाँकि यह टिप्पणी अनामित है। यह रघुपति द्वारा लिखी गयी थी इसके प्रमाण अप्राप्त नहीं हैं। यह टिप्पणी आज के सम्प्रदायवादी विचारधारा वाले व्यक्तियों को उकसाने के काम आ सकती है। इसलिए परिशिष्ट में भी इसे नहीं दिया जा सकता।

बाबू रघुपति सहाय ने अपने नामित तथा अनामित टिप्पणियों में तथा प्रतिष्ठित लेखकों से आलेख लिखवाकर यह सिद्ध करना चाहा था कि फ़िरकापरस्ती देश की समृद्धि में बाधक तत्व है। इससे देश की आज़ादी हासिल करने के लक्ष्य को भी नहीं प्राप्त किया जा सकता। 'स्वदेश' ने चार सितम्बर १९२१ वाले अंक में श्री देवी प्रसाद मुंशी से लेख प्राप्त किया 'हदीस में चरख़ा' देवी प्रसाद मुंशी ने अनेक प्रमाण देकर अपनी स्थापनाओं को सिद्ध किया था। इसी प्रकार इसी अंक में एक खबर दी 'जेल में कृष्ण जन्मोत्सव'। इसमें लिखा, ''जेल में तारीख २६ अगस्त को लगभग ३०० कैदियों—हिन्दू-मुसलमान भंगी कैदियों ने निराहार रहकर, भगवान श्री कृष्णचन्द का जन्मोत्सव मनाया।'' (पृ० ७)

ये ऐसे कुछ उपक्रम थे जिनके माध्यम से वे हिन्दू-मुसलमान एकता के रास्ते ढूँढते रहे। ऐसे में आज ऐसा कुछ नहीं कहा जा सकता कि बाबू रघुपति सहाय 'हिन्दूवादी लीडर' थे। उन्होंने प्रारम्भ में परिमार्जित हिन्दी को महत्व तो अवश्य दिया लेकिन उर्दू विरोध के नाम पर नहीं। इसी प्रकार उन्होंने हिन्दू लीडर बाल गंगाधर तिलक को बहुत अधिक महत्व दिया लेकिन मुस्लिम विरोध के नाम पर

नहीं।

बाबू रघुपति सहाय को हिन्दू और मुसलमान समान रूप से महत्त्व देते थे। इस तथ्य को समझने के लिए १८ दिसम्बर, १९२१ के स्वदेश का पृष्ठ २ पढ़ा जाना चाहिए। शीर्षक दिया गया 'मुबारक।' इस शीर्षक ने इतना दिलचस्प समाचार दिया है कि इसको यहीं पढ़ लेने की उत्सुकता जगती है। इस समाचार से केवल रघुपति सहाय के उत्तुंग व्यक्तित्व का ही बोध नहीं होगा बल्कि उनके प्रति गोरखपुर ज़िला के तद्युगीन परिस्थितियों और राजनीतिक गतिविधियों की भी जानकारी होगी। समाचार में कहा गया है—'मुबारक! यह मुबारकवादी (बधाई) किसको? गोरखपुर को, गोरखपुर ज़िले के निवासियों को और उनको, जो हमारे प्रतिनिधि होकर सूबे की कमिटी में शिरकत करने प्रयाग गये हुए थे। और यह मुबारकबाद इसलिए कि जिस गोरखपुर नगर में बाबा गोरखनाथ ने धूनी रमाई थी, जिस गोरखपुर ज़िले के कसया स्थान में भगवान बुद्धदेव ने निर्वाण प्राप्त किया था और जिस गोरखपुर ज़िले के शहर को पहिल पहल महात्मा गाँधी और मौ. मौलवी अली ने पधारकर अपने चरणों से पवित्र किया, उसी गोरखपुर ने, समय आने पर न तो अपना कदम पीछे हटाया औन न इस बार ही। माता की पवित्र वेदी पर जिस तरह अन्य प्रान्तों और ज़िलों ने अपनी-अपनी श्रद्धा के पुष्प चढ़ाये, उसी प्रकार गोरखपुर ने अपनी चुनी हुई तिगड़ी माता के चरणों में अर्पित कर दी। भाई रघुपति पुलिस द्वारा गिरफ्तार होते समय तुमने जो हमें पत्र लिखा है और यह लिखा है कि 'मैं जेल खुशी से जा रहा हूँ। कोई चिन्ता नहीं है।' सो तो पहिले से ही हम जानते थे। तुम्हारा यह सन्देश कि 'काँग्रेस का काम बन्द न होने पाये और संगठन हरगिज न टूटने पाये, हम इस पत्र द्वारा समस्त गोरखपुर को सुनाये दे रहे हैं। तुम्हारा यह लिखना कि 'स्वराज्य निकट है और मालूम हो रहा है कि सदेह स्वर्ग जा रहे हैं, बिल्कुल सत्य है। गोरखपुर ज़िला भी तुम्हारा अनुकरण और आदेश पालन करने के लिए तैयार है। इसी प्रकार भाई विन्ध्यवासिनी प्रसादजी! तुम्हारा भी यह सन्देश कि 'देश की तरफ बराबर निगाह रखकर अहिंसात्मक असहयोग का पालन किया जाय,' हम सर झुकाकर इसे अपनाते हैं। तुम दोनों ने गोरखपुर में एक नयी जान फूँकी, गोरखपुर को मुर्दा से जिन्दा बनाया तब इस जिन्दादिली की हालत में नगर पिछड़ेगा तो इस सा बदक़िस्मत और कौन होगा। भाइयों, गोरखपुर ज़िला के रहने वालों! उठो, बढ़ो, देखो, तुम्हारे वीर साथी तुम्हें कहाँ बुला रहे हैं।'

स्वदेश ने स्पष्ट किया है कि यह टिप्पणी सुभानुल्ला ने लिखी थी जिसे दशरथ प्रसाद द्विवेदी ने 'स्वदेश' में प्रकाशित किया था। यहाँ यह कहना महत्वपूर्ण नहीं है कि यह टिप्पणी किसने लिखी बल्कि यह जानना महत्वपूर्ण है कि नौजवानी में प्रवेश करते २४ वर्ष के एक छोकरे रघुपति सहाय को गोरखपुर का जवाहरलाल

का दर्जा कैसे हासिल हो गया था। इसका तो केवल २ वर्ष पहले ही 'स्वदेश' में पंजीयन हुआ था। इन दो वर्षों में ही वह हिन्दू-मुसलमान दोनों का लीडर बन गया। उस समय गोरखपुर में एक से एक उमरे और उम्रदराज लोग ज़िले में मशहूर थे, परन्तु उन लोगों का मशाहीर इस नौजवान के कब्ज़े में कैसे आ गया? यह भी पूछा जा सकता है कि सन् १९३० के बाद फ़िराक़ ने कभी वह जिन्दगी पायी जो उन्हें 'स्वदेश' में मिली थी। बीसवीं सदी के तीसरे दशक के उत्तरार्द्ध और चौथे दशक में तो केवल ग़ज़ल और नज़्म के हो गये। इतना अवश्य है कि सन् १९४५ के बाद वे उर्दू अदब के अजीमुश्शान शख्स अवश्य हो गये, लेकिन उन्हें जन, लौकिक ख्याति से नीचे उतरना पड़ा।

क्या यह कहना गलत होगा कि 'स्वदेश' में रहते हुए वे हिन्दी के युगनिर्माता साहित्यकार बन रहे थे। आगे आचार्य रामचन्द्र शुक्ल और रघुपति सहाय के निबन्धों और प्रेमचन्द और रघुपति सहाय की कहानियों की तुलनात्मक समीक्षा दी जा रही है और पाठकों की सुविधाओं के लिए तुल्य रचनाएँ भी परिशिष्ट में सम्मिलित की जाएँगी।

हिन्दी में रघुपति सहाय की रचनात्मक विशेषता न जानने वालों ने उनके व्यक्तित्व को सीमित कर दिया है। इस सन्दर्भ में मोहम्मद हसन अरकरी और डॉ. अफ़गान उल्लाह के एक सम्मिलित बयान पर विचार किया जा सकता है। उन लोगों ने लिखा है, 'फ़िराक़ ने १९१९ के आसपास शायरी का आरम्भ किया और उन्होंने उल्लेखनीय लोकप्रियता (प्रसिद्धि) १९४५ के पश्चात ही प्राप्त की' (फ़िराक़ गोरखपुरी : यादों के झरोखों से—भाग एक।) इस कथन पर विचार करने से ऐसा लगता है कि अदब में 'फ़िराक़' तो बहुत ज्ञात है, परन्तु फ़िराक़ गोरखपुरी को कोई जानता ही नहीं। किसी महान रचनाकार के सर्जक व्यक्तित्व पर बिना परिश्रम और बिना शोध किये लिख मारने का यही परिणाम होता है।

ऊपर दिये गये सन्दर्भ में फिर दुहराते हुए यह कहना अत्यन्त आवश्यक है कि रघुपति सहाय, बी.ए. (फ़िराक़) के लेखन में तल्ख़ी चाहे जितनी भी रही हो, परन्तु उनकी तस्लीमात उनके तल्खगो व्यक्तित्व से हमेशा ऊँची रही थी। वे अपने लेखन और अपनी पत्रकारिता में फिरकापरस्त कभी नहीं रहे। इस अर्थ में वे कबीर के रास्ते चले थे। डरे नहीं। जहाँ भी सम्प्रदायवादी विचार उठा, वे उस पर टूट पड़े। उसे उन्मूलित करने की स्फूर्त युक्ति सोची और उसे अपनी टिप्पणियों में अभिव्यक्ति दी। कौन प्रसन्न होगा, कौन अप्रसन्न इसकी चिन्ता उन्होंने कभी नहीं की।

रघुपति सहाय, फ़िराक़ सन् १९३० में इलाहाबाद विश्वविद्यालय में अँगरेजी प्राध्यापक होने के बाद अपनी सर्वतोमुखी योग्यता के कारण सराहे तो ज़रूर गये, परन्तु यहीं वे किंवदन्तियों के मिथ भी बन गये। ये मिथ सुखद और दुखद दोनों

थे। इन्हीं किंवदन्तियों के सहारे इकबाल माहिर ने 'फ़िराक़' एक तजज़ियाती मोताल्आ' शीर्षक लेख में लिखा, 'दूसरा इल्जाम उन पर अप्राकृतिक भावना का है। ऐसे बुद्धिजीवी का साथ एक ज़ाहिल पत्नी से पड़ा। पत्नी से अप्राप्त सुख, सम्बन्ध विच्छेद और एकान्त के बाद उन्होंने अप्राकृतिक भावना का सहयोग लिया किन्तु कहीं सन्तोष प्राप्त न हो सका। यहाँ भी किसी ने उनका मुस्तकिल (स्थायी) साथ नहीं दिया। वह दुखी दिल के साथ कह उठे—

काफ़ी दिनों जिया हूँ किसी दोस्त के बग़ैर
अब तुम भी साथ छोड़ रहे हो ख़ैर।

इस शब्द ख़ैर में कितनी ख़स्तगी, कितनी कमी, नाकामी और दर्द छिपा है।' (फ़िराक़ सदी की आवाज़-पृ० १९९)। ये सब कथन फ़िराक़ गोरखपुरी की लोकप्रियता बयान करते हैं। अगर इन शोधकर्त्ताओं और आलोचकों ने गोरखपुर में फ़िराक़ को देखा होता, तो वे इस प्रकार की आधारहीन बातें कभी नहीं लिखते। अगर फ़िराक़ के गोरखपुरी जीवन के बारे में जानने की कोशिश की होती, पण्डित जवाहर लाल नेहरू से रू-ब-रू पूछा होता अथवा गाँधीजी द्वारा सम्पादित 'यंग इण्डिया' के अभिलेख देखे होते, तो वे फ़िराक़ की इस तरह अनाप-शनाप दुर्गति न करते। गोरखपुर, बस्ती और आजमगढ़ में बाबू रघुपति सहाय के जो फ़र्मान जारी होते उन्हें सभी धर्म, सम्प्रदाय और जाति के लोग बिना विरोध जताये सिर माथे चढ़ाते थे। गोरखपुर में फ़िराक़ ने कभी लोक-निषेध की पीड़ा नहीं सही। कुछ ईर्ष्यालु लोग भी उन्हें बदनाम नहीं कर सके थे। वे 'स्वदेश' के तिलक थे। उदाहरण के लिए यहाँ उनका एक छोटा सा फ़र्मान देखा जा सकता है। यह फर्मान १ मई, १९२१ के 'स्वदेश' में रघुपति सहाय के नाम से जारी किया गया था जिसका शीर्षक था 'मुठिया और खलिहानी'। इसमें उन्होंने गाँव के किसान और मजदूर भाइयों से अपील की थी—'महाशय, मैंने १० अप्रैल के 'स्वदेश' में इस मज़मून का ख़त जारी कराया था कि ज़िला गोरखपुर के लोग मुठिया और खलिहानी और दीगर खैरात के गल्ले बेंचकर इसका रुपया मेरे पास भेजें। चूँकि यह हमारी काँग्रेस कमिटी और खिलाफत कमेटी व जमायतुल मुसलमीन ने मौ. सुभान उल्लाह साहब के सुपुर्द किया है लेहाजा आज की तारीख से गल्ला का रुपया जो जमा किया जाय या पहिले से जमा हो ख्वाह शहर का हो, ख्वाह ज़िले का, वह मौलवी सुभान उल्ला साहब जाफरा बाजार, गोरखपुर के पते से रवाना किया जाय किसी और शख्स को न दिया जाय। जिस गाँव के लोग न आ सकें वे मनीआर्डर के ज़रिये ऊपर लिखे हुए पता पर भेज दें। हर गाँव में एक या दो शख्स अपने ऊपर जिम्मा ले लें कि वह

खलिहानी और मुठिया गाँव भर की अपने पास जमा करें और गाँव में ही या करीब के बाजार में बेंचकर रुपया रवाना किया करें। इसके अलावा जो रक़म लोग चन्दे में देना चाहें, वह सेक्रेटरी काँग्रेस कमेटी बाबू नरसिंह दास साहब वकील, मुत्तलिस खादी बाबा का स्थान, शहर गोरखपुर के पास भेजने की कृपा करें।— रघुपति सहाय।

अगर बाबू रघुपति सहाय, बी.ए. गोरखपुर और इंगलिस प्रोफेसर 'फ़िराक़' इलाहाबाद की तुलना की जाय तो अज्ञात नहीं रह जाएगा कि फ़िराक़ इलाहाबाद में स्वयं 'मुठिया' और 'खलिहानी' शब्दों का अर्थ भूल गये होंगे। जो फ़िराक़ गोरखपुर नगर, गाँव, कस्बा और छोटे-छोटे पुरवा के मजदूरों, किसानों, ज़मींदारों, बढ़ई, कुम्हार, पासी, धोबी और दूसरी दलित जातियों के हृदय-भाजन थे, वे इलाहाबाद विश्वविद्यालय के छात्रों और प्रोफ़ेसरों के मात्र मिथ बनकर रह गये, जो रघुपति सहाय फ़िराक़ गोरखपुर में देर रात तक सैकड़ों लोगों से घिरे रहते थे, वे फ़िराक़ इलाहाबाद विश्वविद्यालय में अकेले पड़ गये। अगर कुछ नक़्क़ाद जो फ़िराक़ को भली-भाँति नहीं जानते थे वे अपनी नक़्क़ादी को नक्शे ख़याली न बनाते तो ज़्यादा अच्छा होता। अगर ये नक़्क़ाद गोरखपुर के फ़िराक़ को जानते होते, तो यह कभी नहीं लिखते कि फ़िराक़ को १९४५ के बाद ख्याति मिली।

फ़िराक़ यानी बाबू रघुपति सहाय गोरखपुरी की ख्याति (छवि) का आकलन स्वदेश में लगे कुछ शीर्षकों से ही किया जा सकता है। २१ मई, १९२१ पृ० ४८ और ३६ प्वाइण्ट के टाइप में पूरे पृष्ठ का शीर्षक था—'प्रथम हाटा तहसील कांफ्रेंस, बाबू रघुपति सहाय का प्रशंसनीय उद्योग, दस हज़ार जनता का अपूर्व समारोह, चर्खे पर महसूल, चर्खे की प्रदर्शनी, अच्छे सूत पर इनाम, विदेशी कपड़ों की होली, राष्ट्रीय झण्डा गड़ा।' सोचा जा सकता है कि जब शीर्षक की प्रत्येक पंक्ति पर ही रघुपति सहाय का ख्याति चित्र खींच दिया गया तो दो पूरे पृष्ठों के विवरण में रघुपति सहाय के गौरव पुराण की कितनी कथाएँ प्रकाशित हुई होंगी। विवरण पढ़ने से यह जाना जा सकता है कि रघुपति सहाय को देखने सुनने के लिए 'बनारस की श्रीमती शान्ति देवी तथा अति प्रतिष्ठित स्वामी अभयानन्द, प्रयाग के कमालुद्दीन साहब जाफरी के भाई भी पधारे थे।' 'जुलूस हरपुर के लिए प्रस्थान किया। आगे-आगे एक हाथी पर क़ौमी झण्डा फहरा रहा था और उसके पीछे दो हाथियों पर और घोड़ों पर अन्य लोग बैठे हुए थे। इसके पीछे दो हाथियों पर और घोड़ों पर अन्य लोग बैठे हुए थे। इसके पीछे २०० विद्यार्थी जयध्वनि कर रहे थे। रास्ते में गाँवों के लोग बड़ी श्रद्धा से 'रघुपति जुलूस देखते थे।' रघुपति सहाय के इस गौरव-पुराण का दुखद अध्याय यह रहा—(इन्वर्टेट कामा में)—"बाबू रघुपति सहाय काँग्रेस की स्वागतकारिणी समिति के अध्यक्ष थे। परन्तु १४४ की कृपा से वे इस काँग्रेस

में शरीक न हो सके उनका (लिखित) भाषण बाबू त्रिवेणी सहाय ने लोगों को पढ़कर सुनाया।'' (वही पृ० ३) इसके बाद काँग्रेस में आये हुए लीडरों के भाषण हुए। स्वयं दशरथ प्रसाद द्विवेदी इस सभा में शरीक हुए थे। मौलवी सुभान उल्ला भी थे परन्तु धारा १४४ का प्रयोग केवल रघुपति सहाय पर किया गया। यह थी बाबू रघुपति सहाय की विख्याति। इसके बाद जब एक बजे रात दूसरी सभा हुई तो इस सभा में बाबू रघुपति सहाय को पुरस्कृत किया गया।

यह कहना असंगत न होगा कि स्वदेश के इस हेडिंग से ही रघुपति के बहुआयामी व्यक्तित्व का बोध हो जाता है। 'स्वदेश' में रघुपति सहाय के कार्य विस्तार को लेकर १०० से अधिक शीर्षक लगे हैं। अगर लोकमान्य तिलक, महात्मा गाँधी और बरहज के बाबा राघव दास को छोड़ दिया जाय तो व्यक्तित्व और कृतित्व की विवृत्ति करने वाले ये शीर्षक रघुपति सहाय के लिए लगाये गये थे। इन शीर्षकों से स्पष्ट होता है कि रघुपति सहाय सन् १९१८ से सन् १९२४ तक गोरखपुर के अकेले लोक नायक थे। राष्ट्रीय नवजागरण के उग्र सिपाही होने के नाते उन्होंने जहाँ-जहाँ तक की यात्रा की थी सभी ज़गह बड़ी संख्या में लोग उपस्थित हुए थे जिनके सहयोग से रघुपति सहाय ने राष्ट्रीय विद्यालय खोले, चर्खे पर सूत कातने की उपयोगिता बताते हुए सूत आश्रम स्थापित किये और विदेशी वस्त्रों की होली खेली। सूत कातने के अलावा गाँवों में उपलब्ध साधनों द्वारा गृह उद्योग बढ़ाने का जज़बात भी पैदा किया। वे जहाँ भी गये शैक्षिक, आर्थिक और राजनीतिक नवजागरण के विद्वान बनकर गये।

रघुपति सहाय पैदल ही गाँवों का दौरा करते थे। चाहते थे चुपके पहुँचना और गाँवों में जागरण की चेतना पैदा करना, परन्तु थाने और पुलिस को मुखबिरों के कारण सब कुछ पता लग जाता था। इस सन्दर्भ में 'स्वदेश' (८ मई, १९२१ पृ० २) की कुछ पंक्तियों को पढ़कर मिसाल पायी जा सकती है। एक छोटे से गाँव में रात को एक सभा आयोजित की गयी। मौ. सुभानउल्लाह बस्ती में ही गिरफ़्तार कर लिये गये, परन्तु रघुपति सहाय येन केन प्रकार गाँव में समय से पहुँच गये। इस पर स्वदेश ने एक टिप्पणी लगायी, 'बाबू रघुपति सहाय का मुँह खुलना था कि थोड़ी देर बाद ही उन पर फिर दफा १४४ तामील कर दी गयी। फिर तो दो महीने के लिये चंगुल में फँस गये।' हालाँकि रघुपति सहाय का उद्‌बोधन पूरा नहीं हुआ था परन्तु उनके नाम और दिये सन्देश से नवजागरण की चेतना ग्रामवासियों में कुलमलाने लगी। रघुपति का उद्देश्य पूरा हुआ।

'स्वदेश' को पढ़ने वाले इस तथ्य से अनभिज्ञ नहीं हैं कि बाबू रघुपति सहाय के लिए दफ़ा १४४ फुटबाल था। इस पर उन्होंने इतने अधिक किक लगाये थे जितने सम्पादक दशरथ प्रसाद द्विवेदी भी नहीं। यह ज्ञातव्य है कि अक्टूबर १९२४

का विजयांक प्रकाशित करने के कारण दशरथ प्रसाद द्विवेदी को २७ महीने के लिए जेल में डाल दिया गया था। इस अंक के सम्पादक 'उग्र' को भी ९ महीने जेल में रहना पड़ा था। ऐसा नहीं था कि बाबू रघुपति सहाय धारा १०८ (अ) में पकड़े नहीं गये और उन्हें लम्बी अवधि की सजा नहीं दी गयी, परन्तु वे अँगरेजों के साथ संघर्ष करने के मोर्चा से कभी भागे नहीं। जेल से छूटना और फिर फ्रण्ट पर हाजिर हो जाना उनकी वीरता का एक हिस्सा हो गया। छः महीने आगरा जेल में सजा भुगतने और कारा-यातना को सहने के बाद वे फिर स्वदेश में आ डटे थे। यह जाँचने-परखने के बाद ही पण्डित नेहरू ने इन्हें अपने निजी सहायक के रूप में दिल्ली बुलाया था।

रघुपति सहाय 'स्वदेश' के सम्पादन-काल में अँगरेजी-सरकार की क्रूरता और अमानवीयता को देखते हुए काफ़ी तल्ख हो गये थे। उन्हें ऐसा लगा था कि हिन्दुस्तानियों के पिट्ठूपन के कारण अँगरेजों का राजनीतिक वर्चस्व बना हुआ था। इसलिए 'स्वदेश' के २१ अगस्त, १९२१ पृ. ६ पर एक शीर्षक लगाया 'अँगरेजों के लतखोर' जिसके सन्दर्भ में लिखा, "ऐसे बहुत से लतखोर और बेहया हैं कि इतना झुकने और गाली खाने के बाद भी अपनी बेइज्जती नहीं समझते। इसमें कसूर अँगरेज अधिकारियों का नहीं है जितना इन लुच्चों और बेईमानों का है जो इधर का उधर लगाने में अपनी शान समझते हैं और इसका वे फल भी चखते हैं। ये लोग धोबी के कुत्तों के समान न घर के होते हैं न घाट के।"

ऊपर की टिप्पणी पढ़ने के बाद रघुपति सहाय के अक्खड़ी स्वभाव को समझा जा सकता है। लतखोर, लुच्चा, बेईमान और धोबी का कुत्ता जैसे प्रयोग देहाती गालियों के समान थे। स्वदेश के ८० प्रतिशत पाठकों के हृदय पर ये प्रयोग हथौड़े के समान चले होंगे। ऐसे लतखोर लोगों ने मिलकर रघुपति सहाय को मजा चखाने का निर्णय लिया था और यही कारण था कि 'स्वदेश' में रहते हुए फ़िराक़ दर्जनों बार १४४ में प्रतिबन्धित हुए और तीन बार जेल की यातनाएँ सहीं। लेकिन जो शख़्स घर फूँककर और अपने सौन्दर्यवादी सपनों को धधकती आग में जलाकर 'स्वदेश' आया था उसे यातनाओं का क्या डर! रघुपति सहाय अपने अन्दर को तो फूँक-ताप आये थे, अपना बाहर भी उन्होंने स्वदेश को अर्पित कर दिया। वे 'स्वदेश' और 'स्वदेशी' दोनों बन गये थे! उनका स्वदेश भी राष्ट्रीय आन्दोलन था और स्वदेशी भी। लेकिन किसी भी प्रकार की सभा में पुलिस द्वारा घिरा रहना उन्हें खल जाता था। सभा में बोलते हुए ज़बान पर आक्रोश उभरा नहीं कि सामने १४४। गिरफ़्तार होने की नियति उन पर टूट पड़ी थी। वे बोलना चाहते थे, परन्तु यदा-कदा ही अपनी वाक्मिता को श्रोताओं की सम्पत्ति बना सके। इसलिए उन्होंने स्वदेश को ग़ज़लों, कविताओं और लोकगीतों की स्पृहा बना दिया। स्वदेशी

आन्दोलन को गति देने के लिये उन्होंने 'उत्साह' से लेकर एक लोकगीत स्वदेश के फ्रण्ट पेज पर सुसज्जित रूप में प्रकाशित किया। नीचे लोक कविता का स्वाद लिया जा सकता है, परन्तु यह सोचते हुए कि यह सन् १९२१ की रचना है जो आज इतिहास बन गयी है, इसलिए इसे राष्ट्रीय आज़ादी के इतिहास के पाठ के रूप में पढ़ा जाना चाहिए—गीत के लेखक थे पण्डित बेनी माधव तिवारी एक प्रसिद्ध कवि—शीर्षक था—'खद्दर गाढ़ा पहिरो भइया'

खद्दर गाढ़ा पहिरो भइया
कुरता साफा साफी दुपट्टा बण्डी और कसाइया।
बनैं गजी गाढ़ा कै सब तोसक तथा रजइया। खद्दर ०।
मलमल चिकन सरज साटन में लागत बहुत रुपइया
सुरसुर फटत पसीना लागत रहत उघो दइया। खद्दर ०।
मन्न मन्न रहँटा घर-घर में कातें बैठी अइया
मोटा पहिरो मोटा खाओ बिगरे फिर न समइया। खद्दर ०।
नोनै बैला जोतौ हर में दुहै दुधारी गइया
घम्मर घम्मर दही बिलाओ खैंले कुँवर कन्हैया। खद्दर ०।
होय स्वराज देश सपने में करै न तंग सिपइया।
रइयत माफिक हाकिम नाचैं फिर तो ताताथेइया। खद्दर०।
'बेनी माधव' आज देश की डोलत डगमग नइया।
गाँधी बाबा की सब मानो बेई पार लगइया।
खद्दर गाढ़ा पहिरो भइया।

इस लोकगीत को पढ़कर यह समझना कठिन नहीं है कि रघुपति सहाय 'स्वदेश' के लिए सामग्री चयन करने में ग्रामीण नवजागरण को अधिक महत्व देते थे। रघुपति सहाय फ़िराक़ ज्यादातर शहरी जीवन जिये थे, परन्तु आज़ादी हासिल करने की आधारशिला उन्होंने ग्राम-नवजागरण को ही माना। यह उनका काल्पनिक चिन्तन नहीं था बल्कि 'स्वदेश' में दाखिल होते ही उन्होंने दूर-दूर तक छोटे-बड़े गाँवों का व्यापक दौरा किया। पहुँच के बाहर एकान्त में पड़े गाँवों तक वे गये वहाँ रहे, वहाँ की वास्तविक जीवन शैली समझी-कारण समझे और उन सोये हुए तथा त्रासदी में खोये हुए गवईं-जवार-गँवार अन्न और कपड़े के अभाव में अधपेटे-अधनंगे रहने वालों को जागने और प्रकाश की कर्ममयी दुनिया में लाने की कोशिश की। इतिहास साक्षी है कि गोखले-लोकमान्य तिलक ने गाँधीजी को राजनीति में आने से पहले भारतीय गाँवों की दशा समझने और उनकी आर्थिक स्थितियों के

अध्ययन करने की सलाह दी थी। वही काम पण्डित दशरथ प्रसाद द्विवेदी ने बाबू रघुपति सहाय, बी.ए. के लिए किया। उन्होंने रघुपति को ज़िले की राजनीति में सन् १९१९ में ही प्रवेश दे दिया था।

इस सन्दर्भ में अँगरेजी कवि बायरन याद आता है। देश-निकाला के बाद इटली जाकर उसने अपनी उद्दाम काम-वासना का मार्गान्तरीकरण सेना में भर्ती होकर किया। अंगतृप्ति की अनबुझी काम-वासना उसके साहस और वीरता में बदल गयी। यही रास्ता रघुपति सहाय ने अपनाया। सुन्दर-सुडौल रमणी के साथ सम्भोगातुर परन्तु असफल रघुपति सहाय स्वदेश में भर्ती होकर रमणीयार्थ शरीरम् के उद्देश्य को छोड़कर वीरता दिखाने और देश-सेवा करने में जीवन लगा दिया। रघुपति जैसा उद्देश्यान्तरण सामान्य अवधारणा नहीं कही जा सकती। यह सब कुछ लिखते हुए जिस प्रकार फ़िराक़ की तुलना के लिए बायरन की स्मृतियाँ कौंधी हैं, उसी प्रकार यहाँ रघुपति सहाय की माता के शब्द भी जाग उठे हैं। पहले ही कहा जा चुका है कि दशरथ प्रसाद द्विवेदी रघुपति सहाय के २७ जनवरी १९२१ की गिरफ्तारी पर साधारण जनों की प्रतिक्रिया प्रकाशित करने लगे। इसी सिलसिले में वे रघुपति सहाय की माँ श्रीमती दुलारी देवी के पास गये और उनका मन टटोलना चाहा। आज उस वीर नारी के शब्द बार-बार मूर्त होते हैं। यह श्रीमती दुलारी देवी की पश्यन्ती वाणी थी। इसका जप पुनः कर लेना पुनः कथन नहीं कहा जा सकता। उनके वाक्यों में 'भल्ला हुआ जो मारिया बहिणि हमारा कन्त' जैसा आत्म गौरव था। श्रीमती दुलारी देवी का कथन ज्यों का त्यों एक बार फिर "आज मैं अपने पुत्र की जेल यात्रा का शुभ समाचार सुनकर अपने को अति भाग्यवान समझती हूँ। आज मैं आनन्द के मारे फूली नहीं समाती। आज मेरे पूर्वज और स्वर्गीय पति स्वर्ग में प्रसन्न होते होंगे तथा देवतागण उनके इस भाग्योदय की डाह कर रहे होंगे। मैंने जान लिया कि मुद्दतों के बाद इस भजन का फल आज प्राप्त हुआ। आज मेरी कोख पवित्र हो गयी।" १९२१ में ही स्त्री मूकता तोड़ने के लिए सहर्ष तैयार नारी के इस रूप को स्त्री विमर्श की दृष्टि से भी देखा जाना चाहिए। राष्ट्रीय नवजागरण पूरे पूर्वांचल में किस तरह करवटें ले रहा था, यह रघुपति सहाय की माँ श्रीमती दुलारी देवी के इन कथनों में एक उद्बुद्ध नारी के नव रूप का दर्शन होता है।

श्रीमती दुलारी देवी ने हिन्दी बेल्ट की नारियों के लिए एक सन्देश भी दिया था। वह सन्देश "मैं देश की बहिनों और पुत्रियों से विनय पूर्वक प्रार्थना करती हूँ कि वे देश की इस कठिन परीक्षा के अवसर पर अपने भाइयों और बेटों को भारत माता के चरणों में अर्पित करने का सौभाग्य लूटें।" देखा जा सकता है कि किसी माता के वीरता भरे शब्दों में भी कितनी कशिश होती है। फ़िराक़ पर लिखने वालों ने उनकी माता के सन्दर्भ में कुछ लिखा ही नहीं। अगर स्वदेश के सम्पादक पण्डित

दशरथ प्रसाद द्विवेदी ने उनके उस भजन को प्रकाशित कर दिया होता जिसका सन्दर्भ श्रीमती दुलारी देवी के बयान में दिया गया है, तो शायद उनके चरित्र पर और प्रकाश पड़ा होता। फ़िराक़ के पिता गोरखप्रसाद 'इबरत' को उन्होंने उनकी मृत्यु के बाद तक प्रकाशित किया, परन्तु दुलारी देवी के बारे में स्वदेश मौन है लेकिन इतना तो कहा ही जा सकता है कि रघुपति सहाय के खून में अपनी माता के जीन्स ही दौड़ रहे थे। इसलिए उन्होंने अपनी ब्लूमिंग नौजवानी देश-सेवा को समर्पित कर दिया। इनके पिता गोरखपुर के तीन अत्यन्त प्रसिद्ध मुख्तारों में थे। इनमें से विन्ध्यवासिनी प्रसाद काँग्रेस के पदाधिकारियों में थे और हरिहर प्रसाद भी जब तब काँग्रेस की बैठकों में चले जाते थे, परन्तु गोरखप्रसाद 'इबरत' ने भारतीय काँग्रेस के प्रति सहानुभूति रखते हुए भी उसमें कभी सक्रिय भाग नहीं लिया।

यह कहना कि रघुपति सहाय ने पत्नी श्रीमती जानकी देवी को हमेशा के लिए त्याग दिया था, सही नहीं हो सकता। रघुपति सहाय तीन पुत्रियों और एक पुत्र के बाप (पिता) थे। उनके नाम थे पुष्पा, प्रभा, प्रेमा और गोविन्द सहाय। गोविन्द सहाय ने फ़िराक़ के प्रोफेसरी काल में आत्महत्या कर ली थी। इसको लेकर भी इलाहाबाद विश्वविद्यालय के छात्रों ने तमाम निजन्धरी गाथाएँ गढ़ीं। फ़िराक़ बदनाम हुए। कुछ लोगों के मन में उनके प्रति नफरत भी जागी। गोविन्द सहाय के प्रति सहानुभूति जागी। लिजेण्ड्री के आधार पर यह नहीं कहा जा सकता कि यह आत्महत्या फ़िराक़ के कारण हुई थी, परन्तु फ़िराक़ किंवदन्ति के शिकार हुए ही। गोविन्द सहाय को जानने वाले यह भलीभाँति जानते हैं कि वह भी एक ज़हीन छात्र था। अगर वह जीवित होता तो शायद वह एक बड़ा रचनाकार होता। फ़िराक़ का अदबी खज़ाना उसके पास होता और एक कहावत चरितार्थ हुई होती 'सुरसति के भण्डार की बड़ी अपूरब बात। ज्यों खरचें त्यों-त्यों बढ़े बिन खरचे घटि जात।'

यह सभी लोग जानते हैं कि फ़िराक़ की पुत्रियाँ बड़े घरों में ब्याही गयीं और उनकी सन्तानें आज केवल बड़े पदों पर नियुक्त ही नहीं हैं बल्कि अच्छे लेखकों में भी उनका नाम लिया जाता है मसलन एक नाम विश्वरंजन जी का है।

इलाहाबाद विश्वविद्यालय के अँगरेजी प्रोफ़ेसर के रूप में कुछ लोगों के षड्यन्त्र के कारण फ़िराक़ को बदनाम करने की बड़ी कोशिशें हुईं, परन्तु, खुद पसन्दी और खुद फरामोशी के बादशाह स्वनामधन्य 'फ़िराक़' को बदनाम करना सम्भव न था। क्या कोई बतला सकता है कि हंस के सम्पादक राजेन्द्र यादव के अलावा आत्मस्वीकृति में फ़िराक़ जैसा कोई हो सकता है। अपने को बुरा साबित करने के लिए कुछ आत्मस्वीकृतियाँ तो उन्होंने ऐसी की हैं जो सत्य की परिधि से बाहर लगती हैं। ऐसी घटनाएँ ज्यादातर नशा के इण्टरव्यू के समय घटी हैं। ओभर

डोज़ शराब पीने वालों की वाणी स्ववश नहीं होती। तिल का ताड़ बनाना इनका स्वभाव है। फ़िराक़ साहब के अधिकांश इण्टरव्यू में वाणी की बहक का प्रतिशत अपेक्षाकृत अधिक है। फ़िराक़ इस स्वाभाविकता से अलग नहीं थे। सत्य-असत्य दोनों में। उदाहरण के लिए उनके एक सत्य-वचन के इण्टरव्यू का जायजा लिया जा सकता है। जब फ़िराक़ के शारीरिक प्रेम को लेकर उन्हें योनि-प्रधान शायर कहा जाने लगा तो वे किसी प्रश्न का उत्तर देते हुए स्वीकार के दार्शनिक बन गये। उन्होंने कहा कि "मुझे यह स्वीकार है, मेरे जीवन में कामुकता रही है और है। ...... मेरे कामुक जीवन को इस बात से नहीं समझा जा सकता कि किन-किन से मेरे सम्बन्ध रहे हैं, बल्कि इन सम्बन्धों को किस तरह मैंने पचाया है। कामुकता को कितना पवित्र बना सका। ..... कामुकता काम भावना से बचने का नाम नहीं है, बरन इस सम्बन्ध को आध्यात्मिक और सौन्दर्यात्मक विशेषताओं से अलंकृत करने का नाम है।" फ़िराक़ पर जो अप्राकृतिक सम्भोग के आरोप लगाये गये थे, उन्हें भी उन्होंने आध्यात्मिकता और दार्शनिकता से जोड़ दिया था। यहीं उनकी वाणी शराब के कब्जा में प्रतीत होती है। फ़िराक़ ने कामुकता और सम्भोग को आध्यात्मिकता और सौन्दर्यानुभूति कही है, वह पूरी तरह अमान्य नहीं थी। कामसूत्र के लेखक वात्स्यायन ने भी इसके आध्यात्मीकरण के सिद्धान्त को स्वीकार किया था। काम-वासना की तृप्ति को आवश्यक माना था। परन्तु काम परिशान्ति के लिए उन्होंने केवल स्त्रियों को ही सम्यक् उपादान माना था। उनका सूत्र था 'तत्र नायिकाः ...... कन्या, पुनर्भू वेश्या च इति' (कामसूत्र : अध्याय ५ सूत्र ३) अर्थात् कन्या, पुनर्भू नारी और वेश्या से सम्भोग करना आध्यात्मिक और सौन्दर्यबोधक है। कन्या का अर्थ था— अविवाहित स्त्री, पुनर्भू का अर्थ था वह अविवाहित नारी जो विवाह से पहले अन्यों के साथ रति-क्रीड़ा कर चुकी होती है और वेश्या का अर्थ सभी को ज्ञात है। इसको कुछ फर्क के साथ वारवनिता और गणिका भी कह सकते हैं।

फ़िराक़ पर मनगढ़न्त अथवा प्रामाणिक आरोप 'गुदग' होने का मढ़ा गया था (अगर वह मढ़ना सही है) वह आध्यात्मिक और सौन्दर्यपरक कभी नहीं हो सकता। यहाँ तो 'गुदग : विडवराहश्च' का सिद्धान्त माना गया था अर्थात गुदग गाँव के शूकर (सूअर) होते हैं। वह 'फ़िराक़' का इलाहाबाद विश्वविद्यालय काण्ड था जबकि इस पुस्तक का प्रयोजन 'स्वदेश' के फ़िराक़ हैं। 'स्वदेश' का इतिहास जानने वाले एक भी प्रमाण ऐसा नहीं दे सकते कि फ़िराक़ कामाचारी थे अथवा 'गुदग' थे। वे जब-तब घर भी जाते थे औरउनके 'पुनर्भू-सम्बन्ध' से भी इंकार नहीं किया जा सकता। वे सन् १९१९ से १९२४ तक स्वदेश में रहे और स्वदेश बनकर रहे। इस अवधि में वे भाषा, साहित्य और समाजशास्त्रीय समस्याओं

के समाधान के लिए कुछ ऐसे कदम उठाये जो भाषा और साहित्य में उनके पहले न के बराबर प्रवेश पा सके थे। मिसाल के तौर पर 'ज़मीन का मालिक कौन?' हालाँकि इस समस्या के सन्दर्भ में कुछ कहा जा चुका है, लेकिन यह एक ऐसा प्रश्न था जिस पर आज पूरे लेख का विश्लेषण ज़रूरी हो गया है। सबसे पहले यह जानना ज़रूरी है उन्होंने अपने प्रश्न के हल के लिए तमाम हिन्दी-लेखकों से सम्पर्क किया-लिखित सम्पर्क—यानी लोक-विचार का एकत्रीकरण, परन्तु उत्तर आया केवल कृष्णदत्त पालीवाल का। पण्डित कृष्णदत्त पालीवाल, सन् १९१८ के स्वदेश में 'देश के सपूत-फिर भी अछूत' शीर्षक लेख-लिखकर छप चुके थे। स्वदेश के फ़िराक़ का उत्तर उन्होंने लिखित रूप में दिया। लेख की प्रस्तावना में उन्होंने फ़िराक़ से निवेदन किया कि यह प्रश्न कोई नया प्रश्न नहीं है। 'ज़मीन किसकी है' का विवाद पहले से ही छिड़ा है। हिन्दोस्तान में इसके सिद्धान्तों पर बहस हुई है परन्तु पश्चिम में इसको लेकर घनघोर आन्दोलन हुए हैं। हेनरी जार्ज और मिस्टर बैलस इन आन्दोलनों के जनक थे। यह हमारे देश की जनता के लिए अधिक ज़रूरी है। उन्होंने अराजकतावाद के दौर में जोरदार लेखक प्राउडन का हवाला देते हुए बताया कि उसने किसानों की एक सभा में प्रश्न किया था ''ज़मीन किसने बनायी?'' और इसका उत्तर स्वयं देते हुए कहा था, प्रकृति ने। और कहा था-काले-गोरे ज़मीदार, फिर तू कौन?' फ़िराक़ साहब के प्रश्न 'ज़मीन किसकी मानी जानी चाहिए के उत्तर में उन्होंने मध्यकालीन इतिहास का उल्लेख करते हुए मिस्टर स्टेनली लेनपुल के कथन का एक छोटा-सा उद्धरण दिया—''मुगल सम्राटों के ज़माने में ज़मीन प्रजा की मानी जाती थी, राजा की नहीं। इस समय यह सरकार की सम्पत्ति मानी जाती है जो हमारी सभ्यता के प्रतिकूल सिद्धान्त है।'' पालीवाल और फ़िराक़ इस प्रश्न पर एक मत थे। उन दोनों का मानना था कि सामाजिक हित और उपयोगितावाद की कसौटियों पर कसे जाने पर ज़मीन पर किसानों का स्वामित्व होना चाहिए। पालीवाल ने फ़िराक़ को समझाया कि इस प्रश्न का सीधा हल साम्यवादियों के पास है। उन लोगों ने 'ज़मीन किसकी है?' पर वैज्ञानिक गवेषणाएँ की हैं। अगर इनकी गवेषणाओं पर विचार किया जाय तो कहना पड़ेगा कि भूमि का 'राष्ट्रीयकरण' कर देना चाहिए।' रघुपति सहाय को जन-उद्‌बोधन के लिए नया मसाला मिला। किसानों, खेतिहरों और मजदूरों के बीच जब उन्हें बोलना होता अपने भाषणों में वे 'ज़मीन किसकी?' खेतों का मालिक कौन? जैसा मसाइल उठाते और किसानों के हक में इनका फैसला करते। फ़िराक़ की सभाएँ हर्षध्वनि से गूँज उठतीं।

अगर २० वीं शताब्दी के पहले और दूसरे दशक के साप्ताहिक समाचारपत्रों का तुलनात्मक विवेचन किया जाय तो मिलेगा 'स्वदेश' में रघुपति सहाय के जाने

के बाद 'स्वदेश' का ५० प्रतिशत जन-समस्याओं के प्रश्नों पर बहस करने को दिया गया। रघुपति सहाय की पत्रकारिता का यह क्रान्तिकारी स्वरूप था। इलाहाबाद में जाकर अपनी महान रचनाओं में उन्होंने 'स्वदेश'-काल के अनुभवों का प्रयोग किया। 'फ़िराक़ सदी की आवाज़' में प्रोफेसर ज्ञानचन्द ने बड़ी गम्भीरता से विचार किया है। कुल मिलाकर उन्होंने यह कहना चाहा है कि फ़िराक़ साहब को अपनी सबसे लम्बी और शुद्ध साम्यवादी नज़्म 'धरती की करवट' ही सबसे अधिक पसन्द थी। प्रोफेसर ज्ञानचन्द ने 'स्वदेश' के रघुपति सहाय की गतिविधियाँ देखी होंती तो वे शायद यह कहना चाहते कि गोरखपुर का 'स्वदेश' काल इलाहाबाद में 'धरती की करवट' के रूप में व्यक्त हुआ। इस नज़्म का उनवान भी प्रकारान्तर से स्वदेश-काल में फ़िराक़ की 'धात्री यात्रा' का ही समानधर्मा था।

'धरती की करवट' के सन्दर्भ में प्रोफेसर ज्ञानचन्द ने लिखा है—'धरती की करवट' से तात्पर्य हिन्दुस्तान में विशेष रूप से और दुनिया भर में आमतौर से आर्थिक और सामाजिक व्यवस्था में वह परिवर्तन है जो मार्क्सिज्म की वजह से ज़ाहिर हो रहा है।' (पृष्ठ ४९)। प्रोफेसर ज्ञानचन्द ने 'धरती की करवट' में सर्जनशीलता की कमी दिखलायी है और उन्होंने फ़िराक़ को उर्दू के दूसरे शायरों से प्रतिस्पर्धा करने की निन्दा की परन्तु बात तो यह सही है कि रामनाथ लाल सुमन और कृष्णदत्त पालीवाल से अपनी गुफ़्तगू के दौरान, अथवा पत्राचार या लिखित बहस द्वारा ही उन्हें 'धरती की करवट' का सैद्धान्तिक और व्यावहारिक ज्ञान हुआ था। ऐसे में फ़िराक़ पर लिखने के लिए आज भी 'स्वदेश की फाईलों की ज़रूरत है अन्यथा इलाहाबाद के अदबी फ़िराक़ को ठीक-ठीक नहीं समझा जा सकता। उनके इल्में कलाम की सैद्धान्तिक समीक्षा तो की जा सकती है, लेकिन कलाम की व्यावहारिकता गोरखपुर के 'स्वदेश' में छूट जाएगी।

प्रोफेसर ज्ञानचन्द को दुहराते हुए यहाँ यह भी कहा जा सकता है कि 'इलाहाबादी फ़िराक़ की स्पर्धा उर्दू शायरों से नहीं थी, बल्कि निराला के 'कुकुरमुत्ता' से थी जो सन् १९४८ में स्वतन्त्र रूप से एक पुस्तक के रूप में प्रकाशित हो चुकी थी। उस समय फ़िराक़ इलाहाबाद में थे और उन्होंने ख्याति भी अर्जित कर ली थी।' 'कुकुरमुत्ता' भी एक हिन्दी नज़्म था। इसमें और धरती की करवट दोनों में न कोई रचाव की कोशिश, न कोई काव्योपकरण। वही कामगर समाज, वही कविता से बाहर कर देने वाली पंक्तियाँ। 'कुकुरमुत्ता' में ४०२ पंक्तियाँ हैं तो 'धरती की करवट' में ७४६ पंक्तियाँ। 'फ़िराक़' और 'निराला' के काव्य-सिद्धान्त में कविता की अनगढ़ता भी एक नया काव्योपदान था। मूलतः निराला ने 'कुकुरमुत्ता' सन् १९४१ में लिखी थी। 'फ़िराक़' की 'धरती की करवट' सम्भवतः दो बर्ष बाद आयी थी।

अगर 'कुकुरमुत्ता' और 'धरती की करवट' को तुलनात्मक रूप से देखा जाय तो दोनों में साम्यवादी विचारधारा की अभिव्यक्ति हुई है। तुलना करने से ज्ञात होगा कि 'धरती की करवट' का फलक 'कुकुरमुत्ता' से काफ़ी बड़ा है। उन्होंने दूसरे विश्वयुद्ध में रूस के विजय का स्वागत किया है। पूँजीपतियों, बड़े ज़मींदारों, वर्णव्यवस्थावादियों और गरीबों का शोषण करने वालों की खुले शब्दों में निन्दा। पूरे बयान में बेबाकी का साहस। भाषा की लीपापोती और काव्योपकरणों के बदलाव से पूरी तरह परिपूर्ण।

अगर ध्यान दिया जाय तो यह कहना बिल्कुल सही होगा कि 'धरती की करवट' अदबी जमाअत के लिए नहीं लिखा गया था। यह तो गोरखपुर के बाँसगाँव के गाँवों से उपार्जित अनुभवों का पुनदर्शन था जिसे 'स्वदेश' ने नुमाइन्दए खुसूसी के रूप में आग्रहण किया था। लेकिन फ़िराक़ ने अपने आग्रहण में 'धरती की करवट' के नज़्म लेखन का समय भी शामिल कर लिया था—मसलन

यू.एन.ओ. में, यूनेस्कों में,
रूस पे दोष लगाते जाओ
करके बे-हया तक़रीरें तुम
अपनी झेंप मिटाते जाओ
चीन को मत तस्लीम करो
यारों ने ढब क्या-क्या सोचे
ठीक तो है खिसियानी बिल्ली
कुछ न बने खंभा नोचे...।

यानी पूरी नज़्म में अपने समय का अनोखा इतिहास दिया।

फ़िराक़ निराला की महाप्राणता ढूँढ़ रहे थे। डॉ. गंगाप्रसाद पाण्डेय 'महाप्राण निराला' नामक अत्यन्त महत्वपूर्ण किताब लिख चुके थे। फ़िराक़ चाहते थे कि उर्दू का कोई माई का लाल उनकी भी महाप्राणता उजागर करे जो चटक रोशनी की तरह उनकी रचनाओं में व्याप्त है। उर्दू वालों के सामने मीर, सौदा, इंशा, नज़ीर, अकबरावादी, आतिश, ग़ालिब, ज़ौक, मोमिन, दाग़, हाली, अकबर, इक़बाल जैसे दो दर्जन से अधिक शायर लाइन लगाये खड़े थे। उर्दू के लेखक इनके ही मत्ला और मक़्ता का दौर लगा रहे थे। इन पर ही पर्याप्त अदबीयात नहीं दे पा रहे थे तो रघुपति सहाय किस खेत की मूली थे। हिन्दी वालों ने फ़िराक़ जैसे महान रचनाकार को उर्दू के खाते में डाल दिया। फिर तो फ़िराक़ गोरखपुर के मियानाजार की कहावत के शिकार हो गये-'गए मियाँ रहमा, न एहमा, न ओहमा'। इलाहाबाद में

फ़िराक़ बदनामियों के घटाटोप से ऐसे घिरे थे कि उनकी विस्तृत रचना सत्ता पर ठीक-ठीक प्रकाश ही नहीं पड़ सका जब कि निराला पर शताधिक पुस्तकें लिखी गयीं और उनकी सम्पूर्ण सत्ता के एक-एक क्षण को खोजने के प्रयास किये गये।

निराला और फ़िराक़ की समान्तरता पर विचार करने से यह भी ज्ञात होता है कि निराला एक सहायक सम्पादक और रचनाकार के रूप में जितना हत मनोबल हुए थे उतना फ़िराक़ नहीं, उतना क्या ज़रा भी नहीं। स्वदेश के सहायक सम्पादन-काल में भी उन पर कम आरोप नहीं लगे थे परन्तु एक भी आरोप उनके मनोबल का बाल तक बाँका नहीं कर सका था क्योंकि गोरखपुर, बस्ती और आजमगढ़ की जनता पर रघुपति सहाय का अकेला साम्राज्य था। कुछ शहरातू जैसे विन्ध्यवासिनी प्रसाद, हरिहर प्रसाद और नरसिंह दास जैसे विख्यात लोग भी मन मसोसकर रह जाते थे। रघुपति सहाय लोहे का क़िला थे अभेद्य। तीर चलते थे परन्तु टूटकर खुद बिखर जाते थे।

अगर आज फिर फ़िराक़ पर नया शोध किया जाय तो इस सन्दर्भ में मेरा आग्रह होगा कि 'स्वदेश' के सभी अंक तो देखें ही जायँ। साथ ही उरई और बनारस से प्रकाशित होने वाले 'उत्साह' के भी अंक देखें जायँ। 'उत्साह' (उरई) एक साप्ताहिक था जिसका प्रकाशन सन् १९१८ से शुरू हुआ, ठीक उसी वर्ष से जिस वर्ष से 'स्वदेश' का सम्पादन। दोनों ही भारतीय स्वतन्त्रता-संग्राम के तीखे साप्ताहिक थे। नवजागरण के लिए सक्रिय भूमिका निभाने के साथ ही महात्मा गाँधी की नीतियों के शुभ्र प्रचारक। 'उत्साह' (उरई) जिसके सम्पादक रामेश्वर प्रसाद वर्मा थे, रघुपति सहाय के हमसिफ़त थे, दोनों हमक़द, दोनों में हम कलामी थी और दोनों ही हमनवाँ थे। इसलिए इन दोनों में रचनाओं की उधारी चलती थी। रघुपति सहाय 'उत्साह' से जितना लेते थे लगभग-लगभग उतना लौटा भी देते थे। यह संकेत स्वदेश के सन् १९२१ वाले अंकों में अक्सर मिलता है। 'उत्साह' मैंने नहीं देखा। ये बातें स्वदेश के आधार पर लिखी गयी हैं। ऊपर 'खद्दर गाढ़ा पहिरो भइया' में प्रमाण दिये गये हैं बड़ी सम्भावना है कि गोरखपुर से ही निकलने वाले पत्र 'तोहफा खुस्तर' के साथ भी उनकी 'उधारी' चली हो। अनुमानतः हाँ क्योंकि इसका हवाला बड़ी प्रामाणिकता के साथ डॉ. काज़िम अली खाँ ने दिया है। (फ़िराक़ सदी की आवाज पृ. १३९)

स्वदेश के सहायक सम्पादक के रूप में रघुपति सहाय ने उधार-खाता के साथ लेनदेन का भी खाता खोला था। जिस भी पत्र से रचना की उधारी करते थे, उसको लौटाना भी पड़ता था, परन्तु कुछ राष्ट्रीय समाचारपत्रों से गोरखपुरी पाठकों की नवजागृति के लिए उनकी सामग्री ले भी लेते थे, परन्तु उन पत्रों के नाम अवश्य देते थे। उनके प्रति आभार भी व्यक्त करते थे। यह काफ़ी कठिन दायित्व था।

पण्डित दशरथ प्रसाद द्विवेदी प्राय: बीमार रहते थे अथवा थोड़ा भी काम करने से थक जाते थे। वीर-बाँका रघुपति सहाय उनके दायित्व-संवहन के लिए पर्याप्त था।

स्वदेश के लेन-देन के खाता की जाँच करने वाले जानते हैं कि रघुपति सहाय ने 'स्वदेश' के सितम्बर, १९२१ के पृष्ठ सात के लिए सहयोगी 'राजस्थान केसरी' से कुछ स्त्रोत लिए और टिप्पणी लगायी कि इस महीने की ३० सितम्बर को विदेशी वस्त्रों की होली जलायी जाएगी। सम्भावना है कि और स्थानों पर विदेशी कपड़ों की होली जले। नीचे दिये स्त्रोत्रों की ज़रूरत पड़ सकती है इसलिए इनका प्रकाशन स्वाहावादियों के लिए उपयोगी होगा। यह टिप्पणी स्वदेश सम्पादक के रूप में दी गयी थी। जिन टिप्पणियों पर दशरथ प्रसाद द्विवेदी का नाम नहीं होता था, उन्हें प्राय: रघुपति सहाय ही लिखते थे। क्योंकि उस टिप्पणी की भाषा और अभिव्यक्ति के आधार पर लेखक का चेहरा सामने आ जाता था।

उक्त टिप्पणी में पूरी ईमानदारी निभायी गयी थी। टिप्पणीकार ने यह भी लिख दिया था कि दिये जा रहे स्त्रोत्र गुरुकुल कांगड़ी (हरिद्वार) के छात्रों की रचना थी और राजस्थान में विदेशी वस्त्रों के होली-हवन के समय ये ही छात्र स्त्रोत्र-पाठ करने गये थे। टिप्पणी का शीर्षक था 'विदेशी वस्त्रों के जलाने का स्त्रोत्र'। उदाहरण के लिए एक या दो स्त्रोत्रों का उल्लेख किया जा रहा है।

अज्ञात नहीं है कि विदेशी वस्त्रों के दहन, और गोरखपुरी यज्ञ आयोजित करने के इंचार्ज थे बाबू रघुपति सहाय। कभी-कभी इनके साथ-साथ बरहज के बाबा राघवदास और सुभानउलाह भी रहते थे।

रघुपति सहाय ने बाँसगाँव तहसील के गोला बाजार का चुनाव किया। इसके दो कारण थे पहला गोलाबाजार बाबू रघुपति सहाय के गाँव से बहुत निकट था। वहाँ जनता द्वारा अपेक्षित सहायता दी जाने की सर्वाधिक सम्भावना थी। दूसरी बात थी कि गोला बाजार पवित्र नदी सरयू के तट पर स्थित था। वही सरयू नदी जिसे भारतीय पुराणों में अयोध्या के राम की नदी कहा गया है। गोला बाजार में अक्सर यज्ञ और हवन होते रहते थे। वहाँ संस्कृतज्ञ पुरोहितों का जमघट होता था। रघुपति सहाय ने हवन विदेशी वस्त्रों की समिधा द्वारा किया। स्वस्त्ययन पाठ और संकल्प लेने के बाद गुरुकुल कांगड़ी के छात्रों द्वारा रचे मन्त्रों का प्रथम वाचन पुरोहितों द्वारा किया गया, 'ओम् विदेशी वस्त्राणि यानि सन्ति अपवित्राणि म्लेक्षदेशस्यनिर्मितानि, ताम्योवलि दद्यति वह्नौ प्रज्वलिताम् स्वाहा।' मन्त्र एक। स्वाहा' शब्द के सामूहिक उच्चारण से पूरा गोला बाजार गूँज उठा। मुख्य होता बने रघुपति सहाय, सह होता बने तमाम गाँवों से आये हुए लोग। इस तरह के दस मन्त्रों द्वारा विदेशी कपड़ों-की हवनाहुति समाप्त हुई। यह थे गोरखपुरी रघुपति सहाय 'फ़िराक़' जिन्होंने इलाहाबादी फ़िराक़ होने के बाद उर्दू-हिन्दी अदब के शिखर पर पहुँचने की कोशिशें कीं।

हिन्दी अदब का तत्कालीन तेवर निराला, महादेवी वर्मा, पन्त और प्रसाद के सृजन वैविध्य का अनुकर्ता था, इसलिए इसमें तो फ़िराक़ लीडर हो नहीं सकते थे, लेकिन उर्दू-अदब में गोरखपुरी लीडरशिप का अनुभव इनके बहुत काम आया।

इलाहाबादी फ़िराक़ के इल्में अदब पर मानसशास्त्र-विज्ञान और फ़ल्सफ़ा की रोशनी में तमाम शोधकाम हो चुके हैं परन्तु अभी तक यह नहीं जाना जा सका है कि इनके साहित्य की कितनी पत्रावली गोरखपुरी है। गोरखपुरी फ़िराक़ को इस तरह नजर अन्दाज कर देने के कारण आज का पाठक केवल अपूर्ण फ़िराक़ को जान सका है। पूर्ण फ़िराक़ को जानने के लिए 'स्वदेश' गोरखपुर का विश्लेषणात्मक अध्ययन बेहद ज़रूरी है। सम्भवतः यह कठिन दायित्व केवल मिर्जापुर के रमेशचन्द्र द्विवेदी ही वहन कर सकते हैं जो इलाहाबादी फ़िराक़ की जिन्दगी और उनके कृतित्व के असली पारखी हैं। इलाहाबादी फ़िराक़ के जीवनी और कृतित्व की झूठ-साँच गठरी इतनी भारी है कि उसको रमेशचन्द्र द्विवेदी के अतिरिक्त और कोई नहीं ढो सकता।

एक बार 'स्वदेश' में 'फ़िराक़' पर फिर नज़र दौड़ायी जाय तो पहली ही दृष्टि में उनकी भाषा का ज्ञान दिखलाई पड़ेगा। 'स्वदेश' में अच्छी अँगरेजी, अच्छी उर्दू, अच्छी हिन्दी और अच्छी भोजपुरी-अवधी के ज्ञाता अकेले फ़िराक़ थे। इसलिए पूरे भारतवर्ष से प्रकाशित होने वाले अँगरेजी-हिन्दी-उर्दू पत्र-पत्रिकाओं को पढ़कर और क्षेत्रीय खड़ी बोली में अनुवाद कर 'स्वदेश' में प्रकाशित करने की जिम्मेदारी इन्हीं के कन्धे पर थी। यह ज़िम्मेदारी उनके लिए खेल-खिलौना थी। इसका एक उदाहरण यहाँ 'स्वदेश' के जनवरी १९२१ में अनूदित कुछ खबरों से रुबरू होकर दिया जा सकता है। अन्य प्रदेशों के समाचार पत्रों से अनूदित अंशों को छोड़कर यहाँ केवल विप्लवी बंगाल (कोलकाता) के अखबारों से तर्जुमा की गयीं ख़बरे ही दी जा रही हैं— मसलन 'स्वदेश' में प्रकाशति हुआ 'बंगाल सूबे के कलकत्ता नगर में इस सप्ताह भी धर-पकड़ और कैद की सजाओं का बाजार गर्म रहा। तारीख ९ दिसम्बर को देशभक्त दास के सुपुत्र श्री चितरंजन दास को ६ महीने सख्त और १०० रुपये जुर्माना की सजा हुई। इसी दिन ८८ और स्वयंसेवकों को कैद और जुर्माना की सजाएँ हुईं। इस दिन पुलिस और फौज की बड़ा बाजार में खूब जमघट हुई। कुल १६५ वालण्टियरों की गिरफ्तारियाँ हुई। कलकत्ता खिलाफ़त कमिटी की तलाशी के साथ-साथ १३ मेम्बर भी पकड़े गये। एक जगह तलाशी करने पर २०० हथियार भी मिले। वृहस्पतिवार को दास और लार्ड रोनल्डशे से कुछ बातें भी हुईं। लेकिन दोनों अपने-अपने पक्ष पर डटे रहे। तारीख १० को श्री युत् दास भी गिरफ्तार कर लिये गये। आपके सिवा मो. अबुल कलाम आज़ाद, मिस्टर सोसमल, बैरिस्टर बाजपेयी आदि के सिवा बाबू विपिन चन्द पाल के

लड़के भी पकड़े गये। गिरफ्तारियों की कुल तादाद १०० थी। मिस्टर दास का स्थान बाबू श्याम सुन्दर चक्रवर्ती ने लिया। १४५ वालण्टियरों में से १४४ को सजाएँ भी हुईं। 'जमाना' के एडीटर मो. अकरम खाँ पर भी १२४ और १५३ चलाया गया। सर्वेण्ट और पत्रिका प्रेस की तलाशियाँ भी हुईं।

तारीख ११ महात्मा गाँधी के जेठे पुत्र श्री हीरालाल गाँधी कुछ वालण्टियरों के साथ पकड़े गये। तारीख १२ को ५० वालण्टियर और पकड़े गये। इस दिन यह भी मालूम हुआ कि श्री दास आदि कलकत्ते के नेताओं की अगली पेशी तारीख १३ दिसम्बर को होगी। इस दिन श्री दास आदि की गिरफ्तारी की खुशी में लोगों ने रोशनी भी की, विदेशी कपड़ों की होलियाँ भी जलायी गयीं। तारीख १३ को मालूम हुआ कि कलकत्ता के बार ने बायसराय को जो भोज देना तय किया था, उसे मंसूख कर दिया गया। वकीलों ने एक घोषणा भी निकाली जिसके अनुसार केवल ५-६ वकील कचहरी गये। सर पी.सी. राय की प्रधानता में बंगाल के अग्रणी माडरेटों ने भी घोषणा निकालकर वर्तमान दमन नीति पर असन्तोष व्यक्त किया है—तारीख १३ को ५६ वालण्टियर पकड़े गये। श्रीमती सरोजनी देवी की बहिन श्रीमती राजम भी पहिले पकड़ी गयीं और बाद को छोड़ दी गयीं। तारीख १७ को १४ गिरफ्तारियाँ हुईं। १०८ वालण्टियरों में से ९ को छोड़ दिया गया, शेष को भिन्न-भिन्न सजाएँ हुईं। इनमें महात्माजी और बाबू विपिन चन्द पाल के पुत्र और मिस्टर गंगोली वकील भी शामिल हैं। इन्हें ६-६ साल कैद की सजा हो गयी। ..... सुनते हैं सर पी.सी. राय और सर जे. सी. बोस अपनी-अपनी उपाधियाँ त्याग देने वाले हैं। .....कलकत्ते में पण्डित माधव प्रसाद शुक्ल और गागरमलजी मोदी भी गिरफ्तार कर लिये गये हैं। .... लाला लाजपत राय के स्थानापन्न आगा सफदर भाई भी पकड़ लिये गये हैं।' बंगाल की खबरों के अलावा बाबू रघुपति सहाय ने दिल्ली, मद्रास, पंजाब, गौहाटी और रंगून आदि स्थानों की भी व्यापक खबरें दीं। उत्तर प्रदेश के नगर-नगर में घटित दमन-कानून के ब्यौरे दिये गये। इसी दमन के दौरान इलाहाबाद के गौरी शंकर मिश्र, माथुर जी और मिस्टर जार्ज, जोजेफ़ को दो वर्ष की सजाएँ हुईं और इन्हें जुर्माना भी भरना पड़ा। इन खबरों के लिए रघुपति ने शीर्षक लगाया था—'देश में कहाँ क्या हो रहा है ? दमन का दौरदौरा : हर जगह एक ही नजारा।'

अगर इन अनूदित खबरों को रघुपति सहाय की अख़बारनवीसी तक सीमित कर दी जाएगी तो शायद देश के प्रति उनकी बायस्तनी नज़रीयात के साथ अन्याय होगा। गोरखपुरी और 'स्वदेशी' फ़िराक़ तो २१-२२ वीं सदी के तारीख नवीस के लिए डेटवाइज़ दस्तावेज तैयार कर रहे थे। गोरखपुरी फ़िराक़ इतने अधिक व्यस्त रहते थे कि काम-वासनाएँ आयीं-गयीं-हो-गयीं-सी हो गयीं थीं। इलाहाबादी

फ़िराक़ में तो समय यापन के लिए केवल चार बिन्दु रह गये थे-पठन; पाठन, लेखन और शुद्ध-अशुद्ध कामोद्दीपन। इन चारों में वे हिमगिरि के उत्तुंग शिखर पर बैठे दिखलायी पड़ते हैं। क्या आश्चर्य की बात है कि गोरखपुर में वे उत्तुंगता को लात मारते हुए आम आदमी के बीच बैठना बेहतर समझते थे। इलाहाबाद में उन्हें उत्तुंगता का शौक ज़रूर जागा परन्तु उन्हें भीगे-नयनों से ही खुद के जीवन का प्रलय-प्रवाह देखना पड़ा यानी फ़िराक़ का इलाहाबादी शौक (काँटा) बनकर रह गया। यह रहस्य वे लोग नहीं जान सकेगें जो 'स्वदेश' को नहीं जानते।

इस सन्दर्भ को आगे बढ़ाते हुए यह कहना भी ज़रूरी है कि रघुपति सहाय दिल्ली, मुम्बई और मद्रास आदि नगरों की अपेक्षा खबर बटोरने के लिए कलकत्ता (कोलकाता) को अधिक महत्त्व देते थे। इसका मूल कारण यह था कि शैक्षिक सांस्कृतिक, सामाजिक और राजनैतिक नवजागरण में बिहार और उत्तर प्रदेश को प्रशिक्षित करने में सबसे बड़ा योगदान बंगाल यानी कोलकाता का था। पूर्वांचल के निम्न-मध्य और निर्धन लोगों की बहुत बड़ी जनसंख्या कोलकाता में रहती थी। पूर्वांचली साँस में कोलकाता की धड़कने सबसे अधिक रहती थीं। यहाँ के शताधिक लोकगीतों में कलकत्ता की गाथा गायी जाती थी, मसलन 'लागल झुलनियाँ का धक्का बलमु कलकत्ता निकल गयो' अथवा 'कल पर खड़ा शहर कलकत्ता देखन में अलवत्ता ना'। हिन्दी बेल्ट के सभी बड़े नाम कमाने वाले, इतिहास बनाने वाले साप्ताहिक-मासिक पत्र और पत्रिकाएँ कोलकाता से प्रकाशित होती थीं। साहित्यिक नवजागरण की प्रेरणा भी कलकत्ता से मिलती थी। प्राय: यह सभी को मालूम होगा कि गोरखपुरी फ़िराक़ काल तक बाँग्ला भाषा में लिखी विविध विधा की पुस्तकें हिन्दी में अनूदित हो चुकी थीं। इनमें उपन्यास, कहानी, कविता और आलोचना की पुस्तकें सबसे अधिक थीं। तिनकौड़ी (बंगाली लेखक) बाबू के व्यंग्य-पुस्तकों के हिन्दी-अनुवाद पाठकों के लिए छोरा-छोरी की सीमा तक पहुँचने लगे थे। स्वयं रघुपति सहाय फ़िराक़ तक छद्म नाम से 'स्वदेश' में छोटे-छोटे और मजेदार मज़मून लिखा करते थे। हास्य को ठिकाने लाने की आकर्षक कला 'स्वदेश' के फ़िराक़ को बाँग्ला भाषा से मिली थी।

यह भी अज्ञात नहीं है कि स्वतन्त्रता-संग्राम में बाँग्ला भाषा का हर नेता उत्तर प्रदेश के दिल में बसा रहता था। कुछ ये ही कारण थे कि 'स्वदेश' में रघुपति सहाय के जरिये कोलकाता हर अंक का सहायक बनता था। गोरखपुरी फ़िराक़ की पत्रकारिता द्वारा आपको यह भी ज्ञात हो सकता है कि कोलकाता उनका सहायक सम्पादक था। गोरखपुरी फ़िराक़ पूर्वी था। जबकि इलाहाबादी फ़िराक़ पश्चिमी बन गया। स्वदेश के रघुपति सहाय फ़िराक़ को पढ़कर इस सूक्ष्मान्तर को भी जाना जा सकता है।

'स्वदेश' के फ़िराक़ ने ११ सितम्बर, १९२१ पृ. ३ पर अमृत बाजार पत्रिका के खिलाफ की जाने वाली सरकारी ज़्यादती का विरोध करते हुए लिखा 'अब यह बात साफ हो गयी है कि 'अमृत बाजार पत्रिका' पर मान हानि करने वाले बुजुर्ग (मालदा के जज) मिस्टर ग्राहम के अदालती खर्च को वहाँ की सरकार ने बरदास्त किया था और वह इसलिए कि मिस्टर ग्राहम पर 'पत्रिका' ने जो आक्रमण किया था वह था सरकारी नौकर के बिना पर। दूसरे लफ़्ज़ों में इसका अर्थ यह हुआ कि चौकीदार गोडइत और मजकूरी के पियादों से लेकर लाट और बड़े लाट तक किसी अखबार के उनके विरुद्ध आक्रमण करने पर उसे अदालत में धर घसीटे, सरकार तो उनकी अदालती कार्रवाई का ख़र्च देगी ही क्योंकि उन पर जो हमलें होंगे वह होंगे सरकारी नौकर होने के कारण। नौकरशाही की इस नयी करतूत से अब अखबार वालों का बेड़ा ईश्वर ही पार लगाये। है न ठीक?' फ़िराक़ अमृत बाजार पत्रिका के बहाने भारत के सभी राष्ट्रवादी अखबारों के हित में हमेशा रहे हैं। उनका यह सोचना बिल्कुल अडिग था कि भारतीय नवजागरण के सभी रास्ते बंगाल के दरवाजे से होकर आ रहे थे। नवजागरण प्रवेश-द्वार कोलकाता को रघुपति सहाय ने अपनी आँखों देखा था यानी देश काल तथा भाषा साहित्य की अविभाजित दृष्टि से देखा था, यह कारण था कि उन्होंने 'बंगाल में काँग्रेस का काम' शीर्षक एक छोटे से संवाद फीचर द्वारा उत्तर प्रदेश के पूर्वांचल वासियों को भी नव जागृति देने की कोशिश की। (स्वदेश ३० जनवरी, १९२१ पृ. २)। उन्होंने लिखा—'गाँवों में काँग्रेस का काम करने के लिए बंगाल की काँग्रेस कमेटी ने इन-इन बातों का करना तय किया है।' (१) प्रारम्भिक शिक्षा के लिए पाठशालाएँ खोलना और रात्रि-पाठशाला भी खोलना। (२) सरकारी मदद पाने वाले स्कूलों से इस मदद के न लेने की प्रार्थना। (३) असहयोग बैंक खोलना। (४) धर्म गोला खोलना। (५) पशुओं की नस्ल, खान और कृषि-सम्बन्धी ज्ञान बढ़ाना। (६) जूट की काश्त कम करना। (७) स्वदेशी का प्रचार और विदेशी का बहिष्कार। (८) जुलाहों और कोरियों से कपड़े बुनवाना। (९) कपास की खेती को उत्तेजना देना, करघे और चर्खे चलवाना। (१०) स्वच्छ जल और स्वास्थ्य के उपाय करना। (११) ताल और नाले सुधरवाना। (१२) औषधि मुफ्त बटवाना। (१३) काँग्रेस के आदेशानुसार प्रतिनिधियों के चुनने के लिए रजिस्टर तैयार कराना। (१४) मुकदमेबाजी कम करना। (१५) नशेबाजी कम करना। (१६) जहाँ सहायता की आवश्यकता हो वहाँ सहायता पहुँचाना।

बंगाल के गाँवों में जिस प्रकार काँग्रेस का काम होने जा रहा है, वैसे हमारे प्रान्त में भी होना चाहिए। बड़े-बड़े गाँवों में काँग्रेस कमेटी स्थापित की जाय और उसी सहारे गाँव की पंचायत स्थापित हो, जिससे गाँव के सब मामले तय कर लिए

जाया करें। एक सेवा समिति जो पुलिस का काम करे और लोगों पर अत्याचारों का होना रोके। उसी का यह भी काम हो कि वह पाठशाला चलावे और एक पुस्तकालय का संचालन करे जिसमें रात को लोगों के सामने देश और विदेश के सब जानने लायक समाचार सुनाये जाय। चरख़े और करघे भी अधिक से अधिक संख्या में चलाये जायँ और प्रत्येक आदमी हाथ का बना कपड़ा पहिने। हमें आशा है कि इस संगठन का कार्य शीघ्र ही हमारे प्रान्त में आरम्भ होगा।

'स्वदेश' के फ़िराक़ ने 'असहयोगिता की लहर' शीर्षक द्वारा 'स्वदेश के ३० जनवरी, १९२१ वाले अंक के पृष्ठ २ का पेट भरा। पेट भरने के क्रम में कहा श्री चितरंजन दास के आत्मत्याग का फल यह हुआ है कि बंगाल प्रान्त का कोई भी खास मुकाम नहीं जहाँ इस आन्दोलन ने घर न कर लिया।' उन्होंने काशी में होने वाले कार्यों की प्रशंसा करते हुए गर्व प्रगट किया। गर्व इस बात का था कि बंगाल प्रान्त को उत्तर प्रदेश में ढालने की भूमिका 'काशी वासियों' ने निभायी, और अभिलाषा व्यक्त की कि युक्त प्रान्त किसी प्रान्त से पीछे न पड़ने पावे। उन्होंने काँग्रेस का सन्देश एक-एक झोपड़ी तक पहुँचाने का संकल्प लिया। युक्त प्रान्त के युवकों का आवाहन करते हुए उन्हें स्वदेश तक आने का निमन्त्रण दिया। यह भोग निमन्त्रण नहीं बल्कि योग-निमन्त्रण था। गोरखपुर में रघुपति सहाय इतने दमदार हो गये थे कि उनके एक-एक सम्बोधन का भारी असर पड़ता था।

उन्होंने नवजागरण की सफलता के लिए गँवई-गाड़ा की जागृति के साथ स्त्री-जागरण को महत्वपूर्ण माना। बंगाल की तरह नारी-जागरण समूचे युक्त प्रान्त में तो क्या कुछ थोड़े ज़िलों में भी नहीं हुआ था। इसलिए स्त्रियों को घूँघट से निकालकर आज़ादी की लड़ाई में शामिल होने के लिए उन्होंने अपनी एक छोटी-सी टिप्पणी में नारी-प्रेरणा का स्वर विन्यस्त कर समाचार दिया—'कलकत्ता की महिला सभा'। इस टिप्पणी में उन्होंने लिखा 'कलकत्ते की महिला सभा में महात्मा गाँधी ने इस आशय का व्याख्यान दिया कि अँगरेजी राज्य रावण के समान है। जैसे रावण राज्य में लोगों को दुःख मिलता था और पापियों को सुख उसी तरह इस सरकार के राज्य में होता है। आज पाप का राज्य बढ़ गया है, पाप का बोझ बढ़ गया है, उसका अबनाश होगा। यह काम भारत की माताओं और स्त्रियों से अधिक हो सकता है। तुम अपने लड़कों और भाइयों को सरकारी दफ्तरों और कालेजों में न जाने दो क्योंकि इनमें लड़कों के दिमाग बिगड़ जाते हैं। दूसरा काम यह है कि शौकीनी छोड़ो। स्वदेशी कपड़े पहनों विदेशी त्यागो क्योंकि वे अशुद्ध हैं। प्रत्येक घर में एक दो चरखे रहे। उनसे सूत कातो, फिर कपड़ा बुनों और फिर उसे ही पहनों। रघुपति सहाय ने 'वर्तमान' (कानपुर) का हवाला देते हुए कहा कि नारियों को भी गाढ़ा पहनना चाहिए, सोना और चाँदी के गहनों से परहेज करना चाहिए।

स्वराज्य पा जाने के बाद ही ये गहने पहनें। गाँधी जी की तरह रघुपति सहाय की धारणा थी कि एक वर्ष के अन्दर ही देश को स्वराज्य मिल जाएगा।

बंगाल की स्त्रियों पर गाँधी जी के कथन का अच्छा प्रभाव पड़ा था। इसलिए उन्होंने इस उपदेश का प्रयोग अपनी तहसील के गाँवों में भी किया। हालाँकि बंगाल की तरह उन्हें वांछित सफलता नहीं मिली परन्तु उनकी अपील पूरी तरह निष्फल हुई, यह भी नहीं कहा जा सकता है।

रघुपति सहाय ने अपनी तहसील के एक बड़े ग्राम 'गगहा' में स्वदेशी प्रचार और नारी-जागरण को विशेष मुद्दा बनाकर २४ जनवरी, १९२१ को एक सभा आयोजित की थी। इसकी अध्यक्षता गगहा के प्रतिष्ठित काँग्रेसी श्री मंगल सिंह ने की थी। इसमें बाबू भवानी प्रसाद और पण्डित भगवती प्रसाद के भी भाषण हुए थे परन्तु दिल को हिलाने वाला व्याख्यान रघुपति सहाय का ही हुआ था। फिर भी रघुपति सहाय सन्तुष्ट नहीं हुए थे। लगभग ८०० लोगों की उपस्थिति थी, परन्तु स्त्रियाँ लगभग ग़ैरहाजिर थीं। रघुपति सहाय पराजित मानस न हुए। 'स्वदेश' के ६ फरवरी वाले अंक के पृ. ६ पर दशरथ प्रसाद द्विवेदी ने लिखा, 'इसके बाद बाबू रघुपति सहाय जी बी.ए. का उत्तेजक तथा साहसोत्पादक भाषण' 'असहयोग की आवश्यकता' पर हुआ। आपके व्याख्यान पर बड़ा ही प्रभाव पड़ा। रघुपति ने उपस्थित जनों को समझाया था कि हम स्वराज्य इसलिए नहीं चाहते कि अँगरेजी राज्य विदेशी राज्य है बल्कि इसलिए चाहते हैं कि हमको परतन्त्र करके इंग्लैण्ड हमारे धन, हमारी सेना और हमारी परतन्त्रता के बल पर आयरलैण्ड, तुर्किस्तान, अरब, फारस और अन्य जातियों पर अत्याचार कर रहे हैं। अगर भारत स्वतन्त्र हो और इंग्लैण्ड के हाथ से निकल जाय तो अकेले इंग्लैण्ड के पास इतना साहस और बल नहीं है कि संसार के ऊपर जुल्म और अत्याचार करे। हम इंग्लैण्ड के अधीन रहकर उसके पापों में भाग ले रहे हैं। ऐसे राज्य को स्वीकार करना अधर्म है। स्वराज्य संग्राम धर्म का संग्राम है।

रघुपति सहाय का भाषण बहुत लम्बा था। यहाँ उनके पूरे भाषण को दुहराना प्रासंगिक नहीं है, परन्तु यह अवश्य विचारणीय है कि क्या रघुपति सहाय को छोड़कर पूरे हिन्दुस्तान में कोई इस प्रकार कूटनीतिक व्याख्यान दे सकता था। शायद उत्तर नहीं होगा। स्वयं महात्मा गाँधी इस प्रकार की कूटनीतिक भाषा का इस्तेमाल नहीं करते थे।

रघुपति सहाय ने बड़ी चतुराई के साथ अपने भाषण में 'धर्म-अधर्म' तथा पाप और पुण्य प्रयोग किया था, क्योंकि गाँवों की अधिकांश जनता आज़ादी की लड़ाई का निहितार्थ नहीं समझती थी, परन्तु पाप और अधर्म के विरुद्ध उठ खड़ी होने के लिए तैयार थी। इसी प्रकार रघुपति सहाय अपने भाषण में अपने ही देश

तक सीमित नहीं रह गये थे बल्कि अपनी विश्वजनीन चिन्तन का परिचय दिया था। उनकी सबसे बड़ी कूटनीतिज्ञता तो यह रही कि भारतीय स्वराज्य को मुस्लिम देशों पर किये जाने वाले अत्याचारों को दूर करने के लिए महत्वपूर्ण साधक तत्त्व के रूप में प्रस्तुत किया था।

'गगहा' में रघुपति सहाय द्वारा किये जाने वाले आयोजन का फल यह रहा कि उससे उत्तर भारत के दलितों में भी उत्तेजना जागी। जब रघुपति सहाय ने स्वदेशी विद्यालयों के संचालन के लिए 'धन' की आवश्यकता की बात कही और इसके लिए चन्दा वसूली की आवाज उठायी तो एक देहाती बीच सभा से उठकर चन्दा वसूली अभियान चला दिया। स्वदेश के फ़िराक़ ने पहली बार ऐसा कर्मठ दृश्य देखा था। फ़िराक़ के इस संकल्प को स्वरूप चन्द ने कविता (कवित्त) का रूप देते हुए कहा था 'जनमें स्वदेश में स्वदेश में ही पाले गये, ऋण मातृभूमि का स्वरूप यों चुकाएँगे। ......ध्यान में स्वदेश' खान-पान में स्वदेशी, प्राण में स्वदेशी हैं स्वदेशी गान गाएँगे।' (८ मई १९२१ मुखपृष्ठ)।

गोरखपुरी स्वदेश को पढ़कर इलाहाबादी कृति-बज़्में जिन्दगी रंगे शायरी' का लुफ्त भले न मिले लेकिन जिन्दगी का मजा तो अवश्य मिलेगा। फ़िराक़ इलाहाबादी के 'रूहे कायनात' में थोड़ा अन्दर प्रवेश कर देखा जा सकता है कि किसी शायर का ब्रह्माण्ड कितना बड़ा हो सकता है। 'स्वदेश' को पढ़ने के बाद फ़िराक़ की कायनात में वह अनुपस्थित नहीं मिलेगा। फ़िराक़ को उद्धृत करने से पहले 'साकी की मस्त आँख से गर्दिश में जाम देखे' की आदत पड़नी चाहिए। अज्ञात नहीं है कि इलाहाबादी फ़िराक़ की शायरी का दायरा दर-दर तक फैला है। उनके शेरो सुखन की इलाहाबादी धारा में स्वदेश के फ़िराक़ की अन्तर्धारा भी देखनी चाहिए। कभी-कभी इलाहाबादी फ़िराक़ और गोरखपुरी फ़िराक़ को अलग-अलग करना ही बहुत कठिन हो जाता है। गोरखपुर से प्रकाशित साप्ताहिक समाचार पत्र 'स्वदेश' का मोटो रघुपति सहाय का जीवनोद्देश्य बन गया था—

जो भरा नहीं है भावों से बहती जिसमें रसधार नहीं।
वह हृदय नहीं है, पत्थर है जिसमें स्वदेश का प्यार नहीं।

रघपुति सहाय का 'स्वदेश' प्यार गोरखपुर में घटित हुआ परन्तु मोटो की प्रथम पंक्ति इलाहाबाद में रूपायित हुई। इलाहाबाद के फ़िराक़ की अधिकांश रचनाएँ भाववादी और रसवादी हैं। भाव और रस के बयानात तो उन्होंने इलाहाबाद में जारी किये। गोरखपुर के बयान तो स्वदेश थे। 'स्वदेश' के लिए आग्रह, प्रार्थना, अनुनय-विनय सबकुछ रघुपति सहाय का, हालाँकि अनाम। ८ मई, १९२१ के

मुखपृष्ठ की आपूर्ति करने के लिए स्वदेश के पाठकों से उन्होंने निवेदन के साथ प्रार्थना की थी। उन्होंने लिखा था, 'गोरखपुर के ज़िला मजिस्ट्रेट' 'स्वदेश' से १५०० रुपये की और जमानत तलब की है, परन्तु हमारे पास रुपये नहीं हैं कि तुरन्त इस जमानत को दाखिल कर सकें। इस लिए सम्भव है कि जब तक रुपये इकट्ठा न हो जायं, तब तक 'स्वदेश' बन्द रहे। यद्यपि मजिस्ट्रेट महोदय ने अभी तक अपनी नोटिस में इस प्रकार की कोई आज्ञा नहीं दी है। इसलिए अगर 'स्वदेश' की छठीं संख्या पाठकों को समय से न मिल सके तो वे हताश न हों और यह समझ लें कि 'स्वदेश' का प्रकाशन चार सप्ताह के लिए मुल्तवी कर दिया गया है। इसलिए इसके सम्बन्ध में समय-समय पर अन्याय के माध्यम से अपने पाठकों को सूचनाएँ देते रहेंगे। आशा है कि हमारे पाठक हमारी इस मजबूरी पर हमें क्षमा कर देगें और 'स्वदेश' का भरपूर सहयोग करके 'स्वदेश' के फिर अवतीर्ण होने के प्रबन्ध की कृपा करेंगे।

'स्वदेश' के पाठक जानते हैं कि इस अपील के बाद 'स्वदेश' का पुनर्प्रकाशन ४ सितम्बर १९२१ को ही हो सका। इसके बाद रघुपति सहाय, बी.ए. के नाम से लेखों, फीचरों और समाचार संग्रहों की धूम मच गयी। अनुमान किया जा सकता है कि 'स्वदेश' के बन्द होने की अवधि में बाबू रघुपति सहाय, बी.ए. लेख और फीचर लिखते रहे। इस दर्म्यान उनके पत्राचारों की संख्या भी बढ़ गयी। यह सब उपक्रम उन्होंने अपने समय को रिक्त होने से बचाने के लिए किया। बड़ी सम्भावना है कि इस बीच तमाम रचना क्षण भी उभरे हों जिनकी अभिव्यक्ति इलाहाबाद में हुई हो। इस खाली समय में वे घर भी जाते रहे थे। भले ही इनकी पत्नी इनसे मेल खाने वाली नहीं थीं। फिर भी जो रघुपति नारी-जागरण के लिए नारी-संगठन जमाने में लगे थे वे रघुपति नारी से पूरी तरह असंगठित कैसे रह सकते थे। बड़ी सम्भावना है कि इलाहाबाद में जाकर इस कड़वी-मीठी जिन्दगी की छोटी-मोटी दास्तान 'हज़ार दास्तान' में प्रतीक अथवा मिथक रूप में मौजूद हो। फ़िराक़ के आलोचक का फर्ज होता है कि वे 'स्वेदश' के 'फ़िराक़' को जानने के बाद उनकी एक समीक्षा फिर से करें। जो आलोचनाएँ फ़िराक़ के गोरखपुरी जिन्दगी न जानने के कारण गलत फ़हमियों की शिकार हो गयी हैं उन्हें संशोधित करने की कृपा करें। लेखक को जाने बिना उसकी रचनाओं को आलोचना के सिद्धान्तों पर रगड़ते रहने से उसकी रचनाओं का आस्वाद नहीं मिल सकता।

गोरखपुर में रहते हुए रघुपति सहाय की दृष्टि किसानों की दुर्दशा पर भी थी। परन्तु इलाहाबाद आने के बाद उनकी दृष्टि ऐन्द्रिय निर्जनता को दूर करने में लग गयी। इस परिस्थिति ने उन्हें सृजन की नयी दुनिया दी। उनके एकान्त को दूर करने के लिए उन्हें उर्दू-हिन्दी के तमाम रचनाकार मिले। इलाहाबाद विश्वविद्यालय के

छात्र मिले। सौन्दर्य की ऐन्द्रिक वासनाओं को दूर करने के साधन मिले। यहीं इलाहाबाद में फ़िराक़ ने अपनी सौन्दर्यानुभूति को वागर्थ प्रदान किया। यहीं उन्हें अफ़जाइशे हुस्न मिली, यहीं उन्हें अभिव्यक्ति की नयी दुनिया मिली। उन्होंने गंवईपन और गोरखपुरी बयानात को आलंकारिक और वक्रधारिता की कला में ढाला। गोरखपुर में वे पर हेतु थे, इलाहाबाद में स्वहेतु हो गये। गोरखपुर में रहते हुए ६ फरवरी, १९२१ पृ. ६ 'स्वदेश' में 'असामियों पर जुल्म' शीर्षक टिप्पणी में उनका पर हेतु भाव व्यक्त हुआ था। उन्होंने गाँवों में मजदूरी करने की दशा का वर्णन करते हुए लिखा था। किसानों पर जो जुल्म हो रहा है उसका खाका नहीं खींचा जा सकता। जब किसान लोग बेगार और जुल्म से छुट्टी पाते हैं तो सुबह से गर्मियों और जाड़े के दिनों में हल चलाते हैं। उनकी स्त्रियाँ सूखी रोटी लिये उन्हें खेत में खिला आती हैं। जिस मेहनत से वे गल्ला पैदा करते हैं, कोई आदमी ऐसा नहीं है जो न जानता हो। उनको ठेकेदार दिन और रात भर में सिर्फ एक सेर कोई मोटा अनाज खाने को मुश्किल से देता है जिसको उसके परिवार के दस लोग खाते हैं। वे चार सेर साग लाते हैं और यह सेर भर दिया अनाज पकाकर जिस तरह खाते हैं कि अगर किसी को देखने का अवसर मिले तो शायद बिला चार आँसू गिराये नहीं रह सकता' आज यहाँ यह तो नहीं कहा जा सकता कि जो रघुपति सहाय ऐसी घटना रोज-रोज देखते थे और स्वदेश के दफ्तर में इसे व्यक्त करते थे, उसको कितने आँसू गिरे होंगे। आज फ़िराक़ को पढ़ने वालों को निर्णय करना चाहिए कि यह घटना स्वदेश के फ़िराक़ की शायरी थी या नहीं? इसमें उनकी रचनात्मक संवेदना की फिरासत थी या नहीं? इससे वे बुलन्द हुए थे या नहीं?

अगर सच पूछा जाय तो कहना पड़ेगा कि यह गोरखपुर की मैदानी शायरी थी—साम्यवादियों की शायरी। उक्त शीर्षक में उन्होंने आगे लिखा था, "इस तरह की जिन्दगी बसर करके जब वह सौ मन अनाज पैदा करते हैं तब पाँच हिस्सा ठेकेदार ले लेता है और एक हिस्सा इस ग़रीब मेहनत करने वालों को मिलता है। इस पर भी ठेकेदार साहब साल भर जो अनाज खिलाये रहते हैं फौरन उसी जगह पटौला कर लेते हैं। बस यह बेचारा खाली हाथ रह जाता है। अगर इस पर भी पटौला न हुआ तो तमस्सुक लिखा लेते हैं।" (स्वदेश वही)। जिन आँसुओं का उल्लेख रघुपति सहाय ने किया, उन्हीं आँसुओं से प्रेमचन्द ने तमाम कहानियाँ लिखीं हैं। लेकिन इलाहाबादी फ़िराक़ जब गोरखपुरी फ़िराक़ की गद्य-कविता की सपाटबयानी को छोड़कर व्यंजनावादी हो गये तो शायद गोरखपुर केवल संकेतों तक सीमित हो गया इसके लिए एक मिसाल देखी जा सकती है—

रात भी, नींद भी, कहानी भी

हाय क्या चीज है जवानी भी।
दिल को अपने भी गम थे दुनिया में
कुछ बलाएँ थीं आसमानी भी।
दिल को शोलों से करती है सेरा
ज़िन्दगी आग भी है पानी भी।
ख़ल्क़ क्या-क्या मुझे नहीं कहती
कुछ सुनूँ मैं तेरी ज़बानी भी।
वज़अ करते कोई नयी दुनिया
कि ये दुनिया हुई पुरानी भी
दिल में एक हूक उठी ऐ दोस्त
याद आई तेरी ज़वानी भी।
ज़िन्दगी ऐ न दी दे-यार फ़िराक़
ज़िन्दगी हिज्र की कहानी भी।

ऊपर दी गयी ग़ज़ल में फ़िराक़ के संकल्पनात्मक मनोकांक्षा के साथ उनके जीवन के अभिलेख भी हैं। उनकी बौद्धिक ऊँचाइयाँ गोरखपुर और इलाहाबाद या दिल्ली आदि स्थानों में तथावत् बनी रहीं। यह अवश्य है कि गोरखपुर वे आग की तरह धधके और इलाहाबाद में वे पानी की तरह बहे। वे हमेशा 'नयी दुनिया' की नव संरचना करना चाहते थे। उन्होंने गोरखपुर और इलाहाबाद दोनों जगह नयी दुनिया बनायी। गोरखपुर में कुर्बानी भावना से लबालब जन-सेवा की। नयी दुनिया और वे इलाहाबाद में उर्दू शायरी की नयी दुनिया थे। उर्दू शायरी की नयी दुनिया बनाने के वक्त वे फिसले भी, बदनाम भी हुए, दमित वासनाओं में पैदा हुए। बड़ा स्वाभाविक है कि लोक-सेवा करने में प्रतिद्वन्द्वी लगभग नहीं होता परन्तु साहित्य का नया रास्ता बनाने में प्रतिद्वन्द्वी के अखाड़े खुल जाते हैं। परन्तु फ़िराक़ साहब अखाड़े-बाजी से डरते नहीं थे।

इलाहाबाद में फ़िराक़ ने संकेतात्मक रूप से अपनी कमजोरियाँ भी स्वीकारी हैं। जब वे लिखते हैं—'कहाँ का वस्ल तन्हाई ने भेस बदला है। तेरे दम भर आ जाने को हम भी क्या समझते हैं।' देखा जा सकता है कि यह इलाहाबादी फ़िराक़ की विवशताएँ थीं। गोरखपुर में तनहा कभी नहीं रहे। इलाहाबाद में लिखीं कई-कई नज़्मों में फ़िराक़ गोरखपुरी का स्थानान्तरीकरण लगता है। उदाहरण के लिए—अभी तो घन-गरज सुनाई देगी 'इंकलाब' की। अभी तो गोशबर सदा है, बज़्म आफताब की। अभी तो पूँजीवाद जहान से मिटाना है, अभी तो साम्राज्यों को सजाए-मौत पाना है। ....अभी किसानों-कामगार राज होने वाला है, अभी बहुत

जहाँ में कामकाज होने वाला है।

यह नज़्म अगस्त १९४३ में कही गयी थी। वे सिविल अस्पताल में बीमार बिस्तर पर लेटे थे। उनका रचना-मानस बीमारी की गिरफ़्त से मुक्त होकर नज़्म के मंच पर आ गया था। फ़िराक़ की तक़रीर प्रारम्भ हुई और उनका कोई विद्वान शिष्य पंक्ति-प्रति पंक्ति नोट करता गया। दस्तख़त फ़िराक़ का हुआ। सोचा जा सकता है कि गोरखपुर के मंचों से दिये गये बयान नज़्म का बाना धारण किये। फ़िराक़ की ऐसी तमाम रचनाएँ है जो गोरखपुरी अनुभवों की रूपान्तरिताएँ हैं। परन्तु हैरानी तो यह होती है कि इलाहाबादी फ़िराक़ ने गोरखपुरी फ़िराक़ का न तो संस्मरण लिखा और न कहीं 'स्वदेश' और दशरथ प्रसाद द्विवेदी का नामोल्लेख किया। नहीं कहा जा सकता कि किस कुण्ठा के कारण वे 'स्वदेश' से कतरा गये। अज्ञात नहीं है कि सन् १९१९ में वे बाबू रघुपति सहाय बी.ए. थे, इस रघपुति सहाय बी.ए. को 'स्वदेश' ने ही रघुपति सहाय 'फ़िराक़' बनाया। इसी 'स्वदेश' ने उन्हें दिल्ली भेजा। वहीं वे मीर, गालिब, हाली जैसे शायरों के मुरीद बने। दिल्ली स्कूल के शायरों से परिचित हुए और इलाहाबादी फ़िराक़ के रूप में वे अपने ज़माने के बड़े-बड़े शायरों की पंक्ति में खड़े हुए।

अगर अहसान अदायगी की तुलना की जाय तो निराला ने स्पष्ट स्वीकार किया था, 'मतवाला न होता तो निराला भी न होता।' अगर सच पूछा जाय तो उत्तर होगा कि 'स्वदेश' न होता तो फ़िराक़ न होता। यह तथ्य ही सही है लेकिन फ़िराक़ ने ऐसा नहीं किया, हो सकता है कि फ़िराक़ की अहसान फरामोशी की यही शैली रही हो। लेकिन बात ऐसी नहीं है। फ़िराक़ का आभार-प्रदर्शन का अपमान करना उनके अहम् का परिणाम था। मानवीय चरित्र में प्यादे से फर्जी होने का यही परिणाम होता है। जिस दशरथ प्रसाद द्विवेदी ने लोकल रघुपति सहाय को प्रदेशीय सहाय बना दिया था। जिस रघुपति सहाय के लिए दशरथ प्रसाद द्विवेदी ने 'बाबू' और 'जी' विशेषणों का प्रयोग कर विशेषणों का दर्जा घटाकर उन्हें बड़ा कर दिया था, उस दशरथ प्रसाद और उनके साप्ताहिक के नाम लेने तक को उन्होंने ठुकरा दिया था। अब नहीं कहा जा सकता कि अखिल भारतीय उर्दू पोएट ने ऐसा क्यों किया? इसका एक छोटा-सा उदाहरण 'स्वदेश' के एक उद्धरण द्वारा दिया जा सकता है।

स्वदेश के सम्पादक दशरथ प्रसाद द्विवेदी ने २५ दिसम्बर, १९२१ के पृष्ठ पर 'बैनर' शीर्षक के तहत बाबू रघुपति सहाय को बेहद ऊँचाइयाँ दे दीं। शीर्षक लगाया 'युक्त प्रान्त के पचपन महारथी' और इनमें नाम गिनाये—डा. मुरारी लाल, डॉ. जवाहर लाल, श्री बाल कृष्ण शर्मा, श्री उमाशंकर दीक्षित, और लक्ष्मीनारायण अग्निहोत्री, कानपुर श्री परमात्मा सिंह, श्री शीतला सहाय, श्री रलिया राम कश्यप और श्री राम नरेश त्रिपाठी प्रयाग, श्री रघुपति सहाय, श्री विन्ध्यवासिनी प्रसाद

वर्मा और श्री अवधनारायण गोरखपुर, श्री प्रताप बहादुर और श्री नरेन्द्र चन्द्र बनर्जी प्रतापगढ़, श्री अब्दुल अली बाराबंकी, श्री रामचरण कंचन झाँसी, श्री वेदव्रत शर्मा बस्ती, लल्लनजी और श्री गया कृष्ण फैजाबाद, श्रीजगन्नाथ प्रसाद और श्री गोपाल नारायण सक्सेना लखनऊ, श्री राम स्वरूप गुप्त मौरावां (कानपुर), श्री ठाकुर प्रसाद शर्मा फ़ीरोजाबाद, श्री मन्नीलाल पाण्डेय उरई, श्री मीर वाजिद अली और श्री माता प्रसाद मिश्र रायबरेली, श्री जुगुल किशोर बांदा, श्री द्वारिका प्रसाद, श्री पृथ्वीराज सिंह बरेली, श्री प्रद्युम्न और श्री नन्द किशोर राय बलिया, श्री हरिनाम सुन्दर लाल लमीखपुर, श्री सूरजनाथ सिंह आजमगढ़, श्री जगन्नाथ प्रसाद अग्रवाल सीतापुर, श्री निरंजन सिंह हरदोई, श्री मुहम्मद इब्राहिम और श्री मानपाल गुप्त एटा, श्री जीवन लाल द्विवेदी मैनपुरी, श्री शिवनन्दन पाण्डेय नैनीताल, श्री लक्ष्मण दत्त और श्री रघुबीर सहाय बदाऊँ, श्री जगदीश गुप्त और श्री विश्वमित्र बिजनौर, श्री गनपत सहाय सुल्तानपुर, श्री रामसूरत मिश्र बनारस, श्री भगवानदास हालना हाथरस, श्री लक्ष्मीनारायण शर्मा अलीगढ़, श्री लालमणि फ़र्रुख़ाबाद, श्री मुहम्मद रहमतुल्ला और श्री बंकिमचन्द मुखर्जी इटावा, श्री ज्योतिशंकर दीक्षित फ़तेहपुर श्री राम दास गौड़ मिर्जापुर और श्री जगदम्बा शंकर मिश्र गाजीपुर।

देखा जा सकता है कि दशरथ प्रसाद द्विवेदी ने रघुपति सहाय को युक्त प्रान्त करके एकादश रूद्रों की श्रेणी में ला खड़ा कर दिया था। परन्तु यह थे फ़िराक़ जिनको आशिक़ तो बहुत याद आये परन्तु निर्माता भूल गये। कुछ लोगों ने तो इस जानबूझकर विस्मृत करने की घटना को उनकी नासिपासी का हिस्सा माना है।

फ़िराक़ साहब ने इलाहाबाद में रहते हुए अपने को निराला से हमेशा बड़ा माना, लेकिन उन्होंने निराला की इस महानता पर ध्यान नहीं दिया कि आचार्य रामचन्द्र शुक्ल और निराला के बीच छायावाद-रहस्यवाद को लेकर बहुत भोंड़ा द्वन्द्व हुआ था। 'सुधा' इसका गवाह है, परन्तु जब रामचन्द्र शुक्ल की असमय मृत्यु हुई थी, तब निराला ने उनके प्रति सादर आभार व्यक्त करते हुए एक कविता लिखी थी 'श्रद्धांजलि (रामचन्द्र शुक्ल के प्रति)—

अमा निशा थी समालोचना के अम्बर पर
उदित हुए जब तुम हिन्दी के दिव्य कलाधर।
दीप्ति द्वितीया हुई लीन लिखने से पहले
किन्तु निशाचर सन्ध्या के अन्तर में दहले।
स्पष्ट तृतीया, खिंची दृष्टि लोगों की सहसा
छिड़ी सिद्ध साहित्यिक से तुम से जब वचसा
मुक्त चतुर्थी, समालोचना वधू व्याह कर

लाये तुम, पंचमी काव्य वाणी अपने घर।
षष्ठी छः ऐश्वर्य प्रदर्शित कोष प्राण में
शिक्षण की सप्तमी, महार्णव सप्त ज्ञान में
दिए अष्टमी आठों वसु टीकाओं में भर
नवमी शान्ति ग्रहों की, दशमी विजित दिगम्बर
एकादशी रुद्रता, राम कला द्वादशी
त्रयोदशी-प्रदर्शि-गत, चतुर्दशी-रत्न शशी।

निराला जैसा व्यक्ति आचार्य शुक्ल को 'पंचमी काव्य वाणी' (काव्य वाणी का शिखर कवि) कहकर अपनी महानताएँ उन्हें समर्ति कर दीं। जिस दशरथ प्रसाद द्विवेदी ने छः सात वर्षों तक रघुपति सहाय को बाबू रघुपति सहाय बी.ए. बनाया और अन्ततः 'फ़िराक़' वही फ़िराक़ उन्हें ऐसा भूला जैसे वह न दशरथ प्रसाद द्विवेदी को जानता, न 'स्वदेश' को और न ही स्वदेश के उन शीर्षकों को जिसने उसे लोक-नायकत्व प्रदान किया। इसके पीछे क्या कारण रहा, यह जानना बड़ा दिलचस्प हो सकता है।

'फ़िराक़' यह तो याद करते हैं—

और ऐसे में मुझे ब्याहा गया किससे
जो हो न सकती थी हरगिज मेरी शरीके हयात
वो जिसको कहते हैं शादी-ए-ख़ाना आबादी
मेरे लिए हुई शादी-ए-ख़ाना बरबादी।

हालाँकि फ़िराक़ यह तो कहते हैं, '१९३६ के करीब मेरा झुकाव वामपन्थ की ओर होना प्रारम्भ हुआ। किन्तु जैसा पहले पत्र में निवेदन कर चुका हूँ, लड़कपन से ही सौन्दर्य की उपासना के साथ-साथ इससे मिली हुई कुछ अन्य विशेषताएँ भी थीं अर्थात जीवन के उच्च्व मूल्यों, नेकी, हमदर्दी, सज्जनता, मानवप्रेम, विद्याप्रेम, वास्तविक महानता की उपासना और बाद में वामपन्थ का ज्ञान होने के पहले, सच्ची वतन परस्ती और हिन्दुस्तानी स्वतन्त्रता, हिन्दुस्तान की महानता की भावना और आभास यह तमाम तत्व मेरे भीतर कार्यरत थे।' फ़िराक़ का उक्त कथन पूरी तरह विश्वसनीय हो जाता अगर उन्होंने इसी क्रम में दशरथ प्रसाद द्विवेदी 'स्वदेश' और उपासना-स्थल बाँसगाँव तहसील, गोरखपुर का भी जिक्र कर दिया होता।

फ़िराक़ के सन्दर्भ में 'स्वदेश' को ही यह श्रेय जाता है कि उर्दू शायरी के

प्रति उनका झुकाव उसी ने पैदा किया। 'स्वदेश' के सम्पादक दशरथ प्रसाद द्विवेदी रघुपति सहाय को ही 'अंजुमन' के अवसरों पर उन्हें उपस्थित होने का अवसर देते थे। सबसे पहले रघुपति सहाय को उन्होंने बस्ती ज़िले की अँजुमन में भेजा था क्योंकि बस्ती काँग्रेस के भी यही इंचार्ज थे। वहाँ की अँजुमन में पढ़ी गयी एक दो ग़ज़लें उन्होंने 'स्वदेश' के मुखपृष्ठ पर प्रकाशित की थीं। (२३ मई सन् १९२०)— ग़ज़लें पाठकीयता की रुचि में हलचल मचायीं थीं। प्रकाशित ग़ज़लों का कुछ अंश पढ़ना आज भी आस्वादक होगा—

मक़तल बना हुआ है हिन्दोस्ताँ हमारा।
सड़कों पे बह रहा है खूने-रबाँ हमारा॥
किस नींद में हो जागो किस ख्वाब में हो चौंको।
आलम से मिट रहा है नामों निशाँ हमारा॥
तुम तो चलाओ खंजर शिकवों से भी गये हम?
मुँह तक खुलने पाये क्यों मेह्रबां हमारा?
पहिले ही कर चुके हो कल्वो जिगर को चलनी।
ले जाओ क्या करेंगे तीरे कमाँ हमारा।
हिन्दोस्ताँ में कैसी यह आग लग रही है।
दोज़ख़ बना हुआ है जन्नत निशाँ हमारा।
मानां कि जाने दिल पर है आपकी हुकूमत।
पर तुमसे भी कवी है एक हुक्मराँ हमारा॥
नामुंसफी तो देखो वह इसलिए है दुश्मन।
क्यों उसको चाहता है पीरी जवाँ हमारा॥
फाँकों से मर रहा हूँ ज़िन्दा में भेज भी दो
वाँ पेट भी भरेगा जाने जहाँ हमारा।
बस हो चुकी जफ़ायें बेहतर है क़त्ल कर दो
है तंग ज़िन्दगी से तिल्फाँ जवाँ हमारा।
आँखें चढ़ा-चढ़ा के नज़रों से गिर गये तुम
दिल फिर गया है तुमसे अब तो मियाँ हमारा।
आले हसन न घबरा नेरंगिये फ़लक से
लाएगा रंग यक दिन खूने-रवां हमारा॥

बस्ती के इस अधिवेशन में कौन-कौन शुअरा थे, इसका जिक्र स्वदेश में नहीं किया गया है, परन्तु रघुपति सहाय के लिए यह पहली अंजुमन थी जिसमें 'स्वदेश'

के फ़िराक़ भी उपस्थित थे, शायद शायर के रूप में नहीं बल्कि श्रोता के रूप में। वहाँ अंजुमन आरा क़े रूप में इन्हें बहुत महत्व दिया गया। जिसके कारण उनमें ऐसी महफ़िलों में शरीक होने की ललक भी बढ़ी थी। ऊपर उद्धृत की गयी ग़ज़ल चाहे जैसी भी रही हो, परन्तु इसमें प्रयुक्त 'रदीफ़' का बोलबाला था। आज़ादी की लड़ाई में 'हिन्दोस्ताँ हमारा' देशभक्तों का प्रेरणा स्रोत था।

उक्त घटना कोई बड़ी घटना नहीं है परन्तु इससे इतना तो भलीभाँति जाना जा सकता है कि दशरथ प्रसाद द्विवेदी का रघुपति सहाय के प्रति असीम स्नेह था। कृपा भी। दो ही वर्ष बाद अहमदाबाद काँग्रेस अधिवेशन में भाग लेने के लिए 'स्वदेश' के सम्पादक के पास भी आमन्त्रण आया। सन् १९२१ का उत्तरार्ध 'स्वदेश' के अनुकूल नहीं था, फिर भी दशरथ प्रसाद द्विवेदी अपने साथ रघुपति सहाय को ले गये। 'अहमदाबाद' काँग्रेस अधिवेशन ने रघुपति सहाय को बेहद उत्साहित किया। हालाँकि रघुपति सहाय के पारदर्शी व्यक्तित्व का निर्माण पर्त-दर-पर्त हुआ था परन्तु अहमदाबाद अधिवेशन की पर्त कुछ अधिक ही मोटी थी।

अहमदाबाद अधिवेशन में पढ़ी गयी ग़ज़लें उन्हें बेहद अच्छी लगीं और उन्होंने उनको स्वदेश के १५ जनवरी सन् १९२२ वाले अंक के मुखपृष्ठ पर प्रकाशित किया लेकिन इन पर दी गयी पाद—टिप्पणी में उन्होंने ग़ज़ल के स्थान पर कविता' लिखी। पाद-टिप्पणी थी—एक बहुत सुरीली तान में ये कविताएँ मिस रेहना अब्बास तय्यबजी द्वारा अहमदाबाद की काँग्रेस में गायी गयीं थीं।' यह टिप्पणी रघुपति सहाय की सांगीतिक सूक्ष्मता के ज्ञान का प्रतीक थी। संगीत का प्रत्येक व्यक्ति 'स्वर, राग और तान' में क्या अन्तर होता है, इसे भलीभाँति जानता है। 'तान का अर्थ होता है अनुलोम-विलोम गति द्वारा गाने की एक पद्धति। तान द्वारा ही 'राग और स्वर' का विस्तार किया जाता है। इसलिए संगीत में 'तान' का प्रयोग सोच-समझकर ही किया जाता है। 'फ़िराक़' पर लिखी किताबों में उनके इस ज्ञान की चर्चाएँ नहीं हुई हैं। चाहे जो भी कारण रहे हों, इसके बारे में कुछ कहना मुश्किल है। इस सन्दर्भ में 'तानसेन' का नाम याद आ जाए, यही बहुत है।

अधिवेशन में जो कविताएँ रघुपति सहाय ने सुनी थी और उनसे वे प्रभावित हुए थे, इसको जानने के लिए उन्हें यहाँ उद्धृत कर देना अत्यन्त आवश्यक है। ये कविताएँ दो शीर्षकों में प्रकाशित की गयी थीं। पहले का शीर्षक था 'नगमयेग़म' और 'नगम ये उम्मीद'। अगर गौर से देखा जाय तो फ़िराक़ की जिन्दगी से लेकर फ़िराक़ की शायरी तक इन्हीं दो शीर्षकों में बँटी मिलेंगी। ग़ज़लों का शब्दास्वाद था—'नग़मये ग़म'—

लक़्व था एक दिन हिन्दोस्ताँ जन्नत-नशाँ तेरा।

ज़मीं थी दामने गुल आईना था आसमाँ तेरा॥
गुबार आलूद मतला आजकल तेरा है क्यों आख़िर
यह मज़लूमों की आहें हैं कि छाया है धुवाँ तेरा॥
है सहराये जहाँ में भेड़ बकरी की तरह अब हम।
लाया रंग यह अस्नो अमाँ तेरा॥
कफ़न के वास्ते भी हो गये मुहताज गैरों के
हुआ बेदस्तो वा इस तरह से पीरो जवाँ तेरा।
आसीरी में रिहाई के मज़ा सब भूल बैठे हैं
कफ़स से छुट कर उड़ता कब मुर्गें वातवाँ तेरा॥

नग़मये उम्मीद

उठ ये हिन्दी के है दरअस्ल यह हिन्दोस्ताँ तेरा
जो बेगाना है गासबादा है बेशक मेहमाँ तेरा॥
तो कुछ कहना है तुझको इसे अब करके बतला दूँ।
तेरा होकर रहेगा यक दिन हिन्दोस्ताँ तेरा॥
तेरा व्योपार तेरा माल तेरी सन अतो हिरफ़त
तेरा सौदा सरों में हो खाँ हो कारवाँ तेरा॥
ख़जाना तेरा तेरी फौज और जंगी तेरा बेड़ा।
उँमूरे मुसल्कत जानवुल हमदास्ताँ तेरा॥
वह दिन आये इलाही आप तू हो हुक्मराँ अपना।
सुफेदो सब्जो सुर्ख उड़ता हो दुनिया में निशाँ तेरा॥

आगे चल कर फ़िराक़ ने भी अहमवादी अन्दाज में नग़मये साज (नग़मा-ए-साज) और गुले-नग़मा जैसे शीर्षक लगाये। फ़िराक़ के इन संकलनों में भी वही 'मिस रेहाना अब्बास' जैसी ही तान है जिन्हें शायद अभी पहचाना न गया हो।

यहाँ एक बार फिर पण्डित दशरथ प्रसाद द्विवेदी और उनके द्वारा सम्पादित 'स्वदेश' साप्ताहिक के प्रभाव और निर्माता-व्यक्तित्व को वे कैसे भूल गये और सन् १९३० के बाद उन्हें उनका नाम तक याद नहीं। इसे उनकी हीन भावना का ही पूर्व रूप मानना उचित कहा जा सकता है जो इलाहाबाद विश्वविद्यालय का प्राध्यापक होते ही उनके अहम-भाव में बदल गया। चाहे जो भी बात रही हो, इस पर अनुमान लगाना आज के नये फिराक के साथ न्याय करना नहीं माना जा सकता। लेकिन इतना अवश्य है कि अहमदाबाद के काँग्रेस में शिरकत करने के

बाद वे ग़ज़ल के आश्ना हो गये और उन्होंने अपने हुनर आश्ना की अभिव्यक्ति 'स्वदेश' के पृष्ठों पर की। दशरथ प्रसाद द्विवेदी ने स्वदेश को रघुपति सहाय की महाप्राण धारा बना दिया था। रघुपति बे रोक-टोक बह रहे थे। ग़ज़ल-प्रकाशन के प्रति रुचि बढ़ी उन्होंने हिन्दीबाजों से भी ग़ज़ल लिखने का आग्रह किया। रघुपति सहाय की प्रार्थनाएँ ठुकरायी नहीं गयीं।

१६ मई, १९२२ पृ. ८ पर उन्होंने हिन्दी-कवि बनवारी लाल चतुर्वेदी की ग़ज़ल 'आत्मसमर्पण' के बाद उस युग में मशहूर शायर 'शौक़' की 'मूनिस वही है' 'शौक़' जो आली दिमाग़ हो'। इस शीर्षक ने रघुपति सहाय को भी महाप्रज्ञ प्रेरणा दी। जब रघुपति सहाय 'फ़िराक़' सन् १९३० में इलाहाबाद पहुँचे, तब उन्होंने उर्दू शायरी के महाप्रज्ञों को ही अपना 'मूनिस' (मित्र) बनाया। ऐरे-गैरे 'फ़िराक़' के यहाँ जाने का साहस ही नहीं बटोर पाते थे। यहाँ 'शौक़' की पूरी कविता पढ़ने के बाद फ़िराक़ की कविताई का एक सूत्र परखने में आसानी हो सकती है। 'शौक़' की रचना नीचे दी जा रही है, इसलिए कि इसके द्वारा थोड़ा-बहुत 'सृजन-फ़िराक़ियात' से परिचित हुआ जा सकता है—

गुल है वही कि जिस्से मुअत्तर दिमाग़ हो।
साहिद तू रोकता है तरक्की जहान की।
बुख़्तो तमअ के जोड़ से वास्काल तू हुआ।
उड़ जायगा ये रंग ख़िजाने निफ़ाक से।
अमरूद आम और तमर-हिन्द का मजा।
इमान कसने की भी कसौटी है हुस्नोज़र।
हरगिज़ न बेईमान कभी बे दिमाग़ हो।
जलवा तेरा जहान में हरस् है ऐ खुदा
बन्दे हैं हम तेरे न कि ग़ैरों के ऐ रहीम
जिसके ख़ियाले पाक और आमाले नेक हों।
जिसके बहारे हुस्न से दिल बाग़-बाग़ हो।
तेरा जिगर भी जल के न रोशन दिमाग़ हो।
कारूँ परस्त होके तुझे क्या दिमाग़ हो।
बागे जहाँ न सब्ज़ हो कैसे फ़राग़ हो।
हा कोई चखने पाय अगर आम बाग़ हो।
खोटा खरा परख ले जो आली दिमाग़ हो।
लअनत पड़े हज़ार मगर कुछ न दाग़ हो।
अन्धेर क्या सबब है कि ज़ेरे चिराग़ हो।

बन्द-ए-नवाज़ तू है हमें कब फ़राग हो।
मूनिस वही है शौक़ जो आली दिमाग़ हो।

अगर 'शौक़' की इस नज़्म की कसौटी पर 'फ़िराक़' की वैचारिक जिन्दगी और उनकी शायरी को कसा जाय तो यह प्रश्न संभवतः उठ सकता है कि रघुपति सहाय ने शौक़ के इस कलाम का चुनाव क्यों किया? इसका उत्तर यह हो सकता है कि रघुपति सहाय अपने अमूर्त चेहरे को भी देखने के लिए आईनों की तलाश कर रहे थे। बायरन की तरह शौक़ भी उनके आईना बन गये। इसका परिणाम यह हुआ कि सन् १९३०-४० के बाद फ़िराक़ खुद दूसरों के आईना बन गये—अर्थात एक ऐसा आईना जिसमें हज़ारों लोग एक साथ अपने चेहरे देख सकें—अक्श अलग-अलग।

'स्वदेश' को भूल जाने वाले फ़िराक़ के बयानात को पढ़कर ऐसा लगता है कि जिन उपलब्धियों का वर्णन वे बड़े गर्व के साथ करते थे, वे उन्हें स्वदेश में मिली थी। हालाँकि अपनी उपलब्धियों के मूल उपादान—'स्वदेश'-को भूल गये, परन्तु जो लोग 'स्वदेश' पढ़ेंगे, वे इस रहस्य से नावाक़िफ़ नहीं रह सकते कि उनके इलाहाबादी वक्तव्य 'स्वदेश' गोरखपुरी के ही परवर्ती रूप थे। इसके लिए एक दो उदाहरण देना पाठकों की विश्वसनीयता के लिए आधार प्रस्तुत करना होगा। पहला उदाहरण तो यही हो सकता है, "हिन्दू संस्कृति और इस संस्कृति के मिज़ाज ने मुझे यह अनुभव कराया कि प्रेमी-प्रेमिका सम्बन्ध, घरेलू जीवन, सामाजिक जीवन, प्रकृति के दृश्य...... किसी भी ईश्वर-पैगम्बर, धार्मिक ग्रन्थ, काबा या काशी से कहीं अधिक दिव्य और पवित्र हैं। इसके पहले इसी बयान में उन्होंने कहा है, मेरे अन्दर हिन्दू विचारों और हिन्दू-संस्कृति की गहरी से गहरी, बहुमूल्य से बहुमूल्य सचाइयाँ और अनूभूतियाँ विद्यमान थीं जो उर्दू कविता में कम ही मिलती हैं।" (फ़िराक़ अंक, मार्च १९८३, उत्तर प्रदेश का प्रकाशन पृ. ५)। सही अर्थों में फ़िराक़ का हिन्दू-धर्म और हिन्दू संस्कृति की ज्ञान-बुद्धि 'स्वदेश' के पुस्तकालय में हुई थी। ऊपर कहा जा चुका है कि स्वदेश के सम्पादक बाबू दशरथ प्रसाद द्विवेदी इन्हें 'हिन्दू लीडर' लिखा करते थे। स्वदेश के पुस्तकालय में इन्हें कालिदास, भारवि, भवभूति पढ़ने को मिले थे। गीता का सम्यक् अध्ययन भी यहीं किया। धर्म और संस्कृति की पुस्तकें पढ़ीं और उनपर हिन्दू लीडर का रंग चढ़ने लगा। परन्तु अपनी निजी दृढ़ता और वैचारिक चिन्तन के तहत वे हिन्दू-मुसलमान एकता का समर्थक बने रहे। यहाँ वे पण्डित दशरथ प्रसाद की राह नहीं चले, बल्कि उन्होंने कबीर का मार्ग अपनाया। अच्छा हो कि तद्युगीन गोरखपुर का जश्न लेना और गोरखपुर से भी अधिक एक उर्दू-साप्ताहिक जो गोरखपुर शहर से

ही प्रकाशित होता था 'तोहफा-ए-खुश्तर' इसका प्रकाशन स्वदेश के जवाब में तीन चार वर्षों बाद शुरू हुआ। यह ज़्यादे हद तक एक तरफा रिशाला था। कभी-कभार मजहबी चोट पहुँचाने की सीमा तक बढ़ जाता था। 'स्वदेश' में रघुपति सहाय के अलावा जवाब देने वाला कोई नहीं था। इसलिए २७ वर्षीय ज़हीन नौजवान को तैयार किया जाने लगा। रघुपति ने थोड़ा—बहुत करने के अलावा आगे कुछ नहीं किया। 'मियाँ बाजार' 'उर्दू बाजार' और 'अलीगंज' आदि दर्जन भर से अधिक नामधारियों पर कोई कलम नहीं चलायी। इन सब के प्रबल प्रमाण 'स्वदेश' और केवल स्वदेश में हैं।

'स्वदेश' के प्रति फ़िराक़ के एहसान-नाशनाए (अकृतज्ञता) के सन्दर्भ में उनकी दो-चार पंक्तियाँ और देखी जा सकती है 'सब बड़े पदों और ओहदों से इस्तीफा देकर मैं सन् १९२० ई. में स्वराज्य आन्दोलन में कूद पड़ा और डेढ़ बरस के लिए जेल भी भुगता। जेल से छूटकर जब आया तो पण्डित जवाहर लाल नेहरू ने मुझे अखिल भारतीय काँग्रेस के दफ्तर में अण्डर सेक्रेटरी की जगह दिला दी। सेक्रेटरी तो स्वयं वे थे। इस तरह कई वर्ष बीत गये। ...... जब पण्डित जवाहर लाल नेहरू योरोप चले गये तो मैं भी काँग्रेस के अण्डर सेक्रेटरी पद से अलग हो गया।' (उपर्युक्त पृ. ४)

अब कैसे कहा जाय कि जनाब फ़िराक़ साहब ने कितनी कूट भाषा और झूठ बातों का प्रयोग अपनी भाषा में किया है। कभी-कभी ऐसा सोचना पड़ता है कि अभिव्यक्ति की सफलता है कि वक्ता बड़े करीने के साथ ऐसी कूट भाषा का प्रयोग करे जो झूठ और सच दोनों हो। फ़िराक़ का बयान लगभग-लगभग ऐसा ही है।

'बज़्मे जिन्दगी रंगे शायरी' किताब से साभार लिये गये प्रदेशीय सूचना विभाग लखनऊ की पत्रिका 'उत्तर प्रदेश' में प्रकाशित फ़िराक़ साहब का बयान यह भी बतलाता है कि फ़िराक़ ने 'धरती की करवट', 'मार्क्स और लेनिन की सेवाएँ', 'इका बमीन रोटियाँ' और 'हिडोला' जैसी कविताओं में उपभोक्तावादी राजाओं, धन्ना सेठों, बड़े-बड़े ज़मीदारों और बाज़ार खोरों का विरोध करना 'स्वदेश' गोरखपुर से ही सीखा था जो आगे चलकर उनकी समाजवादी विचारधारा का अभिन्न हिस्सा बन गया था। इस सन्दर्भ में स्वदेश का उद्धरण देना असंगत नहीं कहा जा सकता। फ़िराक़ साहब ने 'स्वदेश' के २५ जुलाई सन् १९२० के पृष्ठ तीन पर एक टिप्पणी दी थी 'शाबाश फ़ैज़ाबाद शाबास'। इस टिप्पणी में अपनी विचारधारा को आधार बनाते हुए लिखा था, 'फ़ैज़ाबाद की जनता ने जो यह रोष प्रकट किया था, वह इसलिए कि पिछले दिनों मनकापुर नरेश ने', 'पायोनियर में', जनरल डायर को उसके पैशाचिक काण्ड के लिए बहुत कुछ वाहवाही दी थी।

आशा है कि मनकापुर नरेश का दिमाग अब ठिकाने आ गया होगा और उन्होंने समझ लिया होगा कि हाँ, जनता का भी कुछ मूल्य है। अथवा, यों कहना चाहिए कि उसके सच्चे उद्‌गारों को रौंदना अब हँसी-खेल नहीं रहा। अभी क्या, अभी तो शुरुआत है। देश की जनता यदि इसी तरह साबित क़दम रही तो हमारे बड़े-बड़े अधिकारियों तक को उसके आगे सर झुकाना पड़ेगा और तभी यह बतलाया जा सकेगा कि यह है उत्तरदायित्व, शासन।'

इतिहास के पाठक भली-भाँति जानते होंगे कि टाउन हाल फ़ैजाबाद में १९ जुलाई १९२० को कमिश्नर ने एक बड़ी सभा का आयोजन किया था जिसमें राजा साहब महमूदाबाद, मानवीश राजा, सर रामपाल सिंह और माननीय राजा चन्द्रचूड़ सिंह के सिवा राजा मनकापुर को भी सम्मिलित होने के लिए बुलावा पत्र भेजा गया था, लेकिन फैजाबाद की जनता ने राजा मनकापुर की सभा में सम्मिलित होने के विरुद्ध इतना उग्र-प्रदर्शन किया कि कमिश्नर द्वारा वह बुलावा पत्र वापस ले लिया गया।

हालाँकि पिछले वर्ष श्रीमती सुभद्रा कुमारी के शताब्दी समारोह मनाने के क्रम में उनकी सभी रचनाओं के संकलन में यह कविता भी सम्मिलित की जा चुकी है, फिर इस कविता को यहाँ उद्‌धृत करना इसलिए ज़रूरी है कि इससे फ़िराक़ के नवजागरण प्रयास की अच्छी मीमांसा की जा सकती है। फ़िराक़ भारतेन्दु बाबू हरिश्चन्द द्वारा किये जाने वाले किसी भी प्रयास को कमजोर नहीं होने देना चाहते थे। अज्ञात नहीं है कि द्विवेदी युग में नारी जागरण और लोकगीतों द्वारा गाँवों की अशिक्षित जन-समूह के जागरण के स्तम्भ हिलने लगे थे। 'स्वदेश' के फ़िराक़ द्वारा इन स्तभों को फिर से मजबूत किया जाने लगा। सुभद्रा कुमारी की कविताएँ प्रकाशित कर उन्होंने नारी जागरण की नींव को पुनः पुख्ता किया। फ़िराक़ द्वारा पहली बार प्रकाशित 'राखी की लाज' कविता-पढ़ना अकारण नहीं कहा जा सकता—कविता थी—

बहिन आज फूली समाती न मन में,
तड़ित् आज फूली समाती न घन में,
घटा है न फूली समाती आज गगन में,
लता आज फूली समाती न वन में
कहीं राखियाँ, चमक है कहीं पर
कहीं बूँद है, पुष्प प्यारे खिले हैं।
ये आई है राखी सुहाई है पूनो,
बधाई उन्हें जिनको भाई मिले हैं॥ १॥

मैं हूँ बहिन किन्तु भाई नहीं है,
है भादों, घटा किन्तु छाई नहीं है,
नहीं है खुशी पर रुलाई नहीं है,
मेरा बन्धु माँ की पुकारों को सुनकर,
तैयार हो , क़ैदख़ाने गया है,
छीनी हुई माँ की स्वाधीनता को
वह ज़ालिम के घर में से लाने गया॥ २॥
मुझे गर्व है, किन्तु राखी है सूनी
वह होता खुशी तो क्या होती न दूनी
हम मंगल मनाएँ मनावें वह तपता है धूनी
है घायल हृदय दर्द उठता है खूनी
हैं आती मुझे याद चित्तौरगढ़ की
धधकती है दिल में वह जौहर की ज्वाला।
है माता बहिन रो के उसको लुभाती,
कहो भाई तुझको भी है कुछ कसाला॥ ३॥
है, तो बढ़े हाथ, राखी पड़ी है
रेशम-सी कोमल, नहीं यह कड़ी है
अजी देखो लोहे की यह हथकड़ी
इसी प्रण को लेकर बहिन यह खड़ी है
आते हो भाई पुनः पूछती हूँ
माता के बन्धन की है लाज तुमको?
तो बन्दी बनो देखो बन्धन है कैसा
चुनौती ये राखी की है आज तुमको ॥ ४॥

सुभद्रा कुमारी की बेटी और अमृतराय की पत्नी सुधा चौहान ने अपनी माता की कविताओं का जो संकलन (सन् २०००) में किया है उसमें 'स्वदेश' में प्रकाशित कविता के कुछ शब्द परिवर्तित कर दिये गये हैं—खासतौर से 'क़ैदख़ाने' के स्थान पर 'ज़ेलखाने' मुद्रित हुआ है और स्वदेश में जिन शब्दों के नीचे नुक़्ता का प्रयोग किया है, वे सुधा चौहान के संकलन में प्रयुक्त नहीं हुए है। यहाँ बस यही कहा जा सकता है कि 'फ़िराक़' और सुधा चौहान में कुछ फ़र्क तो है।

उक्त कविता में नारी-नवजागरण के कुछ नये विमर्श भी हैं। उदाहरण स्वरूप सांस्कृतिक-राजनैतिक जागरण के सन्दर्भ में नारी द्वारा पुरुष को चुनौती देने का विमर्श और इतिहास का अतिक्रमण करके वर्तमान के नये स्वरूप की परिकल्पना।

अर्थात जौहर की ज्वाला में नारियों के जल मरने के स्थान पर 'खूनी दर्द उठने' यानी खून का बदला खून से लेने का संकल्प। इसलिए 'स्वदेश' में प्रकाशित 'राखी की लाज' का प्रथम पाठ जानना ज़रूरी है।

'स्वदेश' और 'स्वदेश के फ़िराक़' को पूरा पढ़ने के बाद ऐसा स्पष्ट प्रतीत होता है कि 'फ़िराक़' ही 'स्वदेश' या 'स्वदेश' ही 'फ़िराक़' बन गया। फ़िराक़ में हिन्दू कौम के प्रति आस्था, भारतीय संस्कृति के साथ लगाव, मुसलमानों से भाईचारा और उनमें हिन्दोस्तानी भावों की समृद्धि संचित करने के लिए उनके मज़हब और उनकी तहज़ीब को आत्मसात करने की प्रवृत्ति 'स्वदेश' की ज़मीन में ही अंकुरित हुई। 'स्वदेश' में हिन्दू-मुसलमानों के बीच होने वाले झगड़ों को दूर कर उन्हें एकता के सूत्र में बाँधने की जिम्मेदारी ली, क्रियाशील जिम्मेदारी, न कि केवल अक्षरों और आवाज़ों तक सीमित जिम्मेदारी। यही कारण है कि वे हिन्दी और उर्दू दोनों के लिए अजीम शाइर बने हुए हैं।

'स्वदेश' के फ़िराक़ को पूरा-पूरा समझने के लिए इस एक किताब के अलावा दूसरी किताब की भी ज़रूरत है, परन्तु इसको पूरा करने के लिए स्वर्गीय पण्डित दशरथ प्रसाद द्विवेदी के परिवार की सहायता अत्यन्त आवश्यक है।

स्वदेश में फ़िराक़ के रचनात्मक जीवन को समझने के लिए फ़िराक़ और 'प्रेमचन्द' की कहानियाँ तथा फ़िराक़ और रामचन्द्र शुक्ल के निबन्धों की तुलनात्मक समीक्षा करना अत्यन्त ज़रूरी है। आगे अध्याय इसी पर केन्द्रित होगा।

तुलनात्मक समीक्षा— 'फ़िराक़, प्रेमचन्द और रामचन्द्र शुक्ल'

आज २००७ के उत्तर-समीक्षा-युग में पाठ और समीक्षा के साथ-साथ पढ़ने की पाठकीय माँग बहुत बढ़ गयी है। साहित्य के उत्तर-प्रकृति के अध्येताओं को भी तुलनात्मक समीक्षा के पुराने सिद्धान्तों में आस्था नहीं रह गयी है क्योंकि द्विवेदी युग की तुलनात्मक समीक्षाओं में अपने पक्ष के रचनाकारों के गुण ही गुण और प्रतिपक्ष में अभाव ही अभाव दिखाई पड़ते थे। उदाहरण के लिए कृष्ण बिहारी मिश्र द्वारा लिखी पुस्तक 'देव और बिहारी' तथा लाला भगवानदीन की पुस्तक 'बिहारी और देव' को पढ़ा जा सकता है।

आगे चलकर आचार्य शुक्ल ने तुलना समीक्षा में अन्त:वृत्तिओं का उद्घाटन' करने को सबसे अधिक महत्वपूर्ण माना। तुलना के लिए विमर्श और विचार की भौतिकी तुला ज़रूरी होती है जिस पर रचनाकारों के प्राक्कथन और उत्तर कथन की सम-विषम तुल्यता को ही मानदण्ड बनाना पड़ता है। किसी रचना का वर्तमान प्रभाव और भविष्यत् दर्शन का आकलन करना ज़रूरी होता है।

द्विवेदीयुगीन तुलना समीक्षा के सन्दर्भ में आचार्य रामचन्द्र शुक्ल ने लिखा था कि आज के समीक्षक तुलनात्मक समीक्षा के पीछे बेतरह पड़े हुए हैं। ...... एक खटकने वाली बात है कि बिना ज़रूरत के जगह-जगह चुहलबाजी और शाबाशी की महफिली तर्ज अपनाये हुए हैं। इसलिए साहित्य के पाठकों पर ही दोनों 'पाठों' को प्रस्तुत कर, उनके कुछ बिन्दुओं की ओर संकेत करना ही आज का तुलनात्मक समीक्षा-धर्म बन गया है।

पिछले पृष्ठों पर लिखा जा चुका है कि रघपुति सहाय सन् १९२४ तक हिन्दी के विशिष्ट गद्यकार थे। यह भी कहा जा चुका है 'स्वदेश' के सम्पादक दशरथ प्रसाद द्विवेदी को दो बड़े साहित्यकार पट्ठों के शब्द-चयन, विन्यास कौशल, आधुनिक एवं वैज्ञानिक चिन्तन तथा भविष्यवादी युग-दर्शन की परख करने के लिए अखाड़े तैयार करने में मजा आता था। इसके लिए हिन्दी-साहित्य के नाम-कमासुत लेखकों को बाजू-दर-बाजू प्रकाशित किया करते थे। उन्होंने विजया दशमी, सन् १९२१ के विशेषांक में श्रीयुत रघुपति सहायजी का लेख 'जय और पराजय' और 'पण्डित रामचन्द्र जी शुक्ल' का लेख 'क्षात्रधर्म सौन्दर्य' को अगल-बगल प्रकाशित किया। (पृ. ९ से पृ. १३ तक ९ अक्टूबर, १९२१)

पाठकों की तुलनात्मक बहुधर्मिता की अभिव्यक्ति के लिए दोनों पाठों को साथ-साथ दिया जाना पूरे साहित्य जगत के साथ न्याय करना होगा। कुछ बिन्दुओं की ओर इशारा कर देना भी महत्वपूर्ण है। उदाहरण के लिए 'रामचन्द्र शुक्ल का शीर्षक' 'क्षात्रधर्म-सौन्दर्य'। शीर्षक पर विचार करते हुए पाठक कह सकते हैं कि २० वीं शताब्दी के दूसरे-तीसरे दशकों में जब वर्ण-व्यवस्था की प्राचीन मान्यता दम तोड़ रही थी तो रामचन्द्र शुक्ल उसे सोम-रस-पान कराकर पुनर्जीवित क्यों करना चाह रहे थे? जबकि रघुपति सहाय अपने निबन्ध का शीर्षक 'जय-पराजय' देकर युग-सत्य की व्याख्या कर रहे थे। रामचन्द्र शुक्ल की प्रारम्भिक-पंक्तियाँ— 'जिस प्रकार लोक-मर्यादा का निरूपण ब्राह्मण-धर्म है, उसी प्रकार लोक-मर्यादा की रक्षा क्षात्रधर्म है।' और रघुपति सहाय की प्रारम्भिक पंक्तियों में कहा गया है, 'विचार-संसार के इतिहास में यह होता आया है कि विचारों और सिद्धान्तों के सूचक शब्द तो उसी स्वरूप में काल-पर्यन्त कायम रहते हैं। जो शब्द आरम्भ में किसी गहरे विचार या सिद्धान्त को खोलकर प्रकट करने का काम करते थे, पर समय व्यतीत हो जाने पर, उन विचारों और सिद्धान्तों' पर पर्दा डाल देते हैं और उनका मुख्य अर्थ छिप जाता है।'

अच्छा हो कि प्रारम्भ की तरह अन्त की भी कुछ पंक्तियाँ देख ली जायं, क्षात्रधर्म-सौन्दर्य का अन्त करते हुए रामचन्द्र शुक्ल ने लिखा था, 'आज संसार के बीच अपनी स्थिति बनाये रखने के लिए जिस युद्ध में हम प्रवृत्त हैं उसमें विजय प्राप्त करने की कामना है। हम मर्यादा पुरुषोत्तम की भूभारहारिणी विजय का स्मरण करते हैं और कहते हैं—भगवान रामचन्द्र की जय।' जबकि जय-पराजय की अन्तिम पंक्तियाँ थी, 'आज 'विजय' है लेकिन 'किसकी'? उसी की, जो अपने विदेशी वस्त्रों का रावण जलाकर चरखे के पहियों वाले रथ को आगे बढ़ाकर और स्वराज्य के किले के सामने पहुँचकर धर्म और सत्य का डंका बजा दे।'

अब पाठकों के सामने 'बीच अयोध्या बूझें सन्त' के सिद्धान्तानुसार दोनों लेखों के बीच के पाठ ज्यों का त्यों प्रस्तुत कर दिया जा रहा है। यह मानकर चला जा रहा है कि दोनों लेखों की तुलना करते हुए पाठक वस्तु-विषय के साथ, दोनों की भाषा और संरचनात्मक वैभव की भी परख करेंगे।

दोनों निबन्धों की तुलना करते हुए यह अज्ञात नहीं रह जाता कि पण्डित रामचन्द्र शुक्ल का अभिमत था कि ब्राह्मण, क्षत्रिय, वैश्य और शूद्र का सौन्दर्य अलग-अलग हुआ करता है, जबकि रघुपति सहाय का सन् १९२१ में ब्रिटिश शासन का अहिंसात्मक असहयोग करना, विदेशी वस्त्रों का परित्याग करना और स्वराज्य की प्राप्ति करना। रघुपति के सामने वर्तमान था, नितान्त वर्तमान जबकि शुक्लजी के सामने अतीत था, वैदकि अतीत। शुक्लजी का मानना था 'मनुष्य की

सम्पूर्ण रागात्मक वृत्तियों को उत्कर्ष पर ले जाने और विशुद्ध करने का सामर्थ्य क्षात्रधर्म में ही था।' शुक्लजी का यह भी विश्वास था, 'कर्म-सौन्दर्य की योजना जितने रूपों में क्षात्र जीवन में सम्भव है उतना अन्य वर्णों में नहीं। उनके लिए शूद्रों द्वारा किये जाने वाले उत्पादन-कर्म और सेवा-कर्म में कोई सौन्दर्य नहीं था जबकि रघुपति सहाय के लिए कर्म-सौन्दर्य से बढ़कर कोई दूसरा सौन्दर्य नहीं था। वे गीता के कर्मवाद से प्रभावित थे।

'स्वदेश'' के विजया दशमी (अक्टूबर १९२१) में केवल पण्डित रामचन्द्र शुक्ल और रघुपति सहाय के ही निबन्ध नहीं थे बल्कि हिन्दी के आधा दर्जन लेखक अपने निबन्धों को लेकर उसमें उपस्थित थे। रामदास गौड़ और पण्डित राजबली पाण्डेय के साथ हिन्दी के अन्य निबन्धकार भी, लेकिन दशरथ के अखाड़े में केवल दो लेखक थे। वरिष्ठ लेखक पण्डित रामचन्द्र शुक्ल और कनिष्ठ लेखक बाबू रघुपति सहाय। यह पाठकों को भी ज्ञात है कि साहित्य में भी तुलना दो समकक्षों की ही की जाती रही है, परन्तु यहाँ इस प्रथागत परम्परा से हटकर परख कसौटी को महत्व दिया गया है। परख करने में 'वयः न समीक्षते्' (उम्र की समानता नहीं देखनी चाहिए) का सिद्धान्त संस्कृत-साहित्य के युग-कवि 'कालिदास' ने निरूपित किया था। तुलनात्मक समीक्षा दो रचनाकारों की रचनाओं की होती है, न कि उम्र अथवा लेखन-अवधि की वरिष्ठता की।

यहाँ रामचन्द्र शुक्ल और रघुपति सहाय के निबन्धों की तुलना युग धर्म के आधार पर की गयी है। पाठकों की सुविधा के लिए ये दोनों लेख, यहीं साथ-साथ नत्थी किये जा रहे हैं।

पाठकों को यहाँ यह भी बता देना आवश्यक है कि स्वदेश में रघुपति सहाय के लगभग आधा दर्जन लेख मौजूद हैं, लेकिन 'स्वदेश के फ़िराक़' में वे लेख विवशतः छोड़ दिये गये हैं।

इसी प्रकार स्वदेश में रघुपति सहाय की आधा दर्जन कहानियाँ प्रकाशित हुईं हैं परन्तु प्रेमचन्द और रघुपति सहाय की तुलनात्मक समीक्षा के लिए केवल 'सन्तू' कहानी ली गयी है। रघुपति सहाय की रचनात्मक प्रतिभा की परख के लिए यह ज़रूरी था।

९ अक्टूबर १९२१

जय और पराजय

मेरे विचार-संसार के इतिहास में यह होता आया है कि विचारों और सिद्धान्तों के सूचक शब्द तो उसी स्वरूप में काल पर्यन्त क़ायम रहते हैं, लेकिन वे ही शब्द आरम्भ में किसी गहरे विचार या सिद्धान्तों पर पर्दा डाल देते हैं और उनका मुख्य अर्थ छिप जाता है। प्रकृति की तरह शब्द भी सत्य को आधा प्रकट भी करते हैं और आधा छिपा भी देते हैं। यही दशा जीवन के इस सिद्धान्त की हुई, जिसको हम इन शब्दों में प्रकट करते हैं कि "धर्म की विजय होती है"। "सत्य की विजय होती है"। संसार के बड़े-बड़े दार्शनिक और धार्मिक अंश भी कहते आये हैं कि धर्म और सत्य की विजय होती है। परन्तु इन शब्दों का उच्चारण कर देना अति सरल है, इनका अर्थ समझना इतना सहज नहीं है। "धर्म और सत्य की जय"—यह शब्द तो साम्बन्धिक या निस्बती (Relative) है। क्योंकि, "विजय" किसी के मुकाबिले में होती है। जीत का अर्थ यही है कि किसी की हार हुई। हमें दो शक्तियों धर्म और अधर्म, सत्य और असत्य को-मान लेना पड़ेगा। तभी हम "विजय" के सिद्धान्त को समझ सकते हैं। जैसे पिता, पति, गुरु, राजा-यह शब्द साम्बन्धिक हैं और जब तक पुत्र, स्त्री, शिष्य और प्रजा के अस्तित्व को हम मान या समझ न लें तब तक पिछले चार शब्द को हम समझ ही नहीं सकते। इसी तरह धर्म और सत्य की विजय का यह अर्थ नहीं है कि अधर्म और असत्य से बिना लड़े ही धर्म और सत्य की विजय होगी। अधर्म हारेगा, असत्य हारेगा; परन्तु अपने आप नहीं बल्कि धर्म के मुकाबिले में, सत्य के मुकाबिले में। हम लोग जुल्म को, लालच को, जब्र, ज़बरदस्ती ये शब्द तो किसी ऐसे भाव, किसी को अधर्म और असत्य समझते हैं, लेकिन जुल्म, लालच, जब्र, ज़बरदस्ती ऐसे कर्म के सूचक हैं जिनका अस्तित्व है। अधर्म और असत्य तो ऐसे शब्द हैं जो किसी चीज़ (धर्म और सत्य) का न होना बतलाते हैं, तो ऐसा हम उसी हालत में कर सकते हैं जब दया, उदारता और स्वतन्त्रता इत्यादि गुण-कर्म से हम इनका मुकाबिला करें। नहीं तो कुछ न होने और कुछ न करने के मुकाबिले में तो जुल्म और जब्र साक्षात धर्म है। बुरा होना, ज़ालिम और जाबिर होना, मृतक होने से, कुछ भी न होने, कुछ भी न करने से, अच्छा है। क्योंकि जीवन का अर्थ ही यही है कि कर्म हो, उद्योग हो, शक्ति का

विकास हो। जीवन-शक्ति की छटा संसार की हलचल में नज़र आये, इसी का नाम ज़िन्दगी है। बेकार, चुपचाप बैठे रहना तो आत्मिक शून्य का नाम है; मृत्यु का नाम है। यह और बात है कि ज़ालिम और अधर्मी का काम ग़लत है, नियम के विरुद्ध है; लेकिन फिर भी कर्म, कर्म ही है। अगर सच पूछो तो समझदार आदमी अधर्म और असत्य के शब्द का प्रयोग करने के पहले उल्टा धर्म, उल्टा सत्य के शब्द का प्रयाग करेगा। धर्म और सत्य, यह दोनों शब्द साथ ही साथ दो अर्थ रखते हैं। एक स्थिर और अटल (Static) जिसके माने हैं किसी नित्य नियम के मुताबिक चैतन्यता और आनन्दमय दशा में रहते हुए काम करना। दूसरा अर्थ है चलायमान और विकसित होते रहना (Dynamic); कुछ होना, कुछ करना। एक अटल नियम से टलना, एक अलग तरीके से चलना, यही मतलब धर्म और सत्य का है। जैसे अँगरेजी का शब्द फ़ास्ट (Fast) है, जिस के माने स्थिर वह अटल भी है और तेज़ भी। चपलता और विश्राम (Blitheness and Repose) दोनों दशाओं के योग (Harmony) का नाम धर्म और सत्य है। इसलिए जिसका नाम पाप है, यह भी आधा धर्म या उलटा धर्म है। क्योंकि उसमें अस्तित्व तो है ही, उसमें भी शक्ति का स्फुटित होकर क्रीड़ा करना पाया जाता है। उसमें भी जीवन का प्रचलित अंग (Dynamic aspect) मौजूद है। हाँ, यह ज़रूर है कि जीवन के अटल नियमों के उल्लंघन हो जाने से हम ऐसे कर्मों को पाप, अधर्म या असत्य कहते हैं। पाप में हरकत (Motion) है। यह जीवित होने का प्रमाण है। लेकिन इसमें स्थिरता (Repose) नहीं है। ओछापन है गहरापन नहीं है। पाप अगम्य और अगाध जीवन-शक्ति की छाया मात्र है। माया है, भ्रम है। इसी कारण पूर्ण धर्म के मुक़ाबिले में, सच्चे कर्म के मुक़ाबिले में, पारब्रह्म के मुक़ाबिले में पाप का अस्तित्व नहीं है, क्योंकि पूर्ण धर्म जहाँ बड़े वेग से चलता है वहाँ स्थिर भी होता है। उसमें पाप से अधिक तेज़ी, अधिक समारोह होता है और पाप से ज़्यादा स्थिरता और संगठन भी होता है। बिना पैर से चलनें वाले धर्म का पग-चिह्न संसार के मरुस्थल में खूब गहरा पड़ता है। अधर्म एक लंगड़ा आदमी की तरह चलता भी धीरे-धीरे है और उसका पगचिह्न भी ओछा और धुँधला होता है। धर्म में अधर्म की अपेक्षा जोश और गम्भीरता होती है। इसी कारण पाप को झुका देता है। लेकिन जहाँ पाप धर्म के मुक़ाबिले में लँगड़ाकर चलता है वहाँ अकर्मण्यता, आलस्य तो बिलकुल पंगु हैं। .....ज़ाहिर हुआ कि लँगड़ा आदमी पंगु से ज्यादे बलवान और तेज़ होगा। पाप, धर्म और सत्य का एक अंग ज़रूर है, लेकिन यह कहना ठीक होगा कि पाप, धर्म और सत्य के सहारे निर्भर है। पाप जो आत्मा के अटल नियमों से ठोकर खाकर खड़ा हो गया है, कर्म के डण्डे के सहारे चलता है। —अब मालूम हो गया कि पाप को निर्बल नहीं समझना चाहिए। पाप बड़ा निर्बल है, लेकिन मृतक लोगों के

मुकाबिले में पाप बड़ा बली है। सबसे बड़ा एका तो अधर्म और पाप दोनों का अभाव है। यह वह जीवन मृत्यु (Death in life) है जिसने मनुष्यों और राष्ट्रों को जीते जी मार डाला है। यह शताब्दियों के पाप और अधर्म का वह भयानक परिणाम है, जिसके बारे में कहा गया है कि "पाप का परिणाम मृत्यु है" (The wages of sin is death) जीवन-धारा का सूख जाना, व्यक्तिगत और सामाजिक जीवन में लहर का न होना यह ऐसी स्थिरता है, ऐसी शान्ति है जैसी शान्ति मृत्यु की (The silence of death) होती है। जैसी मृत्यु शयन में अमन सभाएँ हमको बताना चाहती हैं और ऐसी ही अमन शान्ति वे देश में क़ायम रखना चाहती हैं, लेकिन मृतक शरीर, देखने में, शान्ति अवस्था में पड़ा सोता है, परन्तु उसका एक-एक टुकड़ा इस तरह सड़ रहा है, उसमें वह अशान्ति (Thementation) है जो उसके अस्तित्व को मिटा देगा। मृतक शरीर में, गौर करें तो, कुछ स्थिरता, कुछ शान्ति नहीं, जीवन-धारा उसमें उल्टी वह रही है और पीछे के मुँह बहते-बहते उसको विकासमय जीवन के केन्द्र से पीछे डाल देगी। मृतक जाति पापी जाति का मुक़ाबिला नहीं कर सकती। पापी होना मृतक होने से ज़्यादे अच्छा है (It is better to be wicked than to be dead)। बहकने वाले का कुछ सम्बन्ध सीधी राह से बाकी रहता है, लेकिन चुपचाप बैठे रहने वाले का सम्बन्ध सही या गलत जीवन मार्ग से नहीं रहता।—'धर्म और सत्य की जय होती है' इन शब्दों से सबसे बड़ा धोखा जो लोगों को हो जाता है वह यह है कि लोग समझते हैं कि अधर्म और अन्याय करने वालो का स्वयं नाश हो जायगा; अधर्म और अन्याय के मुकाबिले में धर्म और न्याय की शक्तियों को खड़ा करने की ज़रूरत ही लोग नहीं समझते, हालँकि इतिहास और राज़ का तजुर्बा हमको साफ़ बतला रहा है कि अधर्म की हार उसी हालत में हुई है जब धर्मयुक्त कर्म ने उसका मुक़ाबिला किया। धर्म-मूर्ति भगवान रामचन्द्र ने घर बैठे-बैठे रावण को नहीं हराया। चक्रवर्ती राज्य छोड़कर, चौदह वर्ष तक जंगलों की ख़ाक उनको छाननी पड़ी थी। अनेक यातनाएँ सहनी पड़ीं, अनेक बार उनकी सेना को पीछे हटना पड़ा, लक्ष्मण को शक्ति लगी, अधर्म ने धर्म की कड़ी अग्नि-परीक्षा ले ली, तब जाकर रावण की हार हुई और अधर्म ने अपना क्रीट मुकुट धर्म के शिर पर रक्खा। भगवान कृष्ण का भी कंस से पूर्ण युद्ध हुआ। महाभारत में भी धर्म की जय हुई, लेकिन युद्ध के बाद, घर बैठे-बैठे नहीं। फ्रांस की राज्य क्रान्ति भी वह नाटक है जिसमें धर्म और अधर्म की शक्तियाँ ज़ोर आज़माई हुई नज़र आती हैं। अमेरिका और इंग्लैण्ड की लड़ाई भी यही बतला रही है कि धर्म की जय हुई, लेकिन कर्म-क्षेत्र में आकर ही। संसार के इतिहास को छोड़कर जब हम अपने शरीर पर दृष्टि डालते हैं तो वहाँ भी हम देखते हैं कि जब शरीर अपना धर्म छोड़ देता है और रोगग्रस्त हो जाता है तो अकस्मात अवकाश

नहीं हो जाता। स्वस्थ होने के लिए हमें उद्योग और प्रयत्न करना पड़ता है। चाहे यह औषधि से हो चाहे आध्यात्मिक उपायों से और चाहे जलवायु बदलकर, कुछ न कुछ करना ही पड़ता है तभी अवकाश होता है। बीमारी अपने आप नहीं कट जाती है। इसी तरह एक परिश्रमी ईमानदार गृहस्थ अपने घर को यदि खोलकर लापरवाही से सोया रहे तो चोर उसके धन को उठा ले जाएँगे। अगर वह चुपचाप अपने घर की चोरी देखता रहे तो चोरों की चोरी या अधर्म खुद उस गृहस्थ के धन को नहीं बचा देगा। हमारे कहने का खुलासा यह है कि देश में इस समय एक महासंग्राम छिड़ा हुआ है। कहा जाता है कि धर्म हमारी ओर है और अधर्म सरकार की ओर इसलिए विजय हमारी ही होगी। लेकिन केवल यह दोहराते रहने से कि धर्म हमारी तरफ है, धर्म हमारी तरफ नहीं हो जायगा। हमको स्वयं धर्म का स्वरूप हो जाना चाहिए, हमें अपने आपको धर्म का साधन बनाना चाहिए। हमारी विजय होगी लेकिन चुपचाप रहने से नहीं, अमन सभाओं के आदेशानुसार अ-मन रहने से नहीं, बल्कि हमारी विजय होगी पूरे मन से जी-जान से परिश्रम करने से। हमको इसी महीने में देश को खद्दर धारण करा देना है, अपना संगठन पूरा कर डालना है और आगे बढ़ने के लिए तैयार हो जाना है। हमको कर्म का सबक महात्मा गाँधी से सीखना है, जो इस राज्य को रावण राज्य कह कर चुप नहीं बैठे हैं, बल्कि चौबीस घण्टे में बीस घण्टे निरन्तर काम कर रहे हैं, तीन साप्ताहिक पत्रों का खुद सम्पादन करते हैं, दिन रात सफ़र करते, व्याख्यान देते हज़ारों की बातों और लेखों को सुनते और उनका उत्तर देते हैं। दुनिया के सबसे बलशाली राज्य का-जो इस विस्तृत देश में जगह-जगह हज़ारों कठिनाइयाँ पैदा कर रहा है, वह मुकाबिला करते हैं और अधीर नहीं होते। खद्दर की एक लँगोटी पहनकर वह सब कुछ कर रहे हैं। जब उनके ऐसे महान आत्मा को इस तीव्र वेग से काम करना पड़ रहा है तो हम लोग केवल महान आत्मा की "जय" पुकारकर और सभाएँ करके परमात्मा को कब प्रसन्न कर सकते हैं ? अभी हममें त्याग और सावधानी की बड़ी ज़रूरत है, अभी हम क़रीब-क़रीब कर्म-विहीन हैं। हमको स्वराज्य मिलेगा, लेकिन सरकार के पाप हमको स्वराज्य नहीं दिला सकते। वह तो हमारे सोये हुए क़ौम के लिए, अधिक से अधिक ठोकर का काम करेंगे। हाँ, हमारा हज़ारों की तादाद में जेल जाना, हज़ारों की तादाद में लगकर के संगठन और प्रचार के कार्य में लग जाना, हमारे विजय का पहला डंका है। लेकिन, हमको और भी फुर्ती से पाँव जमाकर काम करना चाहिए जिस समय खर और दूषण से भगवान रामचन्द्र लड़ रहे थे तो ऐसी फुर्ती और ऐसा पाँव जमाकर अठाईस हज़ार राक्षसों का मुकाबिल कर रहे थे कि हर राक्षस यही समझता था कि उसी से भगवान लड़ रहे हैं। इधर राम और लक्ष्मण दोनों भाई बिजली की तरह चमक कर सारी रणभूमि में

छा रहे थे। जिस तरह अग्नि की चिनगारी को तेज़ी से घुमाने पर उसका एक अग्नि-चक्र बन जाता है और एक अग्नि बिन्दु आकाश के एक बड़े वृत्त को घेर लेता है, उसी तरह कर्ममय होकर भगवान ने राक्षसी सेना को घेर लिया था। क्या रामायण की यह कथा हमको उत्तेजित न करेगी? क्या अब भी हम इसी मन्द चाल से चलते रहेंगे? आशा तो ऐसी नहीं है। जिस तरह चरख़े का चक्र तेजी से चलकर फुसफुसे और असंगठित रुई को बटकर सूत का स्थिर और संगठित स्वरूप दे देता तथा जो नर्म गोले की रूई में फाँसी देने वाली रूई की शक्ति दे देता है, उसी तरह हम जितनी ही तीव्रता से अहिंसात्मक असहयोग के प्रत्येक कर्म को पूर्ण करेंगे उतना ही हमारा पाँव इस शान्तिमय रण-भूमि में जमता जायगा और उतनी ही हमारी आत्मा पुष्ट और परिपूर्ण होती जाएगी। आज विजय दशमी है। आज 'विजय' है लेकिन 'किसकी?' उसी की, जो अपने विदेशी वस्त्रों का रावण जलाकर चरख़े के पहियों वाले रथ को आगे बढ़ाकर और स्वराज्य के क़िले के सामने पहुँचकर धर्म और सत्य की विजय का डंका बजा दे।

९ अक्टूबर १९२१

क्षात्रधर्म का सौन्दर्य

जिस प्रकार लोकमर्यादा का निरूपण ब्राह्मण धर्म है, उसी प्रकार लोकमर्यादा की रक्षा क्षात्रधर्म है। पर एक के पालन का क्षेत्र तटस्थ है दूसरे का समाज के भीतर-भीतर है। इसी से क्षात्रधर्म के सौन्दर्य में जो मधुर आकर्षण है वह अधिक व्यापक, अधिक मर्मस्पर्शी और अधिक स्पष्ट है। मनुष्य की सम्पूर्ण रागात्मक वृत्तियों को उत्कर्ष पर ले जाने और विशुद्ध करने का सामर्थ्य उसमें है। कानून बनाने वाले हमारे सामने नहीं आते, पर कानून की पाबन्दी कराने वाले, छोटे-बड़े सब के कार्यपथ में नित्य दिखाई पड़ते हैं। गाँवों के लोग थानेदार साहब को जितना भला या बुरा जानते हैं उतना कौंसिल के सदस्यों को नहीं। भलाई या बुराई का जहाँ चित्र खिंचा होगा वहीं जनसाधारण की दृष्टि जायगी और कुछ देर ठहरेगी। सत्कर्मों और दुष्कर्मों की लम्बी चौड़ी फ़िहरिस्त किसी काम की नहीं। कर्मक्षेत्र के ऊपर अपनी गतिविधि से अनेक रंगों की जो चटकीली रेखायें लोग खींचते जाते हैं, उन्हीं के योग से एक गोचर चित्र का विधान होता है। ऐसे चित्र में ही हम ऐसे रूप अंकित पा सकते हैं जो हमारे मन को मोहित कर सकते हैं, हमारी घृणा को उभार सकते हैं और हमारे जीवन को सुन्दर मार्ग पर ले जा सकते हैं।—सात्त्विकता और सौन्दर्य में जहाँ हमें पूर्ण अभेद मिलेगा वहीं हमारी प्रकृति का अनुरंजन होगा और हमारी प्रवृत्ति को उत्तेजना मिलेगी। इसी से कवि लोग सात्त्विकता को सौन्दर्य के अन्तर्गत ही लेकर चलते हैं। कविता, जिस प्रकार विकसित कमल, रमणी के मुख आदि का सौन्दर्य चित्त में अंकित करती है, उसी प्रकार औदार्य, वीरता, त्याग, दया इत्यादि का सौन्दर्य भी दिखाती है। जिस प्रकार वह रौरव नरक और गन्दी गलियों का जघन्य रूप दिखाती है, उसी प्रकार क्रूरों की हिंसावृत्ति और दुष्टों की ईर्ष्या आदि का भी। कविता, सौन्दर्य और शीलता या कर्त्तव्यपरायणता में ही नहीं देखी जा सकती। इसमें से उत्कर्ष के लिए कवियों ने प्राय: अन्त:करण के सौन्दर्य और रूप सौन्दर्य का मेल किया है। राम का रूप-माधुर्य, रावण का विकराल रूप अन्त:करण के प्रतिविम्ब हैं। वाह्य प्रकृति को भी मिला लेने से कभी-कभी प्रभाव और भी बढ़ जाता है। चित्रकूट जैसे रम्य स्थानों में, राम और भरत जैसे रूपवानों के रम्य अन्त:करण की छटा का क्या कहना है! ....सम्बन्धहीन सिद्धान्तमार्ग

निश्चयात्मकता बुद्धि का चाहे व्यक्त रूप हो, पर प्रवर्त्तक रूप तो अव्यक्त रहते हैं। वे मनोरंजक तभी लगते हैं जब किसी व्यक्ति के सन्दर्भ में देखे जाते हैं। यह मनोहरता व्यक्त रूपों में देखी जाती है। मनुष्य जाति ने जब से होश सँभाला है तब से वह इन विभिन्न रूपों को महात्माओं और वीरों के आचरणों तथा आख्यानों में देखती चली आ रही है। जब मनुष्य इन रूपों पर मोहित होता है तब सात्विक शीलता की राह वह आप से आप आकर्षित होता है। इन सिद्धान्त वाक्यों में निज की कोई आकर्षण-शक्ति या प्रवृत्तिकारिणी क्षमता होती है। 'सदा सच बोलो', 'दूसरों की भलाई करो', 'क्षमा करना सीखो', ऐसे उपदेश वाक्यों को किसी को बार-बार बकते हुए सुनकर वैसा ही बुरा लगता है जैसे किसी दुष्ट की बात सुनकर। जो इसी प्रकार से बातें करता चला जाय उसे चुपकर देना चाहिए और कहना चाहिए कि 'तुम्हें बोलने की तमीज नहीं', तुम कोलभीलों के पास जाओ। ये बातें हम पहले से जानते हैं, मानव जीवन के क्षेत्र में हम इनके सौन्दर्य की छटा देखना चाहते हैं, यदि तुममें दिखाने की शक्ति या प्रतिभा हो तो दिखाओ, नहीं चुपचाप अपना रास्ता पकड़ो—संसार से तटस्थ रहकर शान्ति पूर्वक लोक-व्यवहार सम्बन्धी उपदेश देने वालों का उतना अधिक महत्व हमारे सौन्दर्य-धर्म में नहीं जितना संसार में घुसकर उसके व्यवहारों के बीच सन्दर्भ की ज्योति जगाने वालों का है। हमारे यहाँ उपदेशक ईश्वर के अवतार नहीं माने गये हैं। अपने जीवन द्वारा कर्म सौन्दर्य संगठित करने वाले ही अवतार कहे गये हैं। कर्म सौन्दर्य के योग से उनके व्यक्तित्व में इतना माधुर्य आ गया है कि हमारा हृदय आप से आप उनकी ओर खिंचा पड़ता है। जो कुछ हम करते हैं—खेलना; कूदना, हँसना-बोलना, क्रोध करना, शोक करना, प्रेम करना, विनोद करना-उन सबमें सौन्दर्य लाते हुए हम जिन्हें देखेंगे उन्हीं की ओर ढल सकते हैं। वे हमें दूर से रास्ता दिखाने वाले नहीं हैं, आप रास्ते में चलकर हमें अपने पीछे खींचने वाले हैं। जो उनके व्यक्तित्व पर मोहित न हो वह निःसन्देह जड़ है।

सुन सीतापति सील सुभाउ।
मोद न मन तन पुलक नयनजल
सो नर खेहर खाउ।
सिसुपन तें पितु मातु बन्धु गुरु,
सेवक सचिव सखाऊ॥
कहत राम विधुवदन रिसौंहैं,
सपनेहु लख्यौ न कोउ।
सिला साप-सन्ताप-विगत भइ,

परसत पावन पाउ॥
दई सुगति सो न हेरि हरखि हिय,
चरन छुए को पछताउ।
भवधनु भंजि निदरि भूपति भृगु,
नाथ खाय गए ताउ॥
छमि अपराध, छमाइ पावँ परि,
इतै न अनत समाउ।
कह्यो राज, वन दियो नारि बस,
गरि गलानि गयो राउ॥
ता कुमातु को मन जोगवत ज्यों,
निज तन मरम कुधाउ।
कपि सेवा बस भए कनौढ़े,
कह्यो पवन सुत आउ॥
दैवे को न कछू ऋनियाँ हौं,
धनिक तु पत्र लिखाउ।

—गोस्वामी तुलसीदास

जो उनका नाम सुनकर पुलकित होता है, जो उनके व्यक्तित्व पर मोहित होता है, उसके सुधरने की बहुत कुछ आशा हो सकती है। जो संसार या मनुष्यत्व का सर्वथा त्याग न कर दे उसके लिए शुद्ध सात्त्विक जीवन का यही मार्ग है। रागों के सम्पूर्ण दमन की अपेक्षा रागों का परिष्कार ज्यादा काम में आने वाली बात है। निर्लिप्त होकर दूसरों का गला काटने वालों से लिप्त रहकर दूसरों की भलाई करने वाले लोककल्याण के विचार से कहीं अच्छे हैं।—क्षात्रधर्म ऐकान्तिक नहीं है, उसका सम्बन्ध लोकरक्षा से है। अतः वह जनता के सम्पूर्ण जीवन को स्पर्श करने वाला है। 'कोई राजा होगा तो अपने घर का होगा', इससे बढ़कर झूठ बात शायद ही कोई और मिले। झूठे खिताबों के द्वारा यह कभी सच नहीं कही जा सकती। क्षात्र जीवन के व्यापकत्त्व के कारण ही हमारे मुख्य अवतार-राम और कृष्ण क्षत्रिय हैं। कर्म सौन्दर्य की योजना जितने रूपों में क्षात्रजीवन में सम्यक है उतने रूपों में और किसी जीवन में नहीं। शक्ति के साथ, क्षमा, वैभव के साथ विनय, पराक्रम के साथ रूपमाधुर्य, तेज़ के साथ कोमलता, सुखभोग के साथ पर दुःख कातरता, प्रताप के साथ कठिन धर्मपथ का अचल धन इत्यादि कर्म सौन्दर्य के इतने अधिक प्रकार के उत्कर्ष योग और कहाँ घट सकते हैं?—इस व्यापार युग में, इस वणिक धर्म-प्रधान युग में, क्षात्र धर्म की चर्चा करना शायद गयी बात का रोना समझा

जाय। पर आधुनिक व्यापार की अन्याय-रक्षा भी शस्त्रों द्वारा ही की जातीं है। क्षात्रबल का उपयोग कहीं नहीं गया है, केवल धर्म के साथ उसका असहयोग हो गया है। आजकल मनुष्य की सारी बातें धातु के ठीकरों पर ठहरा दी गयी हैं। सब की टकटकी टके की ओर लगी हुई है। जो बातें पारस्परिक प्रेम की दृष्टि से, न्याय की दृष्टि से, धर्म की दृष्टि से की जाती थी वे भी रुपये पैसे की दृष्टि से होने लगी हैं। पैसे से राजसम्मान की प्राप्ति, विद्या की प्राप्ति और न्याय तक की प्राप्ति होती है। जिनके पास कुछ रुपया है वे बड़े-बड़े विद्यालयों में अपने लड़कों को भेज सकते हैं, न्यायालयों में फीस देकर अपने मुक़दमें दाख़िल कर और महँगे वकील बैरिस्टर कर निर्णय करा सकते हैं और कायर होकर बहादुर कहा सकते हैं। आज राजधर्म, आचार्य धर्म पर सोने का पानी फिर गया।

धन की पैठ मनुष्य के उन क्षेत्रों में करा देने से, उसके बहुत अधिक विस्तृत कर देने से, आचार्य धर्म और क्षात्रधर्म दोनों का लोप होकर केवल वणिकधर्म रह गया। व्यापार वृत्ति जाति का प्रधान अंग हो गयी है। तैयार माल की बिक्री के लिए लड़ने को तत्पर हो गये। हैं। अब सदा एक समूह विदेशों का चुपचाप दबे पाँव धन पाने की ताक में रहता है। कोई-कोई लोग इतना अधिक माल तैयार कर लेते हैं कि उसे किसी देश के गले मढ़ने के लिए दिन रात मरते रहते हैं। जब तक व्यापारोन्माद दूर न होगा तब तक पृथ्वी पर सुखशान्ति न होगी। यह अवश्य होगा, जिस प्रकार और (?) ..... दूर होते हैं उसी प्रकार देश की संसार में फिर प्रतिष्ठा होगी। यदि इसका बदला 'डकैती' से लिया तो इस संसार में मनुष्य मात्र की उन्नति कभी नहीं हो सकती। वृत्तियों और सद्‌वृत्तियों के बीच से जो धर्म मार्ग विकसित हो सकेगा वही अधिक चलता होगा विशिष्टों का आदर, दीनों पर दया, दुष्टों का दमन आदि जीवन के अनेक रूपों में दिखाई पड़ेगा वही सर्वांग क्षात्रधर्म का मार्ग होगा। क्षात्रधर्म की आवश्यकता संसार में सब दिन रहेगी। किसी अनाथ अबला पर अत्याचार करने पर एक कूट पिशाच को प्रसन्न देख रहे हैं। समझाना बुझाना व्यर्थ है अथवा इतना समय ही नहीं। इस दशा में यदि उस अबला की रक्षा करनी हो तो हमें चटपट उस कर्म में प्रवृत्त होना होगा, जिससे उस दुष्ट को हानि पहुँचे। उस समय हमारा क्रोध कितना सुन्दर और अक्रोध कितना असुन्दर होगा। 'दशवदन निधनकारी' राम के सौन्दर्य पर कौन मोहित न होगा?—इस प्रकार मोहित होकर हम राम कृष्ण आदि अपने अवतारों या इष्ट देवों के सामीप्यलाभ का श्रवण, कीर्त्तन, स्मरण आदि द्वारा प्रयत्न करते रहते हैं। इष्ट के कार्यक्षेत्र में हमें और भी कई प्रकार के लोग मिलते हैं, जिनमें कुछ ऐसे भी होते हैं जिनसे हमें पूर्ण घृणा होती है। इनके द्वारा हमारे इष्टदेव के व्यक्तित्व का पूर्ण विकास दिखाई पड़ता है—इनके बीच उनका रंग और भी खुल पड़ता है। राम भी हमारे काम के हैं, रावण भी हमारे

काम का है। एक में हम अपने लिए प्रवृत्ति का क्रम पाते हैं दूसरे में निवृत्ति का। जीवन में इस प्रवृत्ति और निवृत्ति का प्रवाह साथ-साथ चलता रहता है। दुराचारी भी यदि अपने दुराचार का फल संसार के सामने पूर्ण रूप से भोग लेता है तो समाज के लिए उपयोगी ठहर जाता है। राम के हाथ से मारे जाने से रावण का जीवन भी सफल हो गया। यदि पापी अपने पाप का फल एकान्त में या अपनी आत्मा में भोगकर चला जाता है तो वह अपने जीवन की सामाजिक उपयोगिता की एक मात्र सम्भावना को भी नष्ट कर देता है। पाप का फल छिपाने वाला पाप छिपाने वाले से अधिक अपराधी है। पर ऐसे तो बहुत से लोग हैं जो किसी का घर जलाते हाथ जलता है तो कहते हैं कि होम करते जला है। यदि कहीं पाप है, अन्याय है, अत्याचार है तो उनका फल उत्पन्न करना और संसार के समक्ष रखना लोकरक्षा का कार्य है। अपने ऊपर किये जाने वाले अत्याचार और अन्याय का फल ईश्वर के ऊपर छोड़ देना व्यक्तिगत आत्मोन्नति के लिए श्रेष्ठ हो पर यदि अन्यायी या अत्याचारी अपना हाथ नहीं खींचता है तो लोकसंग्रह की दृष्टि से वह उसी प्रकार आलस्य या कायरपन है जिस प्रकार अपने ऊपर किये हुए उपकार का कुछ भी बदला न देना कृतघ्नता है।—दुराचारियों के जीवन का सामाजिक उपयोग करने के लिए ही श्रीकृष्ण भगवान ने अर्जुन को युद्ध में प्रवृत किया। यदि अधर्म में तत्पर कौरवों का नाश न होता और पाण्डव जीवन भर मारे-मारे ही फिरते तो संसार में अन्याय और अधर्म की ऐसी लीक खिंच जाती जो मिटाये न मिटती। जिस समाज में सुख और वैभव के रंग में रंगी अधर्म की ऐसी लीक दिखाई पड़े उसमें रक्षा करने या आत्मा का अभाव तथा विश्वात्मा की विशेष कला के अवतार की आवश्यकता समझनी चाहिए। —रामलीला, कृष्णलीला आदि सामीप्य सिद्धि के विधान हैं। रामलीला द्वारा लोग वर्ष में एक बार अपने पूज्य देव की आदर्श मानवलीला का माधुर्य देखते हैं। जिस समय दूर-दूर के गाँवों के लोग एक मैदान में इकट्ठे होते हैं तथा एक ओर जटा मुकुटधारी विजयी राम लक्ष्मण की मधुर मूर्ति देखते हैं और दूसरी ओर तीरों से बिधा रावण का विकराल शरीर जलता देखते हुए वे धर्म के सौन्दर्य पर लुब्ध हो अधर्म की घोरता पर क्षुब्ध हो जाते हैं। इसी प्रकार जब हम कृष्णलीला में जीवन की प्रफुल्लता के साथ धर्मरक्षा के अलौकिक बल का विकास देखते हैं तब जीवन धारण की हमारी अभिलाषा दूनी चौगुनी हो जाती है। हिन्दू जाति इन्हीं की भक्ति और प्रेम के बल से इतनी प्रतिकूल अवस्थाओं के बीच अपना अस्तित्व बनाती चली आयी है। इन्हीं के आकर्षण शक्ति से वह इधर-उधर ढलने नहीं पायी। राम और कृष्ण को बिना रक्त के आँसू बहाये छोड़ना हिन्दू जाति के लिए सहज नहीं था, क्योंकि ये अवतार अलग टीले पर चढ़ खड़े होकर उपदेश देने वाले नहीं थे, बल्कि मानव जीवन में पूर्ण रूप से सम्मिलित होकर उसके एक-

एक अंश की मनोहरता दिखाने वाले थे। मंगल के अवसरों पर इनके गीत गाये जाते हैं। विमाताओं की कुटिलता की, बड़ों के आदर की, दुष्टों के दमन की, जीवन के कष्ट की, घर की, धन की, सम्पदा की विपद, की जहाँ चर्चा होती है वहाँ इनका स्मरण किया जाता है। आज संसार के बीच अपनी स्थिति बनाये रखने के लिए जिस युद्ध में हम प्रवृत्त हैं उसमें विजय प्राप्त करने की कामना से हम मर्यादा पुरुषोत्तम की भूभारहारिणी विजय का स्मरण करते हैं और कहते हैं—भगवान रामचन्द्र जी की जय!

जिस प्रकार रामचन्द्र शुक्ल 'स्वदेश' प्रकाशन की अवधि में हिन्दी के सबसे बड़े निबन्धकार थे, उसी प्रकार प्रेमचन्द उर्दू-हिन्दी के कहानीकार। यहाँ एक बड़े कहानीकार प्रेमचन्द और रघुपति सहाय की कहानियों की तुलनात्मक समीक्षा करना हास्यास्पद कहा जा सकता है। लेकिन जीवन के अनुभवों से उपलब्ध यथार्थवादी प्लाट, प्लाट का ट्रीटमेण्ट, पात्रों के जीवन्त स्वरूप की प्रस्तुति, वर्णन की संग्रथित अन्तर्व्यूहन और पाठकों की विश्वसनीयता की परख करने के लिए प्रेमचन्द की कहानी 'कामना-तरु' और रघुपति सहाय की कहानी 'सन्तू' को तुलनात्मक दृष्टि से पढ़ने से लगेगा रघुपति सहाय प्रेमचन्द की अपेक्षा ज़्यादा आकर्षित करते हैं। इन दोनों कहानियों की तुलना इसलिए की जा रही है कि दोनों की कहानियाँ 'माधुरी' (आषाढ़, ३०२ तुलसी सम्वत्, वर्ण ४, खण्ड २ संख्या ६) के अंक में बाजू-दर-बाजू छपी हैं।

हालाँकि प्रेमचन्द ने 'कामना-तरु' को अपनी सर्वश्रेष्ठ १५ कहानियों में सातवाँ स्थान दिया था, परन्तु इस उत्तर आधुनिक युग में इसे इसलिए पढ़ा जा सकता है कि यह कहानी किसी लोक-कथा के आधार पर लिखी गयी थी। उस ज़माने में विस्मायक असम्भवता की करुणात्मक प्रस्तुति ही पाठक-लोक को रुला दिया करती थी। स्त्रियाँ तो दिल मलकर रह जाती थीं। 'कामना-तरु' एक ऐसी ही कहानी है। परन्तु प्रेमचन्द के लिए श्रेष्ठ, अति श्रेष्ठ क्योंकि जब बनारसीदास चतुर्वेदी ने ११ मई, १९३० में कोलकाता से एक पत्र लिखकर जानना चाहा था, "अपनी कौन-कौन सी गल्प आपको सर्वोत्तम लगतीं है?" (प्रेमचन्द : चिट्ठी पत्री भाग २ पृ. ७४ सम्पादक अमृतराय-मदन गोपाल) इसके उत्तर में प्रेमचन्द ने लिखा था, "इस प्रश्न का जवाब देना कठिन है। दो सौ से ऊपर गल्पों में कहाँ तक गिनाऊँ लेकिन स्मृति सें काम लेकर लिखता हूँ—

(१) बड़े घर की बेटी, (२) रानी सारन्धा, (३) नमक का दारोगा, (४) सौत, (५) आभूषण, (६) प्रायश्चित, (७) कामना-तरु, (८) मन्दिर और मस्जिद, (९) घासवाली, (१०) महातीर्थ, (११) सत्याग्रह, (१२) लांछन, (१३) सती, (१४) लैला, (१५) मन्त्र।" (उपर्युक्त, ३ जून, १९३२ पृ. ७०)

रघुपति सहाय की कहानी भी कारुणिक है, परन्तु उसमें न विस्मायक असम्भवता है, न किसी लोक-कथा की छाया और न ही फैण्टेसी। जो लोग 'स्वदेश' के पाठक हैं, वे रघुपति सहाय की कहानी का 'सन्तू' कुरावल, बाँसगाँव का रहने वाला 'जैतू' का प्रतिरूप दिखाई पड़ेगा। ब्रिटिश शासन की क्रूरता के

कारण रघुपति सहाय के अनुयायी 'जैतू' को कितनी विपत्तियों का सामना करना पड़ता था, इसका विवरण 'स्वदेश' के कई अंकों में दिया गया है। इस प्रकार रघुपति ने अपने 'जैतू' को ही 'सन्तू' के चरित्र में ढाला था।

रघुपति सहाय और प्रेमचन्द की कहानियाँ पाठकों के मूल्यांकन के लिए साथ-साथ प्रस्तुत की जा रही हैं। हालाँकि 'विचित्र होली' शीर्षक से रघुपति सहाय और प्रेमचन्द दोनों ने कहानियाँ लिखी हैं और ये 'स्वदेश' में प्रकाशित हुई हैं, परन्तु अलग-अलग अंकों में। इसलिए इन्हें यहाँ नहीं दिया जा रहा है। प्रेमचन्द की कहानी विचित्र होली 'हंस' भाग चार में प्रकाशित हो चुकी है। रघुपति सहाय अभी तक असंकलित हैं।

मेरा विश्वास है कि इस दायित्व का वहन फ़िराक़ के परम प्रिय शिष्य रमेश चन्द द्विवेदी 'शौक' मिर्ज़ापुरी करेंगे। द्विवेदीजी भी अँगरेजी, हिन्दी, संस्कृत और उर्दू के परम विद्वान व्यक्ति हैं। द्विवेदीजी का कहना है कि फ़िराक़ ने उन्हें ही अपनी रचनाओं का सत्वाधिकार दिया है।

ऐसा भी कहा जाता है कि फ़िराक़ के मृत्यु-क्षणों में केवल रमेश चन्द्र द्विवेदी ही मौजूद थे। इसलिए फ़िराक़ ने उन्हें ही सत्वाधिकार का असली हकदार समझा।

यहाँ एक और तथ्य उल्लेखनीय है कि 'माधुरी' (१९२७) में प्रेमचन्द पत्रिका (मासिक) के सम्पादक मण्डल में थे, इसलिए उन्होंने अपनी कहानी 'कामना-तरु' और रघुपति सहाय की कहानी 'सन्तू' को साथ ही साथ प्रकाशित किया था, पहले 'सन्तू' और उसके ठीक बाद 'कामना-तरु'। वे रघुपति सहाय को एक बहुत बड़े कहानीकार के रूप में प्रस्तुत करना चाहते थे। रघुपति सहाय भी प्रेमचन्द को अपना वास्तविक अभिभावक मानते थे। साहित्य में 'गुरुता' और 'शिष्यता' का जैसा पारम्परिक सम्बन्ध प्रेमचन्द और रघुपति सहाय में था, वैसा शायद ही और कहीं मिले। आगे के अध्याय में इसके अनेक उदाहरण मिल सकते हैं।

सन्तू

ज़िला मिर्ज़ापुर में विन्ध्याचल-पहाड़ी के नीचे एक नाला बहता है। उसका नाम स्वर्ग-धारा है। यह नाला विन्ध्याचल के किनारे बहता-बहता खाड़ियों में जाकर लुप्त हो जाता है। इन खाड़ियों में कन्दराएँ हैं, चट्टानें हैं, शिलाएँ हैं, और जंगली जीव-जन्तु बसते हैं। इन्हीं खाड़ियों के किनारे, जहाँ जंगल खत्म होते हैं, मौज़ा बसन्तपुर में सन्तू गड़ेरिया रहता था। वह बुड्ढा था लेकिन बड़े जीवट का मर्द और हाथ पैर का मज़बूत आदमी था। बल और साहस के साथ समझ और बुद्धि भी उसे मिली थी। मन में सन्तोष था, और अपना काम खूब समझता था। वह कुल 'बयारों' का मतलब जानता था। आँधियों का पता उसे आकाश का रंग देखकर पहले से ही मालूम हो जाता था। अक्सर ऐसा हुआ कि औरों को कुछ पता नहीं रहा, लेकिन उसको पहाड़ के उस पार से हवा की आरम्भिक और दबी हुई सनसनाहट सुनाई पड़ गयी। सन्तू आँधी आने की इस चेतावनी से सजग हो जाता और यह कहता हुआ कि आँधी आ रही है, अपने ग़ल्ले को सँभालने लगता था। जिन आँधियों के चलते ही लोग अपने-अपने टट्टर और किवाड़े बन्द कर लेते थे, वे सन्तू को सदा पहाड़ी की ओर बुलाती थीं, जहाँ उसकी भेड़ें चरा करती थीं। वहाँ हवा वृक्षों को थपेड़े लगाती थी, और पत्थरों की कंकड़ियाँ उड़-उड़कर उस अन्धकार में, अनगिनत छर्रों की तरह उसके शरीर पर प्रहार करती थीं। इसी तरह की ज़िन्दगी बिताते-बिताते सन्तू की उमर ६० बरस से अधिक हो गयी थी।

यह समझना बड़ी भूल होगी कि वे हरी खाड़ियाँ, वे वृक्ष, निर्मल झरने, वे खुली हुई और ऊँची चट्टानें उसके हृदय पर कोई प्रभाव नहीं डालती थीं। वे लहराते हुए खेत, जहाँ वह आह्लादित हृदय से ईश्वर की स्वतन्त्र वायु में साँस लेता था, वे ऊँची चट्टानें, जिन पर वह स्थिर और मजबूत डगों से चढ़ जाया करता था, वह दुर्गम मार्ग-सबने उसके हृदय पर कठिनाई, सावधानी, भय, साहस और आनन्द की कितनी ही ऐसी घटनाएँ अंकित कर दी थी, जिन्हें वह भूल नहीं सकता था। उन बेजबान जानवरों की यादगार जिन्हें उसने पाला था, खिलाया था, जिनके बच्चों को गोद में लेकर पहाड़ी की राहें काटी थीं, वह हरियाली और पहाड़ी की शिखाएँ, चपल, सरस और स्फूर्ति में हवा के झोंके, जो उसके रक्त से बढ़कर उसके जीवन के साधन बन गये थे—सब-के-सब ने उसके हृदय पर गहरा प्रभाव डाला

था। ये दृश्य और ये स्मृतियाँ प्रेम और सुख का भण्डार बन गयी थीं—वह सुख, जो जीवन के प्रगाढ़ अनुभव का फल है, जो जीवन का नग्न स्वरूप है।

सन्तू अकेला नहीं था। उसकी सहचरी एक बुढ़िया थी, जिस पर जवानी की कान्ति अब भी कुछ-कुछ झलकती थी, जिसमें ज़वानी का अब भी कुछ कस-बल था। वह सन्तू से बीस बरस छोटी थी। बड़ी उत्साही और बड़ी काम करने वाली थी। पुराने ज़माने के दो चरख़े भी उसके पास थे, जिनसे वह ऊन और रूई काता करती थी। उनमें एक का बन्द रहना इसका सूचक था कि दूसरा चल रहा है। इन दो प्राणियों के अतिरिक्त उस घर में रहने वाला बस एक और था। वह उन्हीं का इकलौता बेटा था, जो उस समय पैदा हुआ था, जब सन्तू अपनी उम्र का हिसाब लगाकर कहता था कि अब मैं बूढ़ा हो चुका। यही लड़का और दो कुत्ते जो अपनी वफ़ादारी कई आँधियों में साबित कर चुके थे, उस कुटुम्ब के सब कुछ थे।

यह कुटुम्ब उस घाटी में अथक श्रम के लिए प्रसिद्ध था, और उनका संयम और श्रम उस जवार में एक कहावत बन गया था। दिन डूब जाने पर बाप और बेटा, दोनों खेतों और पहाड़ की घाटियों से लौटकर घर आ जाते थे, तब भी काम बन्द नहीं करते थे। दो घण्टे रात बीतने पर बाजरे की रोटी, साग, चावल और दही खाते थे। भोजन कर लेने के बाद दोनों अलाव के सामने बैठ जाते और किसी ऐसे काम में लग जाते थे, जो हल्का और सुगम हो। जैसे रूई से बिनौले निकालना, रूई और ऊन बिलासी के लिए धुनना, खेती के हथियारों की मरम्मत और सफ़ाई करना इत्यादि।

प्रतिदिन शाम को बिलासी घर के छोटे-से बरामदे के ताख पर कड़वे तेल का एक दिया जलाकर रख देती थी। यह दिया बहुत पुराना हो चुका था, और बहुत दिनों से इस घराने की सेवा कर रहा था। यही दिया उस एकान्त में इस श्रमजीवी परिवार के जीवन का सूचक या प्रतिबिम्ब था। इसके कोमल एवं शीतल प्रकाश में बाप-बेटे बैठा करते थे, और बिलासी देर तक चरख़ा चलाया करती थी, जिसकी ध्वनि से वह छोटा-सा घर रात के सन्नाटे में गूँजा करता था, मानों मधुमक्खियाँ गा रही हों।

सन्तू का झोपड़ा बस्ती से अलग ऊँचाई पर बना था, जिसके उत्तर और दक्खिन में घाटी के उस पार दूर तक का मैदान और पश्चिम में बसन्तपुर-गाँव दिखाई देता था। सन्तू के घर का दिया, जिसका स्थिर प्रकाश नित्य अर्द्धशताब्दी से दूर तक सन्ध्या को नज़र आता था, उस जवार में एक नित्य की प्राकृतिक घटना हो गया था। इस दिया के प्रकाश में सन्तू का छोटा-सा झोपड़ा सन्ध्या को नीचे बसे हुए गाँवों से दूर तक दिखाई देता था, और लोग उस झोपड़े को 'साँझ का तारा' कहने लगे थे।

सन्तू अपनी स्त्री से बहुत प्रेम करता था लेकिन बेटे को उससे भी अधिक चाहता था। इस गहरे पुत्र-स्नेह का कारण वह स्वाभाविक अन्ध भावुकता न थी, जो सन्तान के प्रति सबके रक्त में विद्यमान रहती है। इस प्रबल प्रेम का कारण यह था कि ईश्वर की कुल देनों में सबसे बढ़कर एक पुत्र ही अपने साथ, माता और पिता के लिए, भविष्य की आशाएँ और कामनाएँ लेकर इस संसार में आता है। और भय तथा चिन्ताओं की तरंगें भी वह अपने साथ लाता है, जो भाग्यवश उन आशाओं और कामनाओं के विफल हो जाने के विचार से माता-पिता के हृदय से उत्पन्न होती है। पुत्र के प्रति सन्तू का प्रेम बहुत था। उसका प्राण उसी पुत्र में बसता था, और वही पुत्र ले-देकर उसके जीवन का सहारा था। जब भुलई गोद में था, तो अक्सर ऐसा हुआ कि सन्तू ने माता की तरह उसकी सेवा-टहल की। ऐसा अपने मन बहलाव या अपनी प्रसन्नता के लिए ही उसने नहीं किया था, जैसा कि पिता का स्वभाव होता है। सन्तू ने पुत्र की सेवा कष्ट सहकर की थी। उसने सैकड़ों बार घण्टों तक अपने अथक हाथों से उसका पालना हिलाया था।

भुलई अभी छोटा ही था। मगर सन्तू गम्भीर और दृढ़ आदमी होते हुए भी पुत्र को अपनी आँखों के सामने ही रखना पसन्द करता था। जब सन्तू को अपने घर के पास काम रहता, या जब वह अपने झोपड़े के सामने बरगद के छतनार पेड़ की छाया में अपनी भेड़ों के झुण्ड के बीच एक मचिए पर बैठकर भेड़ों के बाल कतरता, या जब चंचल और मन को मोह लेने वाले मेमने कलोलें करतें, और भूलन उनकी टाँग पकड़कर खींचता या शोर मचाकर उनको भड़काता था, तो सन्तू स्नेह-भरी दृष्टि से पुत्र की अवहेलना किया करता था।

जब भुलई ईश्वर की कृपा से पाँच बरस का हुआ, तो उसका मुख गुलाब के फूल की तरह खिलने लगा। सन्तू ने अपने हाथ से एक छोटा-सा डण्डा एक अकोल्ह की डाल से काट दिया, उसके सिर पर लोहे का एक हँसुआ कसकर बाँध दिया, और भुलई को एक पूरे गड़रिए की तरह सजा दिया। इस डण्डे से सुसज्जित हो भुलई रखवाला बनकर अक्सर भेड़ों के बाड़े के फाटक पर या गल्ले के बीच अपने घराने की सम्पत्ति पर पहरा दिया करता था। अपनी पदवी पर समय के बहुत पहले नियुक्त होकर भुलई अपने बुड्ढे बाप के लिए सहायता और बाधा, दोनों था। इस काम में इस पाँच बरस के रखवाले बालक को अपने बुड्ढे पिता से केवल प्रशंसा ही नहीं, बल्कि ताड़ना भी मिला करती थी, यद्यपि यह छोटा-सा रखवाला अपने छोटे-से डण्डे से अपनी आवाज़, दृष्टि या धमकियों अथवा क्रोध से कर्त्तव्य-पालन में कोई बात उठा नहीं रखता था।

जब भुलई दस बरस का हुआ, विन्ध्याचल के ऊँचे टीलों पर हवा के झोंकों और अन्धड़ों का सामना करने और पहाड़ी की चढ़ाई तथा थका देने वाली

पगडण्डियों की यात्रा करने के क़ाबिल हुआ, तो सन्तू के साथ पहाड़ की खाड़ियों में रोज भेड़ें चराने जाने लगा। यहाँ भी बाप-बेटे का रोज साथ रहता। वह पहाड़ी सन्तू को अब पहले से भी अधिक प्रिय हो गयी। उस दस बरस के बालक में ऐसे भाव और चमत्कार प्रकट होते थे, जो सूर्य के प्रकाश से अधिक दिव्य और वायु की सरसता से भी अधिक मधुर थे। अपने पुत्र को देखकर उस बूढ़े आदमी की आत्मा पुनर्जन्म लेती थी। इसी तरह अपने बाप की आँखों के सामने भुलई बढ़ा और जवान हुआ।

इस भाँति यह परिवार अपना सरल जीवन व्यतीत कर रहा था कि एक दिन सन्तू को एक बहुत दुःखद समाचार मिला। जिस समय भुलई ६ बरस का था, तो सन्तू के गाँव में एक खून हो गया था। उस खून के मुकदमें में एक निरपराध मुसलमान फँसाया जा रहा था। मुकदमें से बरी करने के लिए थानेदार उस जुलाहे से ३०० रुपये रिश्वत माँग रहे थे। जुलाहा बेचारा ग़रीब आदमी था। बड़ी मुश्किल से अपना बुना हुआ गाढ़ा बेचकर रुपये-बारह आने रोज़ाना कमाता था, और पाँच-छः आदमियों का पेट भी पालता था। ३०० रुपये उसके पास कहाँ धरे थे। रोज़ कमाता और रोज़ खाता। जुलाहे को दस्तावेज लिखकर कर्ज़ लेने की ज़रूरत पड़ी। लेकिन महाजन बिना ज़मानत के कर्ज़ देने को राज़ी न होता था। सन्तू ने उसकी ज़मानत कर दी। जुलाहे से ३०० रुपये पाकर थानेदार ने उसे बरी कर दिया। लेकिन नव-दस बरस के अन्दर जुलाहा सिर्फ २०० रुपये अदा कर सका, और मर गया। सूद और असल मिलाकर अभी ४०० रुपये निकलते थे। यह बला सन्तू के सिर पड़ी। सन्तू ने दो बरस के अन्दर २०० असल और सूद मिलाकर दे दिये। लेकिन सूद दर-सूद उसकी छाती फाड़ डालता था। ४०० रुपये की सन्तू पर नालिश हो गयी थी, और उसी का सम्मन अदालत से सन्तू के पास आया था। आज इस परिवार की चिन्ता और उदासी करुणा-जनक थी।

सन्तू के पास कुल डेढ़ बीघे खेत था, और पचास भेड़ें। खेत काश्तकारी का था। उसे बय या रेहन का हक सन्तू को न था। भेड़ों को बेचने से मुश्किल से डेढ़ पौने दो सौ रुपये मिल सकते थे। मगर भेड़ें बिक जातीं, तो उस परिवार की जीविका कैसे चलती? भेड़ों की ऊन से कम्बल बनाकर चालीस-पचास रुपये साल की आमदनी उस परिवार की हो जाती थी। बिना इसके उस परिवार का गुजारा कैसे होता? सन्तू का दिल बैठ गया, उसकी हिम्मत टूट गयी। उस वज्रपात से बचने की कोई आशा उसे नज़र नहीं आती थी।

दो दिन इस चिन्ता में गुजर जाने के बाद सन्तू ने बिलासी से कहा—अब तक तो हम लोगों पर भगवान की दया बनी रही। हमारे भाग में कड़ी मिहनत बदी थी। पसीने की कमाई जन्म-भर हम लोगों ने खायी है। सूर्य को भी शायद इतना परिश्रम

नहीं करना पड़ता, जितना मैं करता था। लेकिन आज यह दिन हम पर आ पड़ा। भगवान की ही आँख हमसे फिर गयी! खैर, जो हुआ, सो हुआ। भुलई को घर से बाहर कमाने के लिए जाना पड़ेगा। आधी भेड़ें बेच डालता हूँ। कुछ कम्बल तैयार हैं। दो सौ से कुछ कम रुपये महाजन को देकर कुछ मोहलत माँग लूँ। हमारा भाग अच्छा होगा, तो साल-डेढ़ साल के अन्दर भुलई २०० रुपये घर भेज देगा, और महाजन का बोझ हल्का हो जाएगा। अभी बलिकरन का बेटा छबिनाथ, दो ही बरस हुए, कलकत्ते जाकर कारखाने में नौकर हो गया, और दो सौ रुपये घर भेज चुका है। भुलई को भी कलकत्ते भेजेंगे। बदा होगा, तो फिर भुलई लौट आवेगा, और हमारे साथ रहेगा।

बिलासी चुपचाप बैठी सब बातें सुन रही थी। वह बीते दिनों को याद कर रही थी। लेकिन फिर यह सोचकर कि उस जवार के दो-तीन आदमी कलकत्ते से रुपये कमाकर आये हैं, और अपना कर्ज भी अदा कर चुके हैं, खेत छुड़ा लिया, और अपनी बूढ़ी माताओं को चारों धाम करा दिए हैं, बिलासी को बड़ी ढाढ़स हुई, और आशा से उसका मुख प्रफुल्लित हो गया। सन्तू ने कुछ देर चुप रहने के बाद कहा—भुलई की माई, भुलई को कलकत्ते भेजने के सिवा और कोई उपाय नहीं है। बुढ़ौती में बेटे का वियोग लिखा था। न-जाने उस पर वहाँ क्या पड़े, क्या न पड़े। उससे अलग रहकर जीना हमारे लिए कठिन होगा। लेकिन करें क्या? अगर मैं जवान होता, मेरा पौरुष चलता...। लेकिन मैं यह क्या कह रहा हूँ। भुलई के परदेश जाने की तैयारी करनी चाहिए। उसके कपड़े-लत्ते ठीक करने चाहिए।

यह कहकर सन्तू का जी कुछ हल्का हो गया, मानों कोई बोझ उसके ऊपर से उतर गया। वह भेड़ें लेकर पहाड़ी की ओर चला गया।

बिलासी पाँच दिन तक रात-दिन काम में लगी रही, और बेटे के सफ़र की तैयारी करती रही। रास्ते के लिए आटा पीस दिया, चिउड़े कूट दिये, एक कम्बल और एक कुरता तैयार करवा लिया। यात्रा की कुल तैयारी हो गयी।

इतवार का दिन था बिलासी ने भुलई को कलकत्ते भेजने का विचार छोड़ दिया; क्योंकि दो रात से उसने देखा कि सन्तू पुत्र-वियोग के स्वप्न देखकर नींद में दुःखी हो जाता है। एक दिन घर में केवल माँ और बेटा रह गये बिलासी ने भुलई से कहा—अब तुझको कलकत्ते न भेजूँगी। तुझे छोड़कर हम लोगों का कोई सहारा नहीं तेरे बिना तेरे दादा (बाप) का जीना कठिन हो जायगा।

भुलई ने माँ को ढाढ़स देकर कहा, "अच्छा, मैं अब न जाऊँगा।"

बिलासी कुछ निश्चिन्त हो गयी। रात को घर भर ने बेफ़िक्र होकर खाना खाया, और सब अपनी चिन्ता थोड़ी देर के लिए भूल गये। दूसरे दिन बिलासी पहले की तरह घर का काम करने लगी।

एक अठवारा बीत गया। सन्तू ने छविनाथ के पास एक पत्र भेजा था। उसका जवाब आ गया। इन दिनों सन्तू के परिवार में घोर निराशा में भी आशा से काम-काज चल रहा था। छविनाथ ने अपने पत्र में भुलई के लिए बड़ी उम्मीदें दिलायी थीं, और लिखा था कि सन्तू को कारखाने में बारह आने रोज़ की मज़दूरी मिल जायगी। सन्तू और बिलासी ने कई बार वह पत्र पढ़वाकर सुना। जब बिलासी गाँव भर में पड़ोसिनों को वह पत्र दिखाकर घर आयी। तो सन्तू ने कहा, ''कल भूलन जायगा।'' विलासी भी प्रसन्न मन से बोली—''हाँ, कोई हर्ज भुलई के कलकत्ते जाने में नहीं।'' और, बहुत-सी उन अनावश्यक बातों का ज़िक्र किया जो पहले से ठीक न कर ली जाएँगी, तो जाते समय वह भूल जायगा। अब सन्तू भी निश्चिन्त हो गया। लेकिन वह अब भी कुछ उदास और चुप था।

स्वर्ग धारा के निकट, घाटी के अन्दर, अपने गल्ले के लिए एक बाड़ा बनाने का सन्तू का विचार था। उसने बहुत दिन पहले से बाड़े की दीवाल उठाने के लिए पत्थर के टुकड़े स्वर्ग धारा के किनारे उठा-उठाकर जमा किये थे। उस दिन सन्ध्या को वह भूलन को लेकर वहाँ गया। वहाँ पहुँचकर रुक गया। उसने भूलन से कहा, ''बेटा, कल तू हम लोगों से विदा हो जाएगा। अब तक तेरे ही सहारे हम लोग जीते रहे। मैं चाहता हूँ कि अपने घराने का कुछ हाल तुझसे कहूँ; क्योंकि परदेश में ये बातें तेरे काम आवेंगी। जब तू पैदा हुआ, तो दिनों दिन तक, जैसा ऐसी दशा में होता है, तू सोता रहा। मैं तेरे लिए भगवान से प्रार्थना करता रहा। जैसे-जैसे दिन बीतते गये, मेरा प्रेम तेरे लिए बढ़ता गया। जिस दिन पहले पहल अलाव के पास माँ की गोद में, तुझे बच्चों की बोली में, मैंने गीत गाते सुना था, तो उसके पहले तेरे उस गीत से बढ़कर, जिसमें कोई शबद न थे मीठी बोली मैंने जन्म-भर नहीं सुनी थी। भेड़ चराने और खेत में काम करने से जो समय बचता, उसमें मैं तुझे अपने घुटनों पर खिलाया करता था। कई बार इस पहाड़ी में मैं तुझे गोद में लिये-लिये फिरा हूँ। जब तू बालक था; तो इन्हीं टीलों पर कई बार तेरे साथ मैं खेला हूँ। मैं बूढ़ा हो गया था; लेकिन फिर भी बच्चों की तरह तेरे साथ खेलता रहता था, जिसमें तेरा कोमल हृदय प्रसन्न रहे।''

भुलन कड़े दिल का आदमी था, लेकिन बूढ़े बाप की ये बातें सुनकर उसकी भी आँखें भर आयीं। सन्तू ने उसका हाथ पकड़कर कहा, ''बेटा रोओ मत। ठीक है, आज इन बातों की याद दिलाना ठीक नहीं। ....भुलई, मेरे बाप भी इसी मकान में रहते थे। मेरे बाप-दादे भी इसी घर में रहते थे। इसी नदी पर उन सबका दाह हुआ है। बेटा, मेरी अभिलाषा है कि तू भी इसी तरह रह, जैसे तेरे पुरखे रहे हैं। देख भुलई, अब हम लोगों का कोई ठिकाना नहीं, और तुझे परदेश जाना पड़ रहा है।''

कुछ देर चुप रहने के बाद, पत्थरों की ढेर की ओर हाथ उठाकर उसने कहा, ''यह काम हम लोगों का था। अब यह बाड़ा मुझे अकेले बनाना पड़ेगा। बेटा, भगवान का नाम लेकर एक पत्थर अपने हाथ से तू रख दे। ..... बेटा, निराश मत हो, जी को छोटा न कर। भगवान की दया से हमारे दिन फिर पलटेंगे। अभी मेरा बल–पौरुष बाकी है। अभी मैं काम करने के लायक हूँ। तू परदेश में अपना काम कर, मैं यहाँ अपना काम करूँ। वह कुल काम मैं फिर उठा लूँगा, जिसका भार तेरे ऊपर अब तक डाल रक्खा था। फिर इस पहाड़ी की ऊँची चोटियों पर मैं अकेला जाऊँगा, आँधी बवण्डर का सामना करूँगा। जैसे तेरे पहले सब काम अकेला करता था, वैसे ही फिर करूँगा। बेटा, तुझे भगवान अच्छी तरह रखे। जब तू चला जायगा, तो हम लोगों के पास क्या रह जायगा? लेकिन मैं यह क्या कह रहा हूँ? मोह–माया ने मेरी मति मार दी है। .....बेटा, परदेश में अगर बुरे आदमियों का साथ हो, तो उस समय मेरी आज की बातें याद रखना, और घर का ध्यान करना। ऐसा करने से भगवान तुझे विपत्ति से बचावेंगे! भुलई, मेरी आज की बात न भूलना। अपने पुरखों की रीति न छोड़ना। हमारे पुरखें धर्मात्मा और सच्चे थे। ....बेटा, अब जा। तू जहाँ रहे, परमात्मा तेरी रक्षा करें। जब तू लौटेगा, इस स्थान पर वह चीज़ बनी हुई देखेगा, जो इस समय यहाँ नहीं है। बेटा, तुझ पर कुछ भी मुसीबत पड़े, अन्त काल तक तुझसे प्रेम बनाये रखूँगा, और चिता पर यह प्रेम लेकर जाऊँगा।''

सन्तू चुप हो गया। भुलई झुका, और पत्थर का एक भारी टुकड़ा उठाकर बाड़े की नींव रख दी। यह दृश्य देखकर वृद्ध पिता शोक से रो पड़ा फिर दोनों चुपचाप घर चले आये। उस शान्त घर में भी आज सन्नाटा छाया हुआ था, मानो नीरवता वहाँ सो रही थी।

रात किसी तरह कटी। सबेरा होते ही भुलई परदेश की यात्रा के लिए घर से निकला। उसने जी कड़ा कर लिया। जिस–जिसके घर से वह गुजरा, वह उसके साथ हो लिया। भुलई के माता–पिता और यह सारा समूह गाँव के बाहर तक भुलई को पहुँचाने आया, और सबकी शुभ–कामनाएँ लेकर भुलई गाँव के सिवान से आगे बढ़ा।

कुछ दिनों बाद छबिनाथ के पत्र गाँव में आये, जिसमें भुलई की कुशल और उसकी सफलता का शुभ समाचार था। भुलई का भी पत्र आया। उसने भी प्रेम और उत्साह के पत्र घर को भेजे। ये पत्र टूटी–फूटी भाषा में लिखवाये गये थे। लेकिन कलकत्ते की चहल–पहल और वहाँ के चमत्कार का कुछ हाल भी इन पत्रों में लिखा था। सन्तू तो एक बार इन पत्रों को सुन लेता था, लेकिन बिलासी बार–बार उन्हें पढ़वाकर सुनती थी। इस तरह कुछ महीने बीत गये। सन्तू पहले की तरह उत्साह और साहस से अपनी गृहस्थी का काम करने लगा। जब कुछ फुर्सत

मिलती, तो घाटी में जाकर पत्थर के टुकड़ों से बाड़े की दीवाल बना आता था।

उधर भुलई का यह हाल हुआ कि कलकत्ते की हवा उसे लग गयी। उसे नये-नये शौक पैदा हो गये। वह शहर की बू-बास में फँसकर नशेबाजों, जुआड़ियों और बदचलन आदमियों के चक्कर में आ गया। इस कुसंगत का विषपूर्ण फल उसे मिला। उससे कोई ऐसा जुर्म हो गया, जिसके कारण गिरफ़्तारी से बचने के लिए कलकत्ते के बाहर उसे किसी टापू में भाग जाना पड़ा। वहाँ से किसी को फिर उसका हाल नहीं मालूम हुआ।

प्रेम में शान्ति प्रदान करने की शक्ति है। प्रेम असह्य विपत्तियों में भी सान्त्वना देता है, नहीं तो मनुष्य पागल हो जाय, और उसका दिल टूट जाय। मैंने उन लोगों से बातें की हैं, जिन्होंने उस बुड्ढे गड़रिए को इस घटना के कई वर्ष बाद देखा था। वह अब भी पहाड़ी की शिखाओं और चट्टानों पर जाता और सूर्य की ओर आँखें उठाकर देखा करता था; अब भी वह हवा की मन्द सनसनाहट सुनता था, अब भी पहले की तरह अपने ग़ल्ले को चराता था। वह समय-समय पर घाटी में, स्वर्ग धारा के किनारे, उस स्थान पर जाता था, जहाँ वह अपने ग़ल्ले के लिए बाड़ा बनाता था। अक्सर ऐसा हुआ कि वह बाड़े के स्थान पर तो गया, लेकिन एक पत्थर भी उठाकर दीवाल पर नहीं रक्खा।

अक्सर लोगों ने उसे बाड़े के पास देखा था कि वह चुपचाप अकेला उदास बैठा हुआ है, और उसका साथी कुत्ता (एक कुत्ता मर चुका था) पाँव फैलाये उसके पास चुपचाप पड़ा हुआ है। इस तरह पूरे सात वर्ष तक रह-रहकर वह उस बाड़े को बनाने का यत्न करता रहा; पर मरने के समय उसे अधूरा ही छोड़ गया।

बिलासी पति के बाद तीन वर्ष तक जीती रही। उसके मरने के बाद उसके खेत बिक गये, और दूसरों के हाथ में चले गये। उसका झोपड़ा गिर गया, और उस ज़मीन पर भी हल चल गये। उस पड़ोस की सूरत ही बदल गयी। लेकिन वह बरगद का पेड़ अब भी है, जिसके पास सन्तू का झोपड़ा था, और उस अधूरे बाड़े के भी कुछ चिह्न मिलते हैं, जिसके सामने स्वर्ग-धारा कल-कल नाद करती हुई बहती चली जाती है।

कामना-तरु

राजा इन्द्रनाथ का देहान्त हो जाने के बाद कुँअर राजनाथ को शत्रुओं ने चारों ओर से ऐसा दबाया कि उन्हें अपने प्राण लेकर एक पुराने सेवक की शरण जाना पड़ा जो एक छोटे-से गाँव का जागीरदार था। कुँअर स्वभाव ही से शान्ति-प्रिय, रसिक, हँस-खेलकर समय काटने वाले युवक थे। रणक्षेत्र की अपेक्षा कवित्व के क्षेत्र में अपना चमत्कार दिखाना उन्हें अधिक प्रिय था। रसिकजनों के साथ, किसी वृक्ष के नीचे बैठे हुए, कवित्व चरचा करने में उन्हें जो आनन्द मिलता था वह शिकार या राज दरबार में नहीं। इन पर्वतमालाओं से घिरे हुए गाँव में आकर उन्हें जिस शान्ति और आनन्द का अनुभव हुआ उसके बदले में वह ऐसे-ऐसे कई राज त्याग कर सकते थे। यह पर्वत-मालाओं की मनोहर छटा, यह नेत्र-रंजक हरियाली, यह जल-प्रवाह की मधुर-वीणा, यह पक्षियों की मीठी बोलियाँ, यह मृग-शावकों की छलाँगें, यह बछड़ों की कुलेलें, यह ग्राम-निवासियों की बालोचित सरलता, यह रमणियों की संकोचमय चपलता, ये सभी बातें उनके लिए नयी थीं। पर इन सभी से बढ़कर जो वस्तु उनको आकर्षित करती थी, वह जागीरदार की युवती कन्या चन्दा थी।

चन्दा घर का सारा काम-काज आप ही करती थी। उसको माता की गोद में खेलना नसीब ही न हुआ था। पिता की सेवा ही में रत रहती थी। उसका विवाह इसी साल होने वाला था कि इसी बीच में कुँअरजी ने आकर उसके जीवन में नवीन भावनाओं और नवीन आशाओं को अंकुरित कर दिया। उसने अपने पति का जो चित्र मन में खींच रक्खा था, वही मानों रूप धारण करके उसके सम्मुख आ गया। कुँअर की आदर्श रमणी भी चन्दा ही के रूप में अवतरित हो गयी। लेकिन कुँअर समझते थे मेरे ऐसे भाग्य कहाँ? चन्दा भी समझती थी कहाँ यह और कहाँ मैं!

२

दोपहर का समय था और जेठ का महीना। खपरैल का घर भट्ठी की भाँति तपने लगा। ख़स की टट्टियों और तहख़ानों में रहने वाले राजकुमार का चित्त गरमी से इतना बेचैन हुआ कि वह बाहर निकल आये और सामने के बाग़ में जाकर एक

घने वृक्ष की छाँह में बैठ गये। सहसा उन्होंने देखा चन्दा नदी से जल की गागर लिये चली आ रही है। नीचे जलती हुई रेत थी ऊपर जलता हुआ सूर्य। लू से देह झुलसी जाती थी। कदाचित इस समय प्यास से तड़पते हुए आदमी की भी नदी तक जाने की हिम्मत न पड़ती। चन्दा क्यों जल लेने गयी थी? घर में पानी भरा हुआ है। फिर इस समय वह क्यों पानी लेने निकली?

कुँअर दौड़कर उसके पास जा पहुँचे और उसके हाथ से गागर छीन लेने की चेष्टा करते हुए बोले—मुझे दे दो और भागकर छाँह में चली जाव। इस समय पानी का क्या काम था?

चन्दा ने गागर न छोड़ी। सिर से खिसका हुआ आँचल सँभालकर बोली—तुम इस समय कैसे आ गये? शायद मारे गरमी के अन्दर न रह सके।

कुँअर—मुझे दे दो, नहीं मैं छीन लूँगा।

चन्दा ने मुसकिराकर कहा—राजकुमारों को गागर लेकर चलना शोभा नहीं देता।

कुँअर ने गागर का मुँह पकड़कर कहा—इस अपराध का बहुत दण्ड सह चुका हूँ। चन्दा, अब तो अपने को राजकुमार कहने में भी लज्जा आती है।

चन्दा—देखो धूप में खुद हैरान होते हो और मुझे भी हैरान करते हो। गागर छोड़ दो। सच कहती हूँ, पूजा का जल है।

कुँअर—क्या मेरे ले जाने से पूजा का जल अपवित्र हो जायगा?

चन्दा—अच्छा भाई नहीं मानते, तो तुम्हीं ले चलो। हाँ नहीं तो।

कुँअर गागर लेकर आगे-आगे चले। चन्दा पीछे हो ली। बगीचे में पहुँचे, तो चन्दा एक छोटे से पौधे के पास रुककर बोली—इसी देवता की पूजा करनी है, गागर रख दो। कुँअर ने आश्चर्य से पूछा—यहाँ कौन देवता है चन्दा? मुझे तो नहीं नज़र आता।

इसी देवता की पूजा करनी है, गागर रख दो।

चन्दा ने पौधे को सींचते हुए कहा—यही तो मेरा देवता है।

पानी पाकर पौधे की मुरझायी हुई पत्तियाँ हरी हो गयीं मानों उनकी आँखें खुल गयी हों।

कुँअर ने पूछा—यह पौधा क्या तुमने लगाया है चन्दा?

चन्दा ने पौधे को एक सीधी लकड़ी से बाँधते हुए कहा—हाँ, उसी दिन तो जब तुम यहाँ आये। यहाँ पहले मेरी गुड़ियों का घरौंदा था। मैंने गुड़ियों पर छाँह करने के लिए एक अमोला लगा दिया था। फिर मुझको इसकी याद नहीं रही। घर के काम-धन्धे में भूल गयी। जिस दिन तुम यहाँ आये मुझे न-जाने क्यों इस पौधे की याद आ गयी। मैंने आकर देखा, तो यह सूख गया था। मैंने तुरन्त पानी लाकर

इसे सींचा, तो कुछ-कुछ ताजा होने लगा। तब से रोज इसे सींचती हूँ। देखो कितना हरा-भरा हो गया है!

यह कहते-कहते उसने सिर उठाकर कुँअर की ओर ताकते हुए कहा—और सब काम भूल जाऊँ, पर इस पौधे को पानी देना नहीं भूलती। तुम्हीं इसके प्राण दाता हो। तुम्हीं ने आकर इसे जिला दिया, नहीं तो बेचारा सूख गया होता। यह तुम्हारे शुभागमन का स्मृति-चिह्न है। जरा इसे देखो। मालूम होता है, हँस रहा है। मुझे तो ऐसा जान पड़ता है कि यह मुझसे बोलता है। सच कहती हूँ, कभी यह रोता है, कभी हँसता है, कभी रुठता है; आज तुम्हारा लाया हुआ पानी पाकर यह फूला नहीं समाता। एक-एक पत्ता तुम्हें धन्यवाद दे रहा है।

कुँअर को ऐसा जान पड़ा मानों वह पौधा कोई नन्हा-सा क्रीड़ाशील बालक है। जैसे चुम्बन से प्रसन्न होकर बालक गोद में चढ़ने के लिए दोनों हाथ फैला देता है, उसी भाँति यह पौधा भी हाथ फैलाये जान पड़ा। उसके एक-एक अणु में चन्दा का प्रेम झलक रहा था।

चन्दा के घर में खेती के सभी औजार थे। कुँअर एक फावड़ा उठा लाये और पौधे का एक थाला बनाकर चारों ओर एक ऊँची मेंड़ उठा दी। फिर खुरपी लेकर अन्दर कि मिट्टी को गोड़ दिया। पौधा और भी लहलहा उठा।

चन्दा बोली—कुछ सुनते हो, क्या कह रहा है?

कुँअर ने मुसकिराकर कहा—हाँ! कहता है अम्माँ की गोद में बैठूँगा।

चन्दा—नहीं, कह रहा है, इतना प्रेम करके फिर भूल न जाना।

३

मगर कुँअर को अभी राजपुत्र होने का दण्ड भोगना बाकी था। शत्रुओं को न-जाने कैसे उनकी टोह मिल गयी। इधर तो हितचिन्तकों के आग्रह से विवश होकर बूढ़ा कुबेरसिंह चन्दा और कुँअर के विवाह की तैयारियाँ कर रहा था, उधर शत्रुओं का एक दल सिर पर आ पहुँचा। कुँअर ने उस पौधे के आसपास फूल पत्ते लगाकर एक फुलवाड़ी-सी बना दी थी। पौधे को सींचना अब उनका काम था। प्रातःकाल वह कन्धे पर काँवर रक्खे नदी से पानी ला रहे थे कि दस-बारह आदमियों ने उन्हें रास्ते में घेर लिया। कुबेरसिंह तलवार लेकर दौड़ा, लेकिन शत्रुओं ने उसे मार गिराया। अकेला, शस्त्रहीन कुँअर क्या करता। कन्धे पर काँवर रक्खे हुए बोला—अब क्यों मेरे पीछे पड़े हो भाई? मैंने तो सब कुछ छोड़ दिया।

सरदार बोला—हमें आपको पकड़ ले जाने का हुक्म है।

"तुम्हारा स्वामी मुझे इस दशा में भी नहीं देख सकता? खैर, अगर धर्म

समझो, तो कुबेरसिंह की तलवार मुझे दे दो। अपनी स्वाधीनता के लिए लड़कर प्राण दूँ।''

इसका उत्तर यही मिला कि सिपाहियों ने कुँअर को पकड़कर मुश्कें कस दीं और उन्हें एक घोड़े पर बिठाकर घोड़े को भगा दिया। काँवर वहीं पड़ी रह गयी।

उसी समय चन्दा घर से निकली। देखा, काँवर पड़ी हुई है और कुँअर को लोग घोड़े पर बिठाये लिये जा रहे हैं। चोट खाये हुए पक्षी की भाँति वह कई कदम दौड़ी, फिर गिर पड़ी। उसकी आँखों में अँधेरा छा गया।

सहसा उसकी दृष्टि पिता की लाश पर पड़ी। वह घबड़ाकर उठी और लाश के पास जा पहुँची। कुबेर अभी मरा न था। प्राण आँखों में अटके हुए थे।

चन्दा को देखते ही क्षीण स्वर में बोला—बेटी-कुँअर! इसके आगे वह कुछ न कह सका। प्राण निकल गये, पर इस एक शब्द—''कुँअर''—ने उसका आशय प्रकट कर दिया।

४

बीस वर्ष बीत गये! कुँअर कैद से न छूट सके।

यह एक पहाड़ी क़िला था। जहाँ तक निगाह जाती पहाड़ियाँ ही नज़र आतीं। क़िलें में उन्हें कोई कष्ट नहीं था। नौकर-चाकर, भोजन-वस्त्र, सैर-शिकार किसी बात की कमी न थी। पर उस वियोगाग्नि को कौन शान्त करता, जो नित्य कुँअर के हृदय में जला करती थी। जीवन में अब उसके लिए कोई आशा न थी, कोई प्रकाश न था। अगर कोई इच्छा थी, तो यही कि एक बार उस प्रेम-तीर्थ की यात्रा कर लें, जहाँ उन्हें वह सब कुछ मिला जो मनुष्य को मिल सकता है। हाँ, उनके मन में एक-मात्र यही अभिलाषा थी कि उस पवित्र-स्मृतियों से रंजित भूमि के दर्शन करके जीवन का उसी नदी के तट पर अन्त कर दे। वही नदी का किनारा, वही वृक्षों का कुंज, वही चन्दा का छोटा-सा सुन्दर घर, उसकी आँखों में फिरा करता, और वह पौधा जिसे उन दोनों ने मिलकर सींचा था, उसमें तो मानों उसके प्राण ही बसते थे। क्या वह दिन भी आएगा जब वह उस पौधे को हरी-हरी पत्तियों से लदा हुआ देखेगा! कौन जाने वह अब है भी या सूख गया। कौन अब उसको सींचता होगा। चन्दा इतने दिनों अविवाहित थोड़े ही बैठी होगी। ऐसा सम्भव भी तो नहीं। उसे अब मेरी सुधि भी न होगी। हाँ शायद कभी अपने घर की याद खींच लाती हो, तो पौधे को देखकर उसे मेरी याद आ जाती हो। मुझ जैसे अभागे के लिए इससे अधिक वह और कर ही क्या सकती है। उस भूमि को एक बार देखने के लिए वह अपना जीवन दे सकता था, पर यह अभिलाषा न पूरी होती थी।

आह! एक युग बीत गया, शोक और नैराश्य ने उठती जवानी को कुचल दिया। न आँखों में ज्योति रही, न पैरों में शक्ति। जीवन क्या था, एक दुखदाई स्वप्न था। उस सघन अन्धकार में उसे कुछ न सूझता था, बस जीवन का आधार एक अभिलाषा थी, एक सुखद स्वप्न, जो जीवन में न-जाने कब उसने देखा था। एक बार फिर वही स्वप्न देखना चाहता था। फिर उसकी अभिलाषाओं का अन्त हो जायगा, उसे कोई इच्छा न रहेगी। सारा अनन्त भविष्य, सारी अनन्त चिन्ताएँ इसी एक स्वप्न में लीन हो जाती थीं।

उसके रक्षकों को अब उसकी ओर से कोई शंका न थी। उन्हें उस पर दया आती थी। रात को पहरे पर केवल कोई एक आदमी रह जाता था। और लोग मीठी नींद सोते थे। कुँअर भाग जा सकता है, इसकी कोई सम्भावना, कोई शंका न थी। यहाँ तक कि एक दिन यह एक सिपाही भी निश्शंक होकर बन्दूक लिये लेट रहा। निद्रा किसी हिंसक पशु की भाँति ताक लगाये बैठी थी। लेटते ही टूट पड़ी। कुँअर ने सिपाही की नाक की आवाज़ सुनी। उनका हृदय बड़े वेग से उछलने लगा। यह अवसर आज कितने दिनों के बाद मिला था। वह उठे, मगर पाँव थर-थर काँप रहे थे। बरामदे के नीचे उतरने का साहस न हो सका। कहीं इसकी नींद खुल गयी हो? हिंसा उनकी सहायता कर सकती थी। सिपाही की बगल में उसकी तलवार पड़ी थी। पर प्रेम को हिंसा से वैर है। कुँअर ने सिपाही को जगा दिया। वह चौंककर उठ बैठा। रहा-रहा संशय भी उसके दिल से निकल गया। दूसरी बार सोया तो खर्राटे लेने लगा।

प्रात:काल जब उसकी निद्रा टूटी, तो उसने लपककर कुँअर के कमरे में झाँका। कुँअर का पता न था।

कुँअर इस समय हवा के घोड़ों पर सवार, कल्पना की द्रुतगति से, भागा जा रहा था—उस स्थान को जहाँ उसने सुख-स्वप्न देखा था।

किले में चारों ओर तलाश हुई, नायक ने सवार दौड़ाये। पर कहीं पता न चला।

५

पहाड़ी रास्तों का काटना कठिन, उस पर अज्ञातवास की कैद, मृत्यु के दूत पीछे लगे हुए जिनसे बचना मुश्किल। कुँअर को कामना-तीर्थ में महीनों लग गये। जब यात्रा पूरी हुई तो कुँअर में एक कामना के सिवा और कुछ शेष न था। दिन-भर की कठिन यात्रा के बाद जब वह उस स्थान पर पहुँचे, तो सन्ध्या हो गयी थी। वहाँ बस्ती का नाम भी न था। दो-चार टूटे-फूटे झोंपड़े उस बस्ती के चिह्न स्वरूप

शेष रह गये थे। वह झोपड़ा जिसमें कभी प्रेम का प्रकाश था, जिसके नीचे उन्होंने जीवन के सुखमय दिन काटे थे, जो उनकी कामनाओं का आगार और उनकी उपासना का मन्दिर था। अब उनकी अभिलाषाओं की भाँति भग्न हो गया था। झोपड़े की भग्नावस्था मूक भाषा में अपनी करुण-कथा सुना रही थी। कुँअर उसे देखते ही ''चन्दा-चन्दा!'' पुकारता हुआ दौड़ा। उसने उस रज को माथे पर मला, मानों किसी देवता की विभूति हो, और उसकी टूटी हुई दीवारों से चिमटकर बड़ी देर तक रोता रहा। हाय रे अभिलाषा! वह रोने ही के लिए इतनी दूर से आया था? रोने ही की अभिलाषा इतने दिनों से उसे विकल कर रही थी? पर इस रोदन में कितना स्वर्गीय आनन्द था। क्या समस्त संसार का सुख इन आँसुओं की तुलना कर सकता था?

तब वह झोपड़े से निकला। सामने मैदान में एक वृक्ष हरी-हरी नवीन पल्लवों को गोद में लिये, मानों उसका स्वागत करने को खड़ा था। यह वही पौधा है, जिसे आज से बीस वर्ष पहले दोनों ने आरोपित किया था। कुँअर उन्मत्त की भाँति दौड़ा और जाकर उस वृक्ष से लिपट गया, मानों कोई पिता अपने मातृहीन पुत्र को छाती से लगाये हुए हो। यह उसी प्रेम की निशानी है, उसी अक्षय, अमर प्रेम की जो इतने दिनों के बाद आज इतना विशाल हो गया है। कुँअर का हृदय ऐसा फूल उठा मानों इस वृक्ष को अपने अन्दर रख लेगा, जिसमें उसे हवा का झोंका भी न लगे। उसके एक-एक पल्लव पर चन्दा की स्मृति बैठी हुई थी। पक्षियों का इतना रम्य संगीत क्या कभी उसने सुना था। उसके हाथों में दम न था, सारी देह भूख और प्यास और थकान से शिथिल हो रही थी। पर वह उस वृक्ष पर चढ़ गया। इतनी फुरती से चढ़ा कि बन्दर भी न चढ़ता। सबसे ऊँची फुनगी पर बैठकर उसने चारों ओर गर्व-पूर्ण दृष्टिडाली। यही उसकी मनोकामनाओं का स्वर्ग था। सारा दृश्य चन्दामय हो रहा था। दूर की नीली पर्वत-श्रेणियों पर चन्दा बैठी गा रही थी, आकाश में तैरनेवाले लालिमामयी नौकाओं पर चन्दा ही उड़ी जाती थी, सूर्य की श्वेत, पीत प्रकाश की रेखाओं पर चन्दा ही बैठी हँस रही थी। कुँअर के मन में आया, पक्षी होता तो इन्हीं डालियों पर बैठा हुआ जीवन के दिन पूरे करता।

जब अँधेरा हो गया, तो कुँअर नीचे उतरा और उसी वृक्ष के नीचे थोड़ी-सी भूमि झाड़कर, पत्तियों की शय्या बनाई और लेटा। यही उसके जीवन का स्वर्ग-स्वप्न न था, आह यही वैराग्य! अब वह इस वृक्ष की शरण छोड़कर कहीं न जाएगा। दिल्ली के तख्त के लिए भी वह इस आश्रम को न छोड़ेगा।

६

उसी स्निग्ध, अमल चाँदनी में सहसा एक पक्षी आकर उस वृक्ष पर बैठा और दर्द में डूबे हुए स्वरों में गाने लगा। ऐसा जान पड़ा मानो वह वृक्ष सिर धुन रहा है। वह नीरव रात्रि वेदनामय संगीत से हिल उठी, कुँअर का हृदय इस तरह ऐंठने लगा मानो वह फट जायगा। उस स्वर में करुणा और वियोग के तीर-से भरे हुए थे। आह! पक्षी, तेरा जोड़ा भी अवश्य बिछुड़ गया है, नहीं तेरे राग में इतनी व्यथा, इतना विषाद, इतना रुदन कहाँ से आता। कुँअर के हृदय के टुकड़े हुए जाते थे, एक-एक स्वर तीर की भाँति दिल को छेदे डालता था। वहाँ बैठे न रह सके। उठकर एक आत्म-विस्मृति की दशा में दौड़े हुए झोपड़े में गये, वहाँ से फिर वृक्ष के नीचे आये। उस पक्षी को कैसे पाएँ, कहीं दिखाई नहीं देता।

पक्षी का गाना बन्द हुआ, तो कुँअर को नींद आ गयी। उन्हें स्वप्न में ऐसा जान पड़ा कि वही पक्षी उनके समीप आया। कुँअर ने ध्यान से देखा तो वह पक्षी न था, चन्दा थी, हाँ प्रत्यक्ष चन्दा थी।

कुँअर ने पूछा—चन्दा यह पक्षी यहाँ कहाँ?

चन्दा ने कहा—मैं ही तो वह पक्षी हूँ।

कुँअर—तुम पक्षी हो! क्या तुम्हीं गा रही थी?

चन्दा—हाँ प्रियतम, मैं ही गा रही थी। इसी तरह रोते एक युग बीत गया।

कुँअर—तुम्हारा घोंसला कहाँ है?

चन्दा—उसी झोपड़े में जहाँ तुम्हारी खाट थी। उसी खाट के बाध से मैंने अपना घोसला बनाया है।

कुँअर—और तुम्हारा जोड़ा कहाँ है?

चन्दा—मैं अकेली हूँ। चन्दा को अपने प्रियतम के स्मरण करने में उसके लिए रोने में, जो सुख है वह जोड़े में नहीं, मैं इसी तरह अकेली रहूँगी और अकेली मरूँगी।

कुँअर—मैं क्या पक्षी नहीं हो सकता?

चन्दा चली गयी। कुँअर की नींद खुल गयी। उषा की लालिमा आकाश पर छायी हुई थी और वह चिड़िया, कुँअर की शय्या के समीप एक डाल पर बैठी चहक रही थी। अब उस संगीत में करुणा न थी, विलाप न था, उसमें आनन्द था, चापल्य था, सारस्य था। वह वियोग का करुण-क्रन्दन नहीं, मिलन का मधुर संगीत था।

७

कुँअर ने शय्या से उठते ही एक झाड़ू बनाया और उस झोपड़े को साफ करने लगे। उनके जीते जी इसकी यह भग्न दशा नहीं रह सकती। वह इसकी दीवारें उठाएँगे, इस पर छप्पर डालेंगे, इसे लीपेंगे। इसमें उनकी चन्दा की स्मृति वास करती है। झोपड़े के एक कोने में वह काँवर रक्खी हुई थी जिस पर पानी ला-लाकर वह इस वृक्ष को सींचते थे। उन्होंने काँवर उठा ली, और पानी लाने चले। दो दिन से कुछ भोजन न किया था। रात को भूख लगी हुई थी, पर इस समय भोजन की बिल्कुल इच्छा न थी। देह में एक अद्भुत स्फूर्ति का अनुभव होता था। उन्होंने नदी से पानी ला-ला मिट्टी भिगोना शुरू किया। दौड़े जाते और दौड़े आते। इतनी शक्ति उन्हें कभी न थी।

एक ही दिन में इतनी दीवार उठ गयी, जितनी चार मजदूर भी न उठा सकते थे। और कितनी सीधी, चिकनी दीवार थी कि कारीगर भी देखकर लज्जित हो जाता। प्रेम की शक्ति अपार है।

सन्ध्या हो गयी। चिड़ियों ने बसेरा लिया। वृक्षों ने भी आँखें बन्द की। मगर कुँअर को आराम कहाँ। तारों के मलिन प्रकाश में मिट्टी के रद्दे रक्खे जा रहे थे। हाय रे कामना! क्या तू इस बेचारे के प्राण ही लेकर छोड़ेगी?

वृक्ष पर पक्षी का मधुर स्वर सुनाई दिया। कुँअर के हाथ से घड़ा छूट पड़ा। हाथ और पैरों में मिट्टी लपेटे वह वृक्ष के नीचे जाकर बैठ गये। उस स्वर में कितना लालित्य था। कितना उल्लास, कितनी ज्योति। मानव-संगीत इसके सामने बेसुरा अलाप था। उसमें यह जागृति, यह अमृत, यह जीवन कहाँ। संगीत के आनन्द में विस्मृत है, पर वह विस्मृति कितनी स्मृतिमय होती है, अतीत को जीवन और प्रकाश से रंजित करके प्रत्यक्ष कर देने की शक्ति, संगीत के सिवा और कहाँ है? कुँअर के हृदय-नेत्रों के सामने वह दृश्य आ खड़ा हुआ, जब चन्दा इसी पौधे को नदी से जल ला-लाकर सींचती थी। हाय, क्या वे दिन फिर आ सकते हैं।

सहसा एक बटोही आकर खड़ा हो गया और कुँअर को देखकर वह प्रश्न करने लगा, जो साधारणत: दो अपरिचित प्राणियों में हुआ करते हैं—कौन हो, कहाँ से आते हो, कहाँ जाओगे। पहले वह भी इसी गाँव में रहता था, पर जब गाँव उजड़ गया, तो समीप के एक दूसरे गाँव में जा बसा था। अब भी उसके खेत यहाँ थे। रात को जंगली पशुओं से अपने खेत की रक्षा करने के लिए वह यहीं आकर सोता था।

कुँअर ने पूछा—तुम्हें मालूम है, इस गाँव में एक कुबेरसिंह ठाकुर रहते थे?

किसान ने बड़ी उत्सुकता से कहा—हाँ-हाँ भाई, जानता क्यों नहीं। बेचारे यहीं तो मारे गये। तुमसे क्या उनकी जान-पहचान थी?

कुँअर—हाँ उन दिनों कभी-कभी आया करता था। मैं भी राजा की सेना में नौकर था। उनके घर में और कोई न था?

किसान—अरे भाई कुछ न पूछो, बड़ी करुण कथा है। उसकी स्त्री तो पहले ही मर चुकी थी। केवल एक लड़की बच रही थी। आह! कैसी सुशील, कैसी सुघड़ वह लड़की थी। उसे देखकर आँखों में ज्योति आ जाती थी। बिल्कुल स्वर्ग की देवी जान पड़ती थी। जब कुबेरसिंह जीता था, तभी कुँअर इन्द्रनाथ यहाँ भागकर आये थे और उसके यहाँ रहे थे। उस लड़की की कुँअर से कहीं बातचीत हो गयी। जब कुँअर को शत्रुओं ने पकड़ लिया, तो चन्दा घर में अकेली रह गयी। गाँववालों ने बहुत चाहा कि उसका विवाह हो जाय। उसके लिए वरों का तोड़ा न था भाई। ऐसा कौन था जो उसे पाकर अपने को धन्य न मानता। पर वह किसी से विवाह करने पर राजी न हुई। यह पेड़ जो तुम देख रहे हो, तब छोटा-सा पौधा था। इसके आसपास फूलों की कई क्यारियाँ थीं। इन्हीं को गोड़ने, निराने, सींचने में उसका दिन कटता था। बस यही कहती कि हमारे कुँअर साहब आते होंगे।

कुँअर की आँखों में आँसू की वर्षा होने लगी। मुसाफ़िर ने ज़रादम लेकर कहा—दिन-दिन घुलती जाती थी। तुम्हें विश्वास न आएगा भाई, उसने दस साल इसी तरह काट दिये। इतनी दुर्बल हो गयी थी कि पहचानी न जाती थी। पर अब भी उसे कुँअर साहब के आने की आशा बनी हुई थी। आखिर एक दिन इसी वृक्ष के नीचे उसकी लाश मिली। ऐसा प्रेम कौन करेगा भाई। कुँअर न-जाने मरे कि जिये, कभी उन्हें इस विरहणी की याद भी आती है कि नहीं, पर इसने तो प्रेम को ऐसा निभाया जैसा चाहिए।

कुँअर को ऐसा जान पड़ा मानों हृदय फटा जा रहा है। वह कलेजा थामकर बैठ गये। मुसाफिर के हाथ में एक सुलगता हुआ उपला था। उसने चिलम भरी और दो-चार दम लगाकर बोला—

उसके मरने के बाद यह घर गिर गया। गाँव पहले ही उजाड़ था। अब तो और भी सुनसान हो गया! दो-चार असामी यहाँ बैठते थे। अब तो चिड़िए का पूत भी यहाँ नहीं आता। उसके मरने के कई महीने के बाद यही चिड़िया इस पेड़ पर बोलती हुई सुनाई दी। तब से बराबर इसे यहाँ बोलते हुए सुनता हूँ। रात को सभी चिड़ियाँ सो जाती हैं, पर यह रात भर बोलती रहती है। उसका जोड़ा कभी नहीं दिखाई दिया। बस फुट्टैल है। दिन-भर उसी झोपड़े में पड़ी रहती है। रात को इस पेड़ पर आ बैठती है। मगर इस समय इसके गाने में कुछ और ही बात है, नहीं तो सुनकर रोना आता है। ऐसा जान पड़ता है मानों कोई कलेजे को मसोस रहा हो। मैं तो कभी-कभी पड़े-पड़े रो दिया करता हूँ। सब लोग कहते हैं कि यह वही चन्दा है। अब भी कुँअर के वियोग में विलाप कर रही है। मुझे भी ऐसा ही जान पड़ता

है। आज न-जाने क्यों मगन है।

किसान तम्बाकू पीकर सो गया। कुँअर कुछ देर तक खोया हुआ-सा खड़ा रहा। फिर धीरे से बोला—चन्दा क्या सचमुच तुम्हीं हो? मेरे पास क्यों नहीं आती।

एक क्षण में चिड़िया आकर उसके हाथ पर बैठ गयी। चन्द्रमा के प्रकाश में कुँअर ने चिड़िया को देखा। ऐसा जान पड़ा मानों उनकी आँखें खुल गयी हों। मानों आँखों के सामने से कोई आवरण हट गया हो। पक्षी के रूप में भी चन्दा की मुखाकृति अंकित थी।

दूसरे दिन किसान सोकर उठा, तो कुँअर की लाश पड़ी हुई थी।

८

कुँअर अब नहीं हैं, किन्तु उनके झोपड़े की दीवारें बन गयी हैं, ऊपर फूस का नया छप्पर पड़ गया है और झोपड़े के द्वार पर फूलों की क्यारियाँ लगी हुई है। गाँव के किसान इससे अधिक और क्या कर सकते थे।

उस झोपड़े में अब पक्षियों के एक जोड़े ने अपना घोसला बनाया है। दोनों साथ-साथ दाने-चारे की खोज में जाते हैं, साथ-साथ आते हैं। रात को दोनों उसी वृक्ष की डाल पर बैठे दिखाई देते हैं। उनका सुरम्य संगीत रात की नीरवता में दूर तक सुनाई देता है। वन के जीव-जन्तु वह स्वर्गीय गान सुनकर मुग्ध हो जाते हैं।

यह पक्षियों का जोड़ा कुँअर और चन्दा का जोड़ा है, इसमें किसी को सन्देह नहीं है।

एक बार एक व्याध ने इन पक्षियों को फँसाना चाहा, पर गाँववालों ने उसे मारकर भगा दिया।

उद्‌घाटन-पुराने पत्र, नये तथ्य

प्रारम्भ में ही कहना ज़रूरी है कि पुराने पत्र प्रेमचन्द के हैं और तथ्य रघुपति सहाय के सन्दर्भ में। प्रेमचन्द ने 'ज़माना' के सम्पादक मुंशी दया नरायन 'निगम' को लिखे लगभग एक दर्जन पत्रों में रघुपति सहाय के लिए छोटी-बड़ी तमाम सिफारिशें की थीं जिनसे फ़िराक़ के लिए गढ़े गये अनेक मिथ टूटकर बिखर जाएगें। प्रेमचन्द के ये सिफ़ारिशी पत्र उनकी (प्रेमचन्द) साहित्यिक हैसियत को भी चोट पहुँचा सकते हैं। इन पत्रों को पढ़कर यह भी जाना जा सकेगा कि स्वयं फ़िराक़ ने भी अपने को बड़ा सिद्ध करने के लिए कितनी तथ्यहीन बातें की हैं। उदाहरण के रूप में फ़िराक़ का एक कथन प्रस्तुत है—"बी.ए. के नतीजे में, मैं पूरे सूबे में चौथे नम्बर पर पास हुआ था और मुझे डिप्टी कलेक्टरी और आई.सी.एस. के लिए चुन लिया गया था, लेकिन घरेलू जीवन इतना उजाड़ हो चुका था कि मैंने उसे और उजाड़ बनाने में ही अपना कुशल समझा।" फ़िराक़ का यह कथन 'मैं और मेरी शायरी' में पढ़ा जा सकता है जो सूचना और जन सम्पर्क, उत्तर प्रदेश के 'फ़िराक़' अंक (मार्च, १९८३, सम्पादक डा. कौशल कुमार राय) में चौथे पेज पर प्रकाशित हुआ है।

फ़िराक़ साहब का उपर्युक्त कथन तथ्यों से परे है। लगता है फ़िराक़ जैसे बड़े शायर ने ये सारी बातें व्यामोह अथवा विस्मृति की अवस्था में ही कही होगीं। इन तथ्यों का खुलासा 'प्रेमचन्द के पत्र' मुंशी दया नरायन 'निगम' के नाम पढ़कर आसानी से किया जा सकता है।

प्रेमचन्द ने २० नवम्बर, १९१९ को 'ज़माना' के सम्पादक निगम साहब को एक पत्र लिखा, 'बाबू रघुपति सहाय आज कल सिविल सरविस की फ़िक्र में परीशान हैं। उनका नम्बर इन्तखाब में आठवां आया है। कभी इलाहाबाद कभी लखनऊ का चक्कर लगा रहे हैं' (प्रेमचन्द की चिट्ठी पत्री भाग एक, पृ. ९१, सम्पादक अमृत राय और मदन गोपाल)। इस पत्र के पहले उन्होंने निगम साहब को सूचित किया था, 'रघुपति सहाय डिप्टी कलक्टरी में नामज़द हो गये हैं।' (३० सितम्बर १९१८ पृ. ७७)

प्रेमचन्द के इन दोनों पत्रों को पढ़ने से अज्ञात नहीं रह जाता कि वे सिविल सरविस के किसी पद पर नियुक्त नहीं हुए थे। इन पत्रों से ऐसा भी प्रतीत हो रहा

है कि 'रघुपति सहाय बी.ए. के परीक्षा परिणाम में सूबे में चौथे स्थान पर आये हैं', भी भ्रान्तिमूलक सिद्ध हो रहा है क्योंकि उच्चकोटि में बी.ए. में उत्तीर्ण स्नातकों की डिप्टी कलेक्टरी में नामिनेशन लिस्ट में उनका नाम गजट में आठवें स्थान पर आया था। पता नहीं कैसे रघुपति सहाय ने यह लिख दिया कि उनका नाम आई.सी.एस. की परीक्षा में आ गया था जबकि प्रेमचन्द के पत्रों से ज्ञात होता है कि वे डिप्टी कलेक्टरी के लिए नामिनेट हुए थे और उन्होंने उसे प्राप्त करने के लिए एड़ी चोटी का पसीना एक कर दिया था फिर भी उन्हें पद प्राप्ति की सफलता नहीं प्राप्त हुई। इसलिए उनके द्वारा विभिन्न ओहदों और पदों से इस्तीफा देनें का प्रश्न ही नहीं उठता।

यहाँ प्रेमचन्द द्वारा 'ज़माना' के सम्पादक दया नरायन निगम के पास भेजा गया एक और पत्र उद्धरणीय है। प्रेमचन्द ने यह पत्र लखनऊ से २३ जून १९२५ को भेजा था। इस पत्र में उन्होंने लिखा था, ''तसलीम! ज़रा एक तक़रीब में मिर्जापुर चला गया था। उम्मीद है आप बख़ैरियत होंगे।''

बाबू रघुपति सहाय का यह खत भेजता हूँ। उन्होंने मौलाना अब्दुल हक़ साहब के पास भेजने के लिए मेरे पास भेजा है। मुझे मम्दूह का पता नहीं मालूम है। इलाहाबाद यूनिवर्सिटी में एक उर्दू प्रोफेसर की जगह है। २५० रुपये माहवार, २५ रुपये सालाना तरक्की। रघुपति सहाय उसके लिए कोशाँ है। मज़मूने खत से मालूम होगा कि वह क्या चाहते हैं। आप वराहे करम इसी डाक से इस ख़त को मुंशी अब्दुल हक़ की खिदमत में भेज दें। मैंने रघुपति सहाय से दर्याफ़्त भी किया था तो उनसे मालूम हुआ कि उन्होंने क़रीब-क़रीब सब मरहले तय कर लिये हैं, सिर्फ मोतरिज़ों की ज़बान बन्द करने के लिए दो चार खास मुसलमान असहाब की सिफरिश दरकार है।'

प्रेमचन्द का यह पत्र रघुपति सहाय के तथ्यों के उद्घाटन का दूसरा अध्याय है अर्थात रघुपति सहाय नौकरी पाने के लिए अन्य तद्‌युगीन युवकों की तरह अपनी जहानत पर विश्वास न करके सिफारिश पर ज्यादा विश्वास रखते थे। ऊपर दिया गया प्रेमचन्द का पत्र इस तथ्य का प्रमाण है।

रघुपति सहाय ने आत्मकथा में लिखा है कि ''मैंने अध्यापक की हैसियत से प्राइवेट तौर पर आगरा विश्वविद्यालय से प्रथम श्रेणी और प्रथम स्थान में एम.ए. पास किया। एम.ए. का नतीजा निकलते ही मेरी मातृसंस्था इलाहाबाद यूनिवर्सिटी ने मुझे अँगरेजी का अध्यापक बेअर्जी दिये नियुक्त कर दिया।'' (सूचना एवं जनसम्पर्क विभाग उ.प्र. का फ़िराक़ अंक मार्च १९८३, पृ. ४)

फ़िराक़ साहब अँगरेजी प्राध्यापक के पद पर बिना प्रार्थना पत्र दिये भले ही बुला लिये गये हों परन्तु सन् १९२५ में जब इलाहाबाद विश्वविद्यालय में उर्दू

प्राध्यापक का पद रिक्त हुआ था तब उन्होंने केवल अर्जी ही नहीं दी बल्कि सिफारिशें भी की थीं फिर भी वे उर्दू प्राध्यापक के पद पर नियुक्त नहीं हो सके। अँगरेजी प्राध्यापक के पद पर नियुक्ति के सन्दर्भ में कोई प्रामाणिक तथ्य नहीं प्राप्त है जिनके आधार पर कहा जा सके कि वे सीधे बेअर्जी दिये विश्वविद्यालय द्वारा बुला लिये गये थे।

फ़िराक़ के व्यक्तित्व एवं कृतित्व पर हिन्दी, उर्दू के कई विद्वानों द्वारा पुस्तकें लिखी गयी हैं और उ.प्र. सूचना एवं जनसम्पर्क निदेशालय द्वारा 'फ़िराक़ सदी की आवाज़' मार्च १९९७ में एक बहुत ही अच्छी पुस्तक प्रकाशित की गयी है। इन पुस्तकों के कई विद्वानों द्वारा कहा गया है कि फ़िराक़ कानपुर की पत्रिका 'ज़माना' में प्रायः प्रकाशित होते रहे। यह बात लगभग-लगभग सभी कहते हैं कि प्रेमचन्द ने फ़िराक़ की रचनाएँ जमाना में प्रकाशनार्थ अपनी सिफारिशी पत्र के साथ भेजी थी जिन्हें प्रकाशित भी किया गया था। कुछ लोगों का यह भी कहना है कि रघुपति सहाय को फ़िराक़ का तख़ल्लुस 'ज़माना' ने ही दिया था, लेकिन ये धारणायें भी निर्मूल हैं। प्रेमचन्द के कुछ पत्रों को पढ़कर तथ्यों का ज्ञान किया जा सकता है।

नीचे दिये पत्र से स्पष्ट है कि प्रेमचन्द ने अपनी मर्यादा की दो-चार सीढ़ियाँ नीचे उतरकर जमाना के सम्पादक से रघुपति सहाय की सिफारिश की थी परन्तु निगम साहब ने फ़िराक़ और उनके पिता गोरखनाथ 'इबरत' को भूलकर भी नहीं छापा था। प्रमाण के लिए उन पत्रों का पढ़ा जाना ज़रूरी है।

प्रेमचन्द ने ३० सितम्बर १९१८ को अपने सिफारिशी पत्र के साथ फ़िराक़ की रचनाएँ निगम साहब के पास भेजी थीं। ३० जून को लिखा था—"आज की डाक से एक मज़मून भेजता हूँ। एक नज़्म भी है जो मेरे काबिल दोस्त बाबू रघुपति सहाय ने भगवत् गीता की दसवीं मंजिल से तर्जुमा की है। यह इस साल डिप्टी कलेक्टर में नामज़द हो गये हैं। इल्मदोस्त आदमी हैं। शेर ओ सुख की चर्चा पसन्द है। इनका एक मज़मून गालिब पर ईस्ट वेस्ट जून में छपा था और बहुत काबिलियत से लिखा गया था। यह मेरी प्रेम पचीसी के मुक्तखक (चुने हुए) हिस्सों को अँगरेजी में तर्नुमा करने का इरादा कर रहे हैं और मरहम तर्जुमा शुरू भी किया है। हाँ इस नज़्म में कुछ नौमस्की (नौसिखिएपन) फरोग गुजाश्ते (खामियाँ) रह गयी हैं।" (प्रेमचन्द की चिट्ठी पत्री भाग एक पृ. ७७-७८ सम्पादक अमृतराय मदन गोपाल)।

प्रेमचन्द ने २८ जनवरी १९१९ को पुनः लिखा—"ताज्जुब है कि रघुपति सहाय का मज़मून अब तक आपके पास नहीं पहुँचा। मैंने उसे यहाँ से २३ या २४ को भेज दिया है। रसीद से मुत्तिला कीजिएगा। बाबू रघुपति सहाय का दूसरा मज़मून भी जल्द जावेगा। आजकल वे कानवोकेशन जलसे में गये हुए हैं।" (वही पृष्ठ ७९)

३० जनवरी १९१९ को पुनः लिखा—'बाबू रघुपति सहाय अलबत्ता लिख रहे हैं और लिखने का वादा करते हैं। इनकी नज़्म जरूर नज़र साहब के पास भिजवा दीजिएगा और शाया करने की भी कोशिश फ़रमाइएगा।' (वही पृष्ठ ७९)

प्रेमचन्द ने रघुपति सहाय के लिए सिफारिशी पत्रों की शृंखला बनाते हुए ३१ जनवरी १९१९ को लिखा—"बाबू रघुपति के मज़मून की रसीद अब तक नहीं मिली। तरद्दुद है। बराहे करम जल्द इससे मुत्तिला दीजिए और उनके मुताल्लिक़ अपनी राय भी तहरीर फरमाइए। वह इसरार (अनुग्रह-आग्रह) भी कर रहे हैं।'

७ फरवरी १९१९ को लिखा—"मज़मून की रसीद मिली। बाबू रघुपति सहाय आजकल कानवोकेशन के जलसे में इलाहाबाद गये हुए हैं। उनका पता है—आनन्द भवन,गोरखपुर। आदमी सुख़न फहम हैं। दमाग फ़लसफ़ियाना। मुस्तैद है। मगर जरा (झक्की) मुतलष्विन है। इलाहाबाद से आकर वह मीर का मज़मून खत्म कर देंगे और मैं कोशिश करूँगा कि वह कोई और मज़मून लिखें।"

१४ फरवरी १९१९ को लिखा—"कल कार्ड मिला। बाबू रघुपति सहाय का पत्र लिखने में गलती हुई। आनन्द भवन के बजाय लक्ष्मी भवन होना चाहिए। (पृष्ठ ८१) बाबू रघुपति सहाय शायद रुठी रानी का तर्जुमा अँगरेजी में करना चाहते हैं। मीर पर उनका मज़मून एक हफ्ते में तैयार हो जाएगा"। (पृष्ठ ८१)

५ सितम्बर १९१९—"बाबू रघुपति सहाय अजीब सुस्त आदमी है। 'तअश्शुक' पर एक मज़मून लिखा। वह अँगरेजी में। मीर का आधा लिखकर छोड़ा है। अवनीन्द्र नाथ का मज़मून 'Message of the forest' जुलाई के माडर्न रिव्यू में है। शायद उसे तर्जुमा करें।" (पृष्ठ ८७)

२० सितम्बर १९१९—"बाबू रघुपति सहाय की तहरीक से उसके वालिद के कलाम का एक हिस्सा इरसाल है। एक नोट भी उसके साथ है। मुनासिब समझें तो दर्ज कर दें। रघुपति सहाय की नज़्म क्या हुई! अगर दर्ज़ न करें तो उसे वापिस कर दें। वह बार-बार तकाज़ा करते हैं।"

४ अप्रैल १९२० को लिखा—"मैंने यहाँ से इबरत मरइम की मसनवी 'हुस्ने फितरत' रवाना की थी। वह ज़माना में अभी तक नहीं निकली। बाबू रघुपति सहाय दर्याफ़्त करते हैं कि आप उसे कब तक शाया करने का कष्ट रखते हैं। अगर आप किसी सबब से जमाना में जगह न दें सकें तब उसे वापस फ़रमा दें क्योंकि यहाँ उनके पास उसकी कोई नकल नहीं है।" (पृष्ठ ९९)

१४ अप्रैल १९२०—"इधर बाबू रघुपति सहाय के तकाज़ों के मारे नाक में दम है। मुंशी गोरखप्रसाद मरदूम की मसनवी 'सुस्ने फ़ितरत' के मुताल्लिक आपने क्या फ़ैसला फरमाया है। जल्द मुत्तिला फरमाइए।" (पृष्ठ १००)

२९ सितम्बर १९२०—"बाबू रघुपति सहाय आजकल नागपुर गये हैं। उन्हें

मज़ामीन लिखने की अब फुर्सत कहाँ। शायद इसे भी नान-कोआपरेशन समझें।''

२२ फरवरी १९२०—''बाबू रघुपति सहाय का खत आया है। आपने उनकी ग़ज़ल नहीं शाया की। इसकी शिकायत की है। चन्द और ग़ज़लें और रुबाइयाँ भेजी हैं। जुमे के दिन लेता आऊँगा।'' (पृष्ठ ११९)

सरस्वती प्रेस बनारस से १४ अगस्त १९२३ को प्रेमचन्द ने दया नरायन निगम को पत्र लिखा जिसमें उन्होंने रघुपति सहाय का भी उल्लेख किया। लिखा, ''बाबू रघुपति सहाय तशरीफ़ लाये हुए हैं। 'ज़माना' का ताजा पर्चा मेरे पास नहीं आया। क्या अभी नहीं निकला?'' (पृष्ठ १३९)

२६ दिसम्बर १९२३ को लिखा, ''बाबू रघुपति सहाय ने एक मुशायरा जेल की रिपोर्ट भेजी है। देख लें। वहीं दर्ज़ करा दें तो अच्छा हो। ग़रीबों की आरज़ू बर आये।'' (पृष्ठ १४०)

इन पत्रों से प्रेमचन्द के बड़प्पन का स्पष्ट पता चलता है। आज के ज़माने में किसी वरिष्ठ द्वारा कनिष्ठ की रचनात्मक उन्नति के लिए इतना बड़ा काम नहीं किया जा सकता जितना बड़ा काम प्रेमचन्द ने रघुपति सहाय के लिए किया। इसका उदारहण नीचे दिये गये पत्र से भी मिल सकता है। प्रेमचन्द ने 'कहकशाँ' में भी रघुपति सहाय के प्रकाशित होने की राह बनायी थी परन्तु यह राह भी लक्ष्य तक नहीं पहुँची। १४ सितम्बर १९२० को इम्तयाज़ अली 'ताज' जो 'कहकशाँ' का सम्पादन करते थे, को प्रेमचन्द ने अपने एक पत्र में लिखा था, ''बाबू रघुपति सहाय ज़िन्दादिल शायर हैं। उन्होंने भी आपकी ग़ज़लों की खूब दाद दी। वह आपके 'लाला ए सहरा' का तर्जुमा अँगरेजी में करना चाहते थे मगर बहुत दिक्कत देखा तो इरादा तर्क कर दिया।''

प्रेमचन्द द्वारा रघुपति सहाय के लिए लिखे गये पत्रों में एक मज़ेदार आस्वाद यह मिलता है कि उन्होंने हर सम्पादक के पास लोभ का हरा चारा अवश्य डाला। उन्होंने प्रायः सभी को लिखा कि बाबू रघुपति सहाय आपकी अमुक पुस्तक का अँगरेजी में अनुवाद करना चाहते हैं, लेकिन सम्पादक भी इस फ़ितरत को भलीभाँति समझते थे इसलिए इस हरे-चारे का कोई प्रलोभन उनके मन में नहीं पैदा हुआ।

प्रेमचन्द द्वारा लिखे पत्रों से यह भी ज्ञात होता है कि वे आवश्यकता पड़ने पर बाबू रघुपति सहाय से आर्थिक सहायता भी लेते थे परन्तु यों ही नहीं बल्कि सूद देकर। इस सन्दर्भ में मुंशी दया नरायन 'निगम' और महताब राय के पास भेजे गये पत्रों को पढ़कर ही तथ्यों से परिचित हुआ जा सकता है। प्रेमचन्द ने जब 'हंस' पत्रिका प्रकाशित करने का निर्णय किया तो उन्हें कुल आठ हजार रुपये का प्रबन्ध तत्काल करना था। उनके पास इतने रुपये नहीं थे। इस सन्दर्भ में उन्हें 'निगम' साहब और रघुपति सहाय के सामने हाथ फैलाने पड़े थे। पहला (निगम) उनका

गुरुवत मित्र था और दूसरा (रघुपति) उनका स्नेह भाजन शिष्य। उन्होंने ४६/३१ मध्यमेश्वर, बनारस से १८ जुलाई, १९२३ को 'निगम' को पत्र लिखा, 'आपका पत्र पढ़कर सख्त मायूसी हुई। आप उधर परेशान, मैं इधर परेशान। कौन किसको सुने। पर आपके बसाइल (साधन) वसीह (विस्तृत) है, मेरे निहायत महदूद (सीमित)। इसलिए मुझे फिर भी यही अर्ज़ करना पड़ता है कि आपने मेरी तरद्दुदात का अन्दाजा शायद नहीं किया परन्तु इसकी तौज़ीह (स्पष्टीकरण) महज इतने से ही हो सकती है कि मुझे मजबूर होकर चार सौ रुपये कर्ज लेने पड़े और मकान का किराया दो सौ रुपये देने पर फिर दो सौ बच रहे। अभी आजकल में Chase आ जायँगे और फिर बिल्कुल तिहीदस्त (खालीहाथ) हो जाऊँगा।

२० से प्रेस का काम शुरू होगा। मेरे पास अब कुछ नहीं रहा। कुल आठ हज़ार रुपये का तख़मीना किया था। मैं पाँच सौ रुपये ज़ाइद खर्च कर चुका। अब कहाँ से लाऊँ। दोस्तों को तकलीफ़ देने के सिवा और कहाँ जाऊँ चार सौ रुपये एक साहब से लिये। अगर आप तीन सौ रुपये दे सकें तो एक महीने के लिए कुछ सर हल्का हो जाय। एक महीने में ग़ालिबन कुछ आमदनी हो जायगी। शायद उस वक़्त तक बाबू रघुपति सहाय का मौज़ा फरोख्त हो जाय। इसके बाद ही वे रुपये अदा करने वाले हैं। .....' (पृष्ठ १३७-१३८)

बाबू रघुपति सहाय का मौज़ा बिक गया और उन्होंने प्रेमचन्द को १४ प्रतिशत सालाना सूद पर दो हज़ार रुपये दे दिये, इसका प्रेमचन्द द्वारा गंगा पुस्तक माला, लखनऊ से २४ अप्रैल १९२४ को लिखे पत्र में खुलासा किया गया, उन्होंने महताबरय को लिखा "बाबू रघुपति सहाय को असल २००० रुपया और सूद डेढ़ साल का १८० रुपया कुल २१८० रुपया अगस्त तक" चुकाना पड़ेगा।

इस पत्र से दो बातें स्पष्ट होती हैं कि प्रेमचन्द रघुपति सहाय जैसे प्रिय शिष्य से भी बिना सूद कर्ज़ नहीं लेते और दूसरी बात यह ज्ञात होती है कि बाबू रघुपति सहाय ने उस प्रेमचन्द से भी सूद लेना स्वीकार कर लिया।

ऊपर के पत्रों से स्पष्ट ज्ञात है कि प्रेमचन्द ने रघुपति सहाय के लिए इतने अधिक सिफारिशी पत्र लिखे कि उनसे किसी भी प्रकार से सूद लेना उचित नहीं कहा जा सकता लेकिन सूद उन्होंने लिये चाहे उचित या अनुचित।

रघुपति सहाय और प्रेमचन्द के इन पत्रों के बाद भी एक पत्र और भी पढ़ा जाना अत्यन्त ज़रूरी है। यह पत्र रघुपति सहाय 'फ़िराक़' ने प्रेमचन्द के नाम एक कचहरी रोड इलाहाबाद से १० सितम्बर १९३१ को लिखा था "हफ़्तों हुए आपका खत मिला था। आपको शायद इसका एहसास भी नहीं कि मुझमें क़ूवते-इरादी क़रीब-क़रीब बिल्कुल मफ़क़ूद हो चुकी है और अह्‌बाब की जब कोई फ़र्माइश कुछ भी लिखने पढ़ने की होती है तो एक सदमा होता है। आप तो मुसन्निफ़ हैं,

मगर जो मुसन्निफ़ नहीं है या जिसके दिल-ओ-दिमाग़ को कम अज़ कम तखनीफ़ की मश्क़ या आदत नहीं है और जिसने कभी यूँ ही कुछ लिख पढ़ दिया हो, खुसूसन जब बेदिली का उस पर अटल तसल्लुत हो चुका हो, वह क्या लिखे पढ़े। इसके अलावा पाँच छ: बरसों से सिवा कुछ उर्दू अशआर के हिन्दी के पाँच सतर भी जो दिलचस्पी और इनहमाक से न पढ़ सका हो, ऐसा शख्स करे तो क्या करे। यक़ीन मानिए अगर मैं खुद हिन्दी में कुछ लिखूँ तो दिल उसे पढ़ने को न उभरेगा। इस मुआमले में मेरी रुहानी मौत हो चुकी है।

फ़िलहाल मेरा हाल यह है कि मुलाज़िमत यहाँ पर अभी मुसतक़िल नहीं है। जिम्मेदारियाँ मेरी मामूली नहीं। तीन अपने बच्चे हैं जो अब बढ़ गये हैं। दो भाई एफ.ए. में हैं जिसकी ज़िम्मेदारियाँ उसकी उम्मीदों और खुशियों या खुशख़यालियों से ज़्यादा हैं। वालिदा, बीवी और मैं खुद। इन सबके अख़राजात। किसी तरह काम चला रहा हूँ और सुकून की तरफ़ से, इत्मीनान की तरफ़ से नाउम्मीद हो चुका हूँ। जो क़र्ज़ा लिया है, उसका ख़मियाज़ा अलग भुगत रहा हूँ। इंसान यह सब उठा ले बशर्ते कि कोई मरकज़ उसकी दिलचस्पियों का हो। यही मरकज़ सहारा होता है। ऐसा बड़ा शायर भी नहीं हूँ कि ज़िन्दगी से मरकर शेर में ज़िन्दा रहने की कोशिश करूँ, या उम्रे—तबीई को बिलकुल तखईली बना डालूँ। इस मिसरे को दुहराया तो गँवारा करते हैं लेकिन कितने पते की बात है—

'न खुदा ही मिला न विसाले सनम, न इधर के हुए न उधर के हुए।'

बहरहाल सुकूने-यास को ही ग़नीमत जानकर सब्र किये जा रहा हूँ लेकिन भाई, वक़्त और उम्र का एक अजब असर होता है और एक भयानक और तकलीफ़देह घबराहट अक्सर रूह का गला घोंट देती है और साँस रुक जाती है। उम्र भर बेदिल रहने का एक तकलीफ़देह असर यह हुआ करता है कि कहने के लिए नहीं बल्कि दरहक़ीक़त जीते हुए शर्म आती है। ख़ैर खुदफ़रामोशी की मश्क झक मार किये जाता हूँ। इन सुतूर को रस्मी टालमटोल या हमदर्दी हासिल करने का बहाना शायद आप न तसव्वुर करेंगे।

भाईजान, गुप्तजी के कर्ज़े के लिए दो सौ रुपये साल आप ज़रूर दिये जाइए। आपकी फ़र्जशनासी का बहुत सहारा है। हाँ मुझे अब तक का हिसाब अगर मुमकिन हो तो लिख भेजिए। मुझे बदहवासी में इसका भी पता नहीं कि आपसे कितना मिलना है। और यह भी लिखिए कि दो सौ रुपये कब तक आप भेज सकेंगे।

प्रेस से आपको इतना नुक़सान हो रहा है। क्या निस्फ़ नुक़सान उठाकर आप उसे निकाल देना अच्छा नहीं समझते?

आपके बच्चे कहाँ पढ़ रहे हैं। आपकी मुलाज़िमत कब तक क़ायम रहने की

उम्मीद है ? नवलकिशोर प्रेस के लिए आप फ़िलहाल क्या काम कर रहे हैं। खुद क्या लिख रहे हैं। अफ़साने या कोई नाविल।

कभी इलाहाबाद आने की इधर उम्मीद है या नहीं।

देखिए Round Table Conference में क्या होता है। यूँ ही वक़्त मुल्क पर और सारी दुनिया पर नाज़ुक है। कहीं ऐसे में फिर 'इंक़लाब ज़िन्दाबाद' हुआ तो कम अज़ कम हम लोगों की ज़िन्दगी भर तो खुदा ही खुदा नज़र आएगा। और यों तो हिन्दोस्तान सख्तजान मुल्क है, ज़िन्दा रहेगा और फिर मुमकिन है, बल्कि अगलब है, कि सुकून के दिन भी अहले-मुल्क को नसीब होंगे। मगर कब ?

इस प्रकार पुराने पत्रों और नये तथ्यों का भली-भाँति उद्घाटन हो जाता है।

इत्यलम् नहीं

स्वदेश के फ़िराक़ पुस्तक में रघुपति सहाय 'फ़िराक़' के बारे में अनेक नये तथ्यों का उद्घाटन हुआ है। इस पुस्तक को पढ़ने के बाद 'फ़िराक़' पर लिखी तमाम किताबों के तथ्य झूठे पड़ जाते हैं, परन्तु यहाँ किसी लेखक या नक़्क़ाद को काल्पनिक साबित करने का कोई इरादा नहीं है। इसलिए उन लेखकों के उद्धरण बहुत कम दिये गये हैं। जिन्होंने केवल कल्पना या जनश्रुति के आधार पर फ़िराक़ के बारे में लिख दिये हैं।

स्वदेश के फ़िराक़ पुस्तक में फ़िराक़ के बारे में जो कुछ लिखा गया है वह इसलिए इत्यलम् नहीं है कि दशरथ प्रसाद द्विवेदी गोरखपुर के कार्यालय से जितने भी अंक प्राप्त हो सके हैं उन्हीं के आधार पर फ़िराक़ का वर्णन किया गया है। स्वदेश के तमाम अंक प्राप्त नहीं हो सके। प्रयास करने के बाद जिस समय वे अंक उपलब्ध हो जाएगें उस समय स्वदेश के फ़िराक़ के बारे में सम्पूर्ण विवरण दिये जा सकेंगे।

इस किताब के परिशिष्ट में रघुपति सहाय के जो लेख, सम्पादकीय, जीवनी, और रिर्पोताज दिये गये हैं वे फ़िराक़ द्वारा तमाम मंचों से दिये गये भाषणों को आधार बनाकर लिखे गये हैं। भाषणों से बने कुछ लेख में रघुपति सहाय का नाम आया है और कुछ में नहीं। जिनमें रघुपति सहाय का नाम नहीं आया है उन्हें रघुपति सहाय के खाते में इसलिए डाला गया है कि स्वदेश के सम्पादक दशरथ प्रसाद द्विवेदी जब भी बीमार पड़ते या कहीं बाहर चले जाते या पुलिस की हिरासत में होते तो उन अंकों का सम्पादन अकेले रघुपति सहाय ही करते थे और पहले पृष्ठ से लेकर बारहवें-सोलहवें पृष्ठ तक कुल वही लिखते थे। इन पृष्ठों को भरने के लिए वे दूसरी पत्रिकाओं से कुछ मज़मून साभार लेकर प्रकाशित करते थे। कुछ समाचार जो संवाददाताओं द्वारा भेजे जाते थे। वे प्रकाशित होते थे। अग्रलेख, सम्पादकीय या दूसरे प्रकार के लेख रघुपति सहाय को ही लिखने पड़ते थे। इन तथ्यों का प्रमाण पिछले पृष्ठों पर दिया गया है जो दशरथ प्रसाद द्विवेदी के ही कथन थे। इसके प्रमाण में २१ जुलाई १९२३ का स्वदेश देखा जा सकता है जिसमें सम्पादक रघुपति सहाय बी.ए. स्पष्ट रूप से लिखा हुआ है तथा अन्य दूसरे अंकों में भी।

रघुपति सहाय के नाम से लिखी लगभग आधा दर्जन कहानियाँ और लेख मेरे

पास सुरक्षित हैं और कोई सही व्यक्ति मिल गया तो उसकी सहायता करने में मुझे कोई एतराज नहीं होगा।

परिशिष्ट में भाषणों से बने एक-दो लेख अधूरे इसलिए हैं कि स्वदेश की आवश्यक प्रतियाँ नहीं मिल सकीं। इसलिए इतना सब कुछ लिखने के बाद स्वदेश के फ़िराक़ का इत्यलम् नहीं समझना चाहिए।

परिशिष्ट

५ दिसम्बर १९२०

जातीय विद्यालय कैसे हों?

जातीय विद्यालयों में और जो कुछ भी बाते हों, उनका प्रबन्ध और उनकी शिक्षा-प्रणाली जिस तरह की भी हो, किन्तु निम्न-लिखित बातों का विचार यदि नहीं रखा जायगा तो जातीय शिक्षा का प्रयत्न, मेरी राय में, बेफायदा और निर्मूल साबित होगा। अब ज़माना बदल गया है, अब शिक्षा किसी एक जाति विशेष के ही लिए नहीं है, बल्कि अब उसे भारत के समस्त बालक और बालिकाओं में फैलाने की आवश्यकता है। शिक्षा पाकर, अब सब लोग कलम ही से अपने पेट नहीं पाल सकते। शिक्षा का अभिप्राय अब नौकरी या वकालत नहीं रह सकता। विद्या बेचकर पेट पालना सरस्वती देवी को लज्जित करना है। अब हर आदमी को हाथ से काम करके और दिमाग़ से उस काम में मदद लेकर कमाना होगा। और वह काम भी ऐसा होगा जो राष्ट्र के शरीर के पालन और पोषण का भार उठाये। अर्थात् अब वस्त्र और भोजन इत्यादि के सामान पैदा करने में हर शिक्षित भारतवासी को बराबर हिस्सा लेना पड़ेगा।

भारत में अँगरेजी राज्य का इतिहास भारत से कपड़ा बनाने के कामों के मिट जाने का इतिहास है। अपना कद़म भारत में जमाने के लिए ईस्ट इण्डिया कम्पनी ने सबसे पहला काम यह किया कि कपड़ा बनाने के जितने प्रबन्ध इस देश में थे उनको हस्तगत कर लिया। अन्य नेताओं से महात्मा गाँधी की महानता इसी से सिद्ध है कि उन्होंने भारत के वर्तमान इतिहास के उस हिस्से पर नज़र डाली। जहाँ भारत की स्वतन्त्रता विदेशियों के हाथ में पड़ गयी। वह समझ गये कि जिस चीज को नाश करके विदेशियों ने अपना साम्राज्य भारत में जमाया उसी चीज को पुनर्जीवित करने से भारत फिर स्वतन्त्रता प्राप्त कर लेगा।

हर देश की क़िस्मत का फैसला उसके विद्यालयों में, उसके नवयुवकों के हाथ में रहता है। इसलिए आवश्यक है कि जिस शहर में कोई जातीय विद्यालय न हो उस शहर में भी जातीय विद्यालय खोला जाय।

२८ नवम्बर १९२०

गोरखपुर में जागृति

संयुक्त प्रान्त में गोरखपुर भी अपना एक ख़ास मरतबा रखता है। इस जिले की सरकारी कचहरियों, स्कूलों, कालेजों, तेजारत तथा क्लब आदि के कारण यहाँ की जनता में भी नये यूरोपीय सभ्यता के मुताबिक काफ़ी 'जीवन' और चहल-पहल रहती आयी है और देश तथा सूबे के राजनैतिक जीवन और आन्दोलन की लहरें भी यहाँ पहले ही से पहुँचती रही हैं। किन्तु, खुशी की बात है कि अब कुछ दिनों से इस जिलें में काफ़ी जागृति पैदा हो गयी है। फिर भी देश सेवा के पवित्र धर्म के पालन में यहाँ बड़ी कठिनाइयाँ पड़ती रही हैं। सबसे बड़ी अड़चन तो यह है कि जो चोटी के बैरिस्टर और वकील इस जिले में हैं वह राजनैतिक आन्दोलन में जनता के अनुकूल काम करना शायद अपनी हैसियत के नीचे समझते हैं। यहाँ के मज़दूर, दूकानदार, किसान, विद्यार्थी तथा यहाँ की जातीय संस्थाएँ बिलकुल अनाथ रही हैं। सूबे के बड़े-बड़े नेता भी इस गोरखपुर कमिश्नरी को भूले हुए हैं। ऐसी हालत में जनता को यदि कुछ सहारा मिलता रहा है तो केवल उन इने-गिने व्यक्तियों को जिन्होंने 'लीडरी' का कभी भी दम नहीं भरा और जो अपने सामर्थ्य के अनुसार थोड़ा-बहुत काम सदा करते रहे। इतना ही नहीं, केवल गोरखपुर ही का ज़िला था कमिश्नरी नहीं बल्कि बहराइच, गोंडा, बस्ती, आज़मगढ़, ग़ाजीपुर और बलिया के ज़िलों में भी अब तक जातीय सन्देश यहीं गोरखपुर पहुँचाता रहा है। लेकिन महात्मा गाँधी ने जब से असहयोग का महान, गम्भीर और विस्तृत कार्य देश भर में फैलाना शुरू किया है तब से हर समझदार आदमी को यह अनुभव होने लगा है—और ठीक अनुभव होने लगा है—कि अब अपने राजनैतिक कार्य का भार प्रत्येक ज़िला खुद ही उठा सके तो अच्छा हो और ऐसा करने के लिए उसे अपनी सम्पूर्ण शक्तियाँ काम में लानी चाहिए। अब कोई एक अख़बार अथवा कोई एक नेता अथवा धार्मिक, राजनैतिक उत्सव इत्यादि इस कार्य को अकेले नहीं उठा सकते। अब हर जिले के राजनैतिक कार्य को एक संगठित और चिरस्थायी रूप धारण करना पड़ेगा। हर जिले में सैकड़ों ऐसे देश भक्तों की आवश्यकता होगी जो साल में ३६५ दिन असहयोग और देश-सेवा का काम डटकर कर सके। गोरखपुर में इस वक़्त काफ़ी तड़प पैदा हो गयी है। शायद यह जोश चन्दरोज़ा नहीं है। इसकी

जड़ें देशभक्ति और शासन परिवर्तन के उस असीम और अगम्य भाव में है जो भारत की सच्ची जागृति का फल है, क्योंकि अब तक भारत केवल अँगड़ाइयाँ ले रहा था, जगा नहीं था। मैं इस लेख में 'स्वदेश' के उन हिन्दू मुसलमान पाठकों से निवेदन करता हूँ जो गोरखपुर के ज़िला या देहातों में रहते हैं। हम उनसे पूँछते हैं कि क्या गोरखपुर में राजनैतिक जीवन ऐसे ही फुसफुसा या बेढ़ंग रहेगा या कोई संगठित और चिरस्थाई रूप धारण करके इस जिले और कमिश्नरी को सच्ची कर्म-भूमि बना देगा? यही घड़ी है जब एक ऐसी संस्था की नींव डाली जा सकती है जो काँग्रेस और दूसरी जातीय सभाओं के महत्वपूर्ण उद्देश्यों का साकार और जीवित स्वरूप होगी। जब हमको इसकी पूर्ण आशा है कि कोई ऐसी संस्था गोरखपुर में स्थापित की जायगी (और हम लोग इस उद्योग में लगे भी हैं) तो आर्थिक अथवा अन्य सहायताओं के बिना उसका काम रोकना न पड़ेगा। यह संस्था किस तरह की होगी, इसमें क्या काम होगा, इसका क्या उद्देश्य और आदर्श होगा, इस पर हम अपने विचार शीघ्र ही प्रकाशित करेंगे। हाँ, इतना अवश्य है कि यह संस्था त्याग और सेवा तथा जातीयता का नमूना होगी और वह निरन्तर काम भी करती रहेगी। पाठक इस प्रस्ताव पर विचार करें और अपने धर्म-पालन के लिए तैयार हो जायं ताकि समय निकल जाने पर हमें पछताकर यह न कहना पड़े कि,

"वह सींचने खेत कब उठे हैं,
उमस गये जब तमाम पौधे।
वह पानी लेने को कब गये हैं,
भड़क उठी है जब आग घर में।"

अब परम पिता परमात्मा से यही प्रार्थना है कि वह गोरखपुर निवासियों को बल और बुद्धि दें और इस कठिन घड़ी में जब भारत की नाव मँझधार में पड़ी डगमगा रही है गोरखपुर निवासी भी सावधानी और दृढ़ता से इस आफ़त का सामना करने में समर्थ हों।

२४ अक्टूबर १९२०

विजय कामना

शुक्रवार को—इसी शुक्रवार को—विजय दशमी थी। समूचे हिन्दोस्तान के धर्मावलम्बियों ने, अपनी इन्हीं खुली आँखों से, राम-लीला के बहाने, लंकाधिपति रावण की ठठरियों को रोते हुए देखा होगा; और देखा होगा यह भी कि रावण के कुल का किस प्रकार सत्यानाश हुआ। कहा है कि पाप का परिणाम समस्त कुल को भोगना पड़ता है। रावण ने पाप किया था; गो और ब्राह्मणों को कष्ट दिया था; सती साध्वी सीता को छल से अपने यहाँ हर लाया था। उसके पापाचार से सभी व्याकुल थे। पाप का घड़ा भर चुका था। छलकने भर को देर था। अन्त में वह छलक उठा—ऐसा छलका कि रावण के घर में कोई दिया-बत्ती तक जलाने वाला नहीं बचा। यह होना कुछ असम्भव भी नहीं था। जिस युग में रावण की इस प्रकार 'दुर्दशा' हुई थी, उस समय 'राम-राज्य' था। राम को हम लोग ईश्वर कह कर पुकारते हैं परन्तु शर्म की बात है कि हम उन्हें केवल अवतार कह कर, 'उनके चरणों पर भक्ति के दो बूँद अश्रु गिराकर', अपनी आँख फेर लेते हैं। भगवान रामचन्द्र ईश्वर के अवतार थे, यह ठीक है; लेकिन उनका अवतार हुआ किसलिए था—यही बात है, जिसे चिताने के लिए प्रत्येक छोटे-बड़े स्थानों में, हर साल, विजय दशमी का उत्सव मनाया जाता है। पिछले वर्षों की भाँति इस साल भी यह उत्सव देश-भर में मनाया गया। इन उत्सवों में जो आमोद-प्रमोद पहिले था, इस साल भी रहा। इस लीला को देखकर हमारी आँखें न तो पहिले खुली थीं। और न अब खुली हैं। परन्तु अब यह आँख-मिचौवल का खेल अधिक लापरवाही से नहीं खेला जा सकता। अगर हम इसी प्रकार खेलेंगे तो बराबर उस समय तक हमारे सर पर करारे चपत रसीद होंगे जब तक कि हम 'पहिला चपत' मारने वाले को पहचान नहीं लेते, वरना चपत खाते-खाते हमारी खोपड़ी गंजी हो जायगी, सर पर एक बाल भी न बच रहेंगे। सोचिए कि आखिर बात क्या है? माना कि इस समय राम या रावण नहीं हैं, पुरानी दृष्टि से वैसी परिस्थिति भी नहीं है; परन्तु सदाचार और अनाचार में अब भी जंग छिड़ी हुई है। भारतवासी स्त्री को लक्ष्मी कहकर पुकारते हैं। हिन्दोस्तान की सीता रूपिणी लक्ष्मी—हिन्दोस्तान की विभूति-हमारे पास से हर ली गयी है; और, कहना चाहिए कि छल से हर ली गयी है। ढिंढोरा तो पीटा

जाता है कि हिन्दोस्तान में 'राम-राज्य' है, शेर और बकरी दोनों एक घाट पर पानी पीते हैं; परन्तु हमें 'राम' की वह सच्ची नीति, प्रजा-पालन का वह सर्वोत्तम उदाहरण, कहीं भी नजर नहीं आता कि एक मामूली धोबी के कहने पर अग्नि में परीक्षा की गयी, सगर्भा सती साध्वी महारानी सीता को घर से निकाल दिया जाय। विपरीत इसके, इस समय अगर प्रजा यह कहती है, कि अमुक चीज इस तरह नहीं इस तरह की जाय अथवा यह हमारी सम्मति के विरुद्ध है इसलिए ऐसा किया ही न जाय तो कार्रवाई ठीक इसके प्रतिकूल की जाती है। और अगर कष्ट की बात पूछिए। तो, कौन ऐसा हिन्दोस्तानी है जो किसी वेदना से पीड़ित न हो। राम-लीला देखने का खास यही उद्देश्य होना चाहिए और इसी उद्देश्य को सामने रखकर इस उत्सव की नींव डाली गयी थी कि हम अपनी स्थिति पर गौर करें और विपत्तियों का सामना करते समय, राह से भटकते वक़्त, हम अपने पूर्वजों के उदाहरणों पर एक सरसरी नजर दौड़ालें, उनसे शिक्षा ग्रहण करें और अपने को इस रूप में ढाल लें कि प्राचीनता की रस्सी के सहारे हम विषम-सिन्धु को पारकर लें जाँय। रामायण, रामलीला तथा राम की प्रत्येक हरकत से हमें शिक्षा मिलती है और यदि हमें हिन्दू होने का गर्व है तो हमें उनके नक्शे क़दम पर चलकर अपना, अपने जाति और अपने देश का मुख उज्ज्वल करना चाहिए। हमें लोगों को—उन लोगों को जो हमारी जातीय लीलाओं को स्वाँग कहकर पुकारते हैं—स्पष्ट रूप से यह दिखला देना चाहिए कि हम अपने प्राचीन गौरव का आह्वान करने के लिए ही इन उत्सवों को मनाते हैं, ठट्ठा मारने के लिए नहीं। ईश्वर ने यदि नर-रूप में अवतार लेकर हमें मनुष्य की भाँति संसार में विचरने का उपदेश दिया है, यदि उन्होंने यह दिखलाया है कि शुद्ध सात्विक भाव से बड़ी-बड़ी सेनायें, बड़े-बड़े अत्याचार, टूक-टूक हो सकते हैं तो क्या वजह है कि हम इन पर चलकर सफल मनोरथी न हों। जिस समय पिता की आज्ञा मानकर अपने छोटे भाई लक्ष्मण और सती सीता सहित श्री रामचन्द्रजी पंचवटी में मौजूद थे, उस समय दल-बल सहित भरत उनके दर्शनों के लिए वहाँ पहुँचे। यह देखकर लक्ष्मण को सन्देह हुआ, उन्हें क्रोध आ गया और उन्होंने श्री रामचन्द्रजी से केवल अपने बाहुबल पर भरत को परास्त करने की आज्ञा माँगी। रामचन्द्रजी ने उन्हें समझाया। समझाया यह कि अव्वल तो ऐसा हो नहीं सकता कि भरत हम पर आक्रमण करें और अगर करें भी तो हमें अपना कर्त्तव्य पालन करना चाहिए; हमें केवल सात्विक भाव से काम लेना चाहिए। लक्ष्मण जी शान्त हुए। मामला निपट गया। इसके बाद सीता जी हरी गयीं। सिवा अपने दोनों भाइयों के उनके पास और कोई शक्ति नहीं थी जो रावण का सामना करती। परन्तु, रामचन्द्रजी की ओर न्याय और सत्य था और दूसरी ओर था पाशविक बल। परन्तु, यह पाशविक बल सत्यबल के सामने नहीं टिक सका। यही

परीक्षा आज हिन्दोस्तानियों के सामने भी है। यदि वह सच्चे धार्मिक हैं, अपने पूर्वजों पर उन्हें अभिमान है, तो कोई कारण नहीं है कि महात्मा गाँधी द्वारा छेड़ा हुआ असहयोग सफल न हो। हृदय को सन्तोष देने के लिए केवल इतना समझना काफ़ी है कि बन्दरों और भालुओं की तरह देश की 'अशिक्षित जनता' महात्माजी के साथ है और वह उस समय तक रहेगी जब तक कि हम अपने उद्देश्य में सफल नहीं होते।

२४ अक्टूबर १९२०

असहयोग पर आलोचना प्रत्यालोचना

नानकोआपरेशन अथवा असहयोग

'अ+सह+योग'; अ=नहीं, सह=साथ, योग=मेल। किसी से मिलकर न रहना या मिलकर काम न करना असहयोग कहलाता है। संसार में असहयोग आदि काल से होता है। रूठ जाना, तलाक़ देना, त्याज्य-पुत्र कर देना इत्यादि व्यक्तिगत असहयोग के साधारणतम उदाहरण हैं। किसी व्यक्ति विशेष या समूह विशेष की किसी अक्षम्य त्रुटि के कारण उससे असन्तुष्टि प्रकट करने का इससे बढ़कर अन्य साधन शायद ही मानव कल्पना में आया हो। समाज से बहिष्कार, जाति से निकाल देना, धोबी नाई बन्द कर देना, आदि विभिन्न रूपों में भारत का बच्चा-बच्चा परिचित है। और अब तो हड़तालों के रूप में इसने एक नया ही बाना धारण कर लिया है और बड़ा जोर बाँधा है। निर्बल और अनन्योपाय मनुष्य के लिए तो इससे बढ़कर दूसरा साधन ही नहीं। और भारत में तो इसका इतना मान हैं कि ईश्वर प्राप्ति और मोक्ष का साधन भी संसार में असहयोग ही माना गया है। इतना होते हुए भी आजकल लोग इस शब्द से बेतरह चौकते हैं। 'असहयोग' का नाम लिया और लोगों ने कान खड़े किये। न मालूम ऐसी साधारण सी बात से, जिसको लोग प्राय: प्रतिदिन करते रहते हैं, इतनी घबराहट क्यों? निस्सन्देह अबकी बार इस शब्द का उपयोग एक बड़े, विस्तृत और व्यापक, अर्थ में किया गया है और असहयोग करना है सरकार के साथ। आधुनिक काल में ऐसे असहयोग के उदाहरण कम हैं, वरना प्राचीन समय में तो ऐसा अक्सर होता था कि प्रजा उस राजा का देश तक त्याग कर देती थी जिससे वह असन्तुष्ट रहती थी। इतिहास-प्रसिद्ध सूर्यवंश के प्रतापी राजा सगर का पुत्र असमंजस बड़ा दुष्ट था। वह प्रजा के बालकों को नदी में डुबा देता था और अनेकानेक उपद्रव करता था। रामायण में लिखा है कि प्रजा वर्ग के लोग राजा के समीप गये और बोले—

तजब देश घरु सुनहु नरेसू।
बिना तजे नहिं मिटै कलेसू॥

तुम नृप तजहु प्रजा प्रतिपाला।
सुत तुम्हार भा सब कर काला॥

इसलिए, कम से कम, भारतवासियों के लिए तो यह कोई नवीन बात नहीं। यह दूसरी बात है कि हम असहयोग को असहयोग न कहते रहे हों। भारतीय दृष्टि से तो असहयोग परम आवश्यक है और वैध आन्दोलन है। अत्याचारी के साथ सहयोग कैसा?

अब देखना यह है कि इस समय भारत में, असहयोग की आवश्यकता क्या है। कौन-सी ऐसी दलील आ पेश हुई कि महात्मा गाँधी ऐसे सात्विक योगी को 'असहयोग' की धुन सवार है। इस सम्बन्ध में खिलाफत का प्रश्न सबसे पहिले उठाया जाता है। मैं इस प्रश्न को अभी थोड़ी देर के वास्ते भुला दूँगा। मैं जानना चाहता हूँ कि बिला ख़िलाफ़त के भी हमारी जैसी सरकार से सहयोग कहाँ तक सम्भव है।

ज़रा आँखें खोलिए। अपनी अवस्था देखिए। अपने ही देश में आपका क्या हाल है? खाने को पूरा अन्न नहीं, पहिनने को कपड़ा नहीं; किसकी कृपा? 'सिडीशंस मीटिंग्ज़ एक्ट', 'रोलेट ऐक्ट', 'प्रेस ऐक्ट' खोपड़ी पर सवार; किसकी कृपा? देश के मर्द नामर्द और ज़नाने; किसकी कृपा? पंजाब में भारतवासियों के साथ रोमांचकारी अत्याचार; किसकी कृपा? सीमा प्रान्त पर हिन्दू महिलाओं का दिन-दहाड़े सतीत्व-नाश; किसकी कृपा? फ़ीजी, अफ्रीका इत्यादि में भारतीयों की दुर्दशा; किसके कारण? भाइयों! इन सब प्रश्नों का उत्तर बस एक ही शब्द में दिया जा सकता है—'सरकार'...। उस सरकार की कृपा, जिस पर नौकरशाही का सिक्का जमा हुआ है और जिसमें विदेशियों की भरमार है, जिनका स्वार्थ स्वभावतः हमारे स्वार्थ के प्रतिकूल है। क्या ऐसी हालत में आप लोग ऐसी सरकार के साथ सहयोग कर सकते हैं? क्या इन बातों का हिन्दू-मुसलमानों पर एक-सा प्रभाव नहीं पड़ता? क्या उपरोक्त कारण ही असहयोग के लिए पर्याप्त नहीं है? उत्तर आप दीजिए।

अब खिलाफत की ओर आइए। कुरान में लिखा है कि मुसलमानों का धार्मिक अधिपति या ख़लीफ़ा रूस का बादशाह होगा। धर्म की जड़ विश्वास है, और वहाँ तर्क का अधिक प्रवेश नहीं। अभी हाल ही में, 'स्वदेश' में श्रीयुत होती लाल जी वर्मा का एक लेख मेरी निगाह से गुजरा। उनकी राय है कि अब भारतीय मुसलमानों को रूस के बादशाह की अधिक परवा न करनी चाहिए। वे भारत में रहते हैं, वहीं के अन्न-जल से पलते हैं और अधिकांश हिन्दू सन्तान ही हैं, अतएव वे यहीं अपना एक धर्म-गुरू क्यों न बना लें। मैं बड़े अदब के साथ श्रीयुत वर्माजी

से प्रश्न करता हूँ। आप जाह्नवी के जल को ही क्यों पवित्र मानते हैं ? क्या अफ्रीका प्रवासी हिन्दू भाई नाइल के जल को पवित्र मानने को तैयार हैं, या आप भारत में ही कर्मनाशा के जल को ? गौ-रक्षा के लिए हिन्दुओं की यह सर-फुड़व्वल क्यों ? मूर्ति या मन्दिर नष्ट होने से आप आपे से बाहर क्यों हो जाते हैं ? भाईजी! यह है मजहबी सवाल। क्या यहूदी जौरडन के बदले गंगा को पवित्र मान सकते हैं ? अगर कुरान शाहेरूस को ख़लीफ़ा कहता है तो धर्म प्राण मुसलमान शाहे रूस को ही ख़लीफ़ा मानते रहेंगे— चाहे फिर उसे अन्धविश्वास कहिए या धार्मिक जोश। अगर ऐसा न होता तो खुदा, राम, मुहम्मद, ईसा का झगड़ा कब का मिट गया होता और यह भूमि जो दुःखागर बनी हुई है वह स्वर्ग से भी बढ़ जाती। अतः ख़िलाफ़त की मकसद को समझने के बाद यह देखना चाहिए कि हुआ क्या है ? टर्की या रूस युद्ध में हार गया। मित्र-राष्ट्रों ने उसके राज्य को तिक्का-बोटी कर लिया। शाहेरूस की सत्ता काफूर हो गई मक्का मदीना आदि पवित्र स्थानों पर से उसका अधिकार उठ गया; इत्यादि। भारतीय मुसलमानों को यह कुछ पहिले ही से सूझ गयी थी। बावैला मचाया गया। फल यह हुआ कि ब्रिटिश मन्त्रिमण्डल ने सान्त्वना दी। परन्तु आखिर में वही ढाक के तीन पात। काम हुआ कुछ और कहा था कुछ और। मुसलमानों के दिल में ठेस लगी है और गहरी ठेस लगी है। वे दुखी हैं और उनके दुःख से हम भी दुखी हैं। परन्तु चारा क्या है ? हाथों में शक्ति नहीं कि हम मित्र राष्ट्रों को मजबूर करें। अतएव भारतीय रीति-रिवाज के मुताबिक वही एक मात्र अस्त्र असहयोग।

यहाँ मुझे अपने मुसलमान भाइयों से दो-चार शब्द विशेष रूप से कहना है। देश में कुछ 'शक्तिशाली व्यक्ति' और समाचार पत्र ऐसे हैं जिनका उद्देश्य अधिकारियों को प्रसन्न करना ही है। ऐसे लोगों ने एक राग अलापना शुरू किया है। वे कहते हैं—मुसलमानों सावधान! असहयोग से दूर भागो। ये हिन्दू तुम्हें बहकाकर अपना उल्लू सीधा करना चाहते हैं। वरना इन्हें, उन काफिरों को, ख़िलाफ़त की क्या पड़ी है ? क्या देश में कोई मुसलमान नेता नहीं रहा जो एक हिन्दू के पीछे चलने को हमसे कहा जाता है ? यह सब आन्दोलन इस वास्ते है कि मुसलमानों के बच्चे बे-पढ़े रह जायँ, मुसलमान वकील काम छोड़ दें और हिन्दू बाज़ी मार ले जायँ। ऐसे लोग संसार में प्रायः हर जगह होते हैं। अँग्रेजों की सी उत्तम जाति में भी जर्मनों से मिल जाने वाले चार देश-द्रोही अँग्रेज़ निकल ही आये थे। और, फिर भारत की 'फूट' का फल तो जगत् प्रसिद्ध है। ऐसा न होता तो यह दिन देखना ही क्यों नसीब होता। परन्तु इन उद्‌गारों का वास्तविक मर्म हृदयंगम करने की आवश्यकता है। मैं भी मुसलमान भाइयों से कहता हूँ—'सावधान! खूब सोचकर, समझकर, कार्यारम्भ करो। बेशक हिन्दुओं को ख़िलाफ़त से क्या सम्बन्ध। उनका सम्बन्ध केवल 'जे न

मित्र दुख होहिं दुखारी' वाला है; अगर आपको उनकी नियत में फ़ितूर मालूम होता है तो बस फिर वही 'भाग इन मुर्दाफ़रोशों से। 'कहाँ के भाई' वाला ही तर्ज़े अमल दरकार है। परन्तु उसके साथ ही साथ एक बात और है। ख़िलाफ़त के प्रश्न को छोड़ते हुए भी असहयोग की आवश्यकता मैं आप लोगों के ऊपर प्रकट कर चुका हूँ जिससे हिन्दू-मुसलमानों का बराबर दायित्व है। मेरा प्रश्न आप लोगों से है कि आप उसके लिए क्या कहते हैं? भारत से आपका सम्बन्ध क्या अटूट नहीं? क्या हम लोग एक ही किश्ती के सवार नहीं? याद रखिए, अगर नाव डूबी तो दोनों डूबेंगे।

अब ज़रा असहयोग की शक्ति को देखिए। गाँधीजी कहते हैं कि असहयोग एक वर्ष के भीतर हमको पूर्ण स्वराज्य दे देगा। लोगों को इस कथन पर बहुत सन्देह है। मैं कहता हूँ कि यदि पूर्ण रूप से असहयोग किया जाय तो केवल तीन दिन ही स्वराज्य के लिए काफी है। कोई भी सरकार बिना प्रजा के सहयोग के एक दिन भी नहीं टिक सकती। रेल, डाक, तार, दफ्तर, फौज इत्यादि सब जगह प्रजा के बल से काम चल रहा है। सिर्फ़ तीन दिन रूठने की जरूरत है और फिर सरकार आपको उसी भाँति मनावेगी जैसे खाबिन्द अपनी चहेती बीबी को उसके रूठने पर मनाता है। असहयोग की शक्ति अमोघ है। उसमें सन्देह की गुंजाइश नहीं। अगर आवश्यकता है तो कार्य की।

प्रश्न हो सकता है कि क्या असहयोग हमारी वर्तमान अवस्था में सम्भव है? इस प्रश्न का उत्तर ही सबसे टेढ़ी खीर हैं। म्याऊ का ठौर यही है। मेरी तुच्छ बुद्धि में तो असहयोग किसी वृहत् रूप में इस समय असम्भव है। जिस देश में लोगों की ऐसी दुर्दशा हो उसमें कोई ऐसा भारी काम सुचारुता से होना असम्भव ही कहा जाना चाहिए। अभी तो लोग इस नाम से ऐसे घबराये हुए हैं कि उनकी बुद्धि ही काम नहीं करती। बड़े-बड़े तक इसके नाम से काँप जाते हैं और इश्तिहार निकाल-निकालकर सफ़ाइयाँ देते हैं कि मैं इसमें शामिल नहीं। ऐसी अवस्था में साधारण जनता से किसी भाँति की आशा करना दुराशा मात्र है। अभी तो हजारों की तादाद में हमको ऐसे कार्य कर्त्ता चाहिए जो अपना जीवन केवल जनसाधारण को उनकी दुर्दशा के अनुभव कराने के लिए अर्पण कर दें। अभी तो हमारे लाखों भाई, जो हमारी सच्ची शक्ति हैं, पुलीस वाले की लाल पगड़ी को हौवा समझते हैं। सदियों की गुलामी ने मनुष्यता का भाव ही उनमें नहीं रहने दिया। वे इतने मूर्ख हैं कि उनको अपने पैरों पर खड़ा होना मुश्किल है। पैसा जो चाहे उनसे करा सकता है। इन को उठाना होगा। भारतीय महाजाति के संगठन की यह पहली सीढ़ी है।

अब रहा किताब छोड़ना अथवा कौंसिल, स्कूल आदि का बहिष्कार—इन पर देश में बहुत कुछ कहा सुना जा रहा है और विज्ञ पाठक अपना निष्कर्ष स्वयम्

निकाल लेंगे। मेरे मतानुसार तो कौंसिल इत्यादि में जाकर वहाँ रोड़े अटकाना ही ज़्यादा मुनासिब है, बशर्ते हम इतने पक्के हों कि वहाँ की दूषित वायु के प्रभाव से अपने को बचाते रहें। स्कूल आदि भी अभी उस समय तक छोड़ना जब तक और ऐसी ही संस्थाएँ क़ायम न हो जायं हानिकारक प्रतीत होता है। परन्तु इन पर रायज़नी करना गलती है। यह है स्कीम उस महानुभाव की, जिसकी सचरित्रता और सत्यनिष्ठा पर शत्रुओं तक की श्रद्धा है। उस महात्मा के तपोबल पर हमें विश्वास है और विश्वास है उसकी कर्मनिष्ठा पर। अगर दिल कभी गच्चा खाता है तो सिर्फ अपनी ही कमजोरी के कारण। अतएव जगनियन्ता से प्रार्थना है कि वह हमको शक्ति दे—शक्ति दे उसके कदम-कदम चल सकने की। और, फिर हमें तो ऐसा कोई कारण नहीं ज्ञात होता कि हम भी ईश्वर के इस वृहत् साम्राज्य में क्यों नहीं अपना उचित स्थान प्राप्त कर सकेंगे?

५ दिसम्बर, १९२०

गोरखपुर में विराट सभा

गत तारीख २८ नवम्बर को स्थानीय अनानास के बाग के पास वाले गोला में जो सार्वजनिक सभा दो बजे दिन से ५ बजे शाम तक हुई थी, वैसी सभा गोरखपुर में सत्याग्रह दिवस के सिवा कभी नहीं हुई थी। अनुमानतः ८ हजार हिन्दू मुसलमान जनता इस सभा में उपस्थित थी। इसके साथ ही साथ लुत्फ़ यह है कि इसी दिन दो बजे से दो और सभाओं (आर्यसमाज और रेलवे एसोसियेशन) के अधिवेशन भी थे। परन्तु उन अधिवेशनों तक में गये हुए लोगों ने भी इसमें शिरकत की। इसके दो प्रधान कारण हैं। एक तो यह कि असहयोग समझाने तथा वोट न देने के सम्बन्ध में उस सभा की दो-तीन दिन पहले ही से धूम थी। दूसरा मुख्य कारण यह था कि बाबू रघुपति सहाय बी.ए. के असहयोग क्षेत्र में भी आ जाने से सारे शहर में इसी की चर्चा थी और जनता उनके व्याख्यान सुनने के लिए बड़ी उत्सुक थी। यह सभा गोरखपुर कमिश्नरी असहयोग समिति की ओर से की गयी थी। सभा की कार्रवाई ढाई बजे शुरू हुई। बाँसगाँव के मु. मुस्तफ़ा हुसेन ने सभापति का आसन ग्रहण किया था। सबसे पहिले बाबू बिन्ध्यवासिनी प्रसाद का असहयोग तथा कौंसिलों के बहिष्कार पर एक बहुत ही महत्वपूर्ण व्याख्यान हुआ। बाबू साहब पक्के असहयोगवादी हैं और शीघ्र ही अपनी वकालत छोड़ने वाले हैं। आपके बाद मुहम्मद हफ़ीज़ ने उर्दू की एक कविता पढ़ी। इस कविता का जनता पर ख़ासा प्रभाव पड़ा। आप के बाद बाबू रघुपति सहायजी उठे। आपको भारतीय पोशाक में मंच पर आते हुए देखकर तमाम जनता उछल पड़ी और सभी ने करतल ध्वनि से आपका स्वागत किया। आपने जो व्याख्यान दिया हम उसे इसी संख्या में छाप रहे हैं। आपके बाद बाबू नरसिंह दासजी उठे। आपका विषय था कौंसिल का बहिष्कार। आपने इस विषय को बहुत ही अच्छे ढंग से बयान किया और बतलाया कि जिन मेम्बरों को सभा में आने तक की फ़ुर्सत नहीं, उनसे और क्या आशा की जा सकती है ? आपके बाद बाबू केदारनाथजी का भाषण हुआ। जनता आपका व्याख्यान सुनने के लिए पहिले ही से लालायित थी। परन्तु नमाज का वक्त समीप होने से आपने संक्षेप में अपनी बातें कह सुनाई। आपके बाद श्रीयुत दशरथ प्रसाद द्विवेदी उठे। आपने लोगों से वोट न देने की प्रार्थना की। और इस प्रकार इस दिन की सभा खूब

धूम-धाम से समाप्त हो गयी। कौंसिल के उम्मीदवारों में केवल पण्डित तीर्थराज मणि त्रिपाठी सभा में आये थे। और बाबू बिन्ध्यवासनी प्रसाद के बाद आपने कहा था कि मुझे अभी असहयोग में विश्वास नहीं है। परन्तु मेरे चुन लिये जाने पर यदि गोरखपुर की जनता मुझे कौंसिल में नहीं भेजना चाहेगी तो मैं सहर्ष उसकी प्रार्थना स्वीकार कर बैठ जाऊँगा।

५ दिसम्बर १९२०

रघुपति सहाय का भाषण

तारीख २८ नवम्बर को गोरखपुर में संगठन तथा वोट सम्बन्धी जो बहुत बड़ी सभा हुई थी और जिसका संक्षिप्त हाल पीछे इसी संख्या में छपा है उसमें रघुपति सहाय बी.ए. का राजनैतिक दृष्टि से सबसे पहिला और समयोपयोगी व्याख्यान हुआ था। जनता ने आपके व्याख्यान को बहुत ही पसन्द किया। संवाददाता ने आपकी स्पीच का सम्पूर्ण अंश नोट किया है, वह इस प्रकार है 'आपने सबसे पहिले यह कहा कि मुसलमान हिन्दोस्तान में इस्लाम धर्म फैलाने आये थे, लेकिन अँग्रेज धर्म फैलाने नहीं आये थे। ये आये थे तिजारत और रोज़गार करने ग़ारत देश को लूटने। अँग्रेज जाति एक धर्म से नहीं बनी है। बल्कि रोमंस, ...डेंस और केल्ट्स से मिलकर मिलाजुला बाग तैयार किया गया है, जिसका नाम ब्रिटिश नेशन है। इस जाति का उद्देश्य सिवा दूसरे देशों को जीतकर कमाने के अलावा और कुछ नहीं रहा है। ईसाई धर्म और भगवान ईसा की शिक्षा जाति के हलक के नीचे नहीं उतरने वाली है। सिर्फ इस धर्म का मुलम्मा इस जाति के ऊपर हो गया है। यही कारण है कि जब ईस्ट इण्डिया कम्पनी इस देश में दाखिल हुई तो उन्होंने हमारे कपड़े बनाने के सब कारखानों को मटियामेट कर दिया और आज तक यह बिगड़े हुए रोज़गार पनप नहीं सके; झख मार के हमको बाहर से कपड़ा मँगाना पड़ता है। अब हमारा कामकाज खाली खेती रह गया है और इसी से देश इतना दरिद्र हो गया है। अँग्रेज जाति की सभ्यता का नमूना पंजाब अत्याचार है जहाँ उनके देखते ही देखते हमारी बहू बेटियों की इज़्ज़त ली गयी।' कुछ सोचकर आपने कहा कि, 'अब हमें यह सोचना है कि इन विदेशियों ने हिन्दोस्तान के फायदे के लिए क्या किया है? पहली बात जिस पर इनको बहुत घमण्ड है, वह है उच्च पद पर विदेशी ही लोग हैं। भला सोचिए कि जिस देश के लोग अब तक इस योग्य भी अँगरेजी राज्य में नहीं हुए कि अपनी रक्षा तक कर सकें, उस देश के लोगों में कौमी जिम्मेदारी, जातीयता और मर्दानगी कैसे आ सकती है? यही कारण है कि लड़ाई में भरती करने में सरकार को इतनी कठिनाइयाँ पड़ी। अब रह गयी पुलिस, कचहरियाँ और दूसरे मुहकमों के अलावे कालेज, स्कूल, कौंसिल और म्यूनिस्पेलटी इत्यादि, जिन्हें दिखलाकर अँग्रेज अपनी हुकूमत की खूबियाँ दर्शाते हैं। इसके उत्तर

में मैं यह कहूँगा कि यह महकमें और संस्थाएँ हैं तो बहुत अच्छी, लेकिन इनका असर भारत पर उल्टा ही पड़ता आया है। क्योंकि यह इन मुहकमों में काम करने वाले स्कूलों और कालेजों से पढ़कर जाते हैं। इन स्कूलों में वह नौकरी और क्लर्की के लिए तालीम पाते हैं; देश-सेवा, राजनैतिक ज़िम्मेदारी और संगठित रूप से काम करने की शिक्षा उन्हें लेशमात्र भी नहीं दी जाती। ऐसे विद्यार्थी नौकरी को हुकूमत समझते हैं और विद्या को एक बिकाऊ चीज। यही कारण है कि जिन महकमों का जिक्र हमने किया है वह बिल्कुल निरर्थक और हानिकारक साबित हुए हैं। अब रहा यह सवाल कि देश की यह दशा सुधरे कैसे? कुछ लोगों का कहना है कि जो हकूक़ हमको मिले हैं उनको कौंसिलों में जाकर बरतें और उनसे लाभ उठाएँ। लेकिन वह हकूक़ हैं ही क्या? वह तो हैं काग़ज़ के फूल। नौकरशाही की यह नियत कभी नहीं रही है कि हिन्दोस्तानी अपने असली हकूक़ यानी स्वराज्य पावें। जो लोग महात्मा गाँधी के असहयोग की चुटकी लेते हैं और कौंसिलों में जाने के लिए मरे जाते हैं वह क़सम खाकर कहें कि क्या उनको यक़ीन है कि भारत का स्वराज्य मामूली क़ानूनों की तरह देहली के कौंसिल में पास जो जायगा? अँग्रेज ऐसे बेवकूफ़ नहीं हैं कि जिस हिन्दोस्तान से अरबों रुपया सालाना पुश्तहा पुश्त से पाते आये हैं, उस हिन्दोस्तान को कौंसिल के चन्द मेम्बरों के कहने से छोड़कर अपने घर का रास्ता लेंगे। आप लोग इस गुमान में न रहिएगा। स्वराज्य माँगने से नहीं मिलता, लेने से मिलता है। और इस स्वराज्य को कौंसिल के दस बीस मेम्बर नहीं ले सकते। अगर ले सकते हैं तो हिन्दोस्तान के ३१ करोड़ आदमी गवर्नमेण्ट से असहयोग करके। इस मर्म को गाँधीजी समझ गये हैं और इसी से अन्य नेताओं की अपेक्षा उनकी महानता सिद्ध होती है।...बहुत लोगों का विचार है कि हम लड़कर तलवार के बल से स्वराज्य ले लेंगे। यह विचार निर्मूल है। क्योंकि ऐसे अस्त्र-शस्त्र हमारे पास नहीं हैं जिनसे हम गवर्नमेण्ट का मुकाबिला कर सकें। इसके सिवा मार-पीट करने से अँग्रेजों को मौका मिलेगा कि वे हम पर हाथ छोड़ें। निचोड़ यह निकला कि हम इस बेइंसाफ़ और जालिम सरकार का मुकाबला कर सकें। कौंसिलों में जाकर सर टकराने से तो यही अच्छा है कि हमारे प्रतिनिधि हमारे बीच में रहकर काम करें ताकि हममें साहस बल और बुद्धि तथा आपस में हमारा संगठन हो। सरकार हमारे नेताओं को अपनी ओर खींच रही है और हम लोग चिल्ला-चिल्लाकर कहते हैं—'हमें अनाथ छोड़कर आप लोग कौंसिल में न जाइए।' "अगियार उन्हें भर के नज़र देख रहे हैं।" क्या हमारे नेता नहीं जानते कि इन कौंसिलों में सिवा ज़बानी जमा-खर्च के और कुछ नहीं होता? भाइयों क्या आपको याद नहीं है कि पूज्यपाद पण्डित मदन मोहन मालवीय और पण्डित श्री निवास शास्त्री के साथ क्या बर्ताव कौंसिल में हुआ। इस सूबे के कौंसिल में मिस्टर

चिन्तामणि के घोर विरोध के होते हुए भी 'आगरा टेनेंसी एक्ट' पास ही हो गया। फिर इन कौंसिलों से क्या फायदा? ''लाभ हो जब कुछ तो हम समझें। लाभ जब न हो कुछ भी तो क्या फायदा? हमारे स्कूलों और कालेजों की हालत बहुत ही खराब है। जब तक जातीय विद्यालयों में सेवा, सत्य और त्याग का सबक पढ़कर विद्यार्थी न निकलेंगे तब तक पुलिस, म्यूनिस्पेलटी और कौंसिल इत्यादि में सच्चे सेवक नहीं पहुँच सकेंगे। इसके अलावा जो विद्यार्थी आज कल सरकारी स्कूल और कालेजों में पढ़ते हैं वह सिवा वकालत आदि के और किसी काम लायक़ रह भी नहीं जाते। जातीय विद्यालयों में मानसिक और धार्मिक शिक्षा के अलावा कोई न कोई पेशा और रोज़गार भी ज़रूर सिखाया जायगा। अँग्रेजी शिक्षा के टैगोर, बोस, मालवीय, सर सय्यद तो बहुत पैदा किये, स्वराज्य भारत को नहीं प्राप्त हुआ। इजिप्ट, अरब, अफगानिस्तान, तिब्बत, गरजे कि यह सब मुल्क स्वराज्य और स्वतन्त्रता के योग्य हैं। अगर दुनिया में सबसे नालायक कोई जाति है तो वह हिन्दोस्तानी ही है। हाय! अँगरेजों को यह कहते हुए लज्जा भी नहीं आती।...फिर इन सबसे ज़रूरी और गम्भीर अंग असहयोग के आन्दोलन में स्वदेशी का प्रचार है। जब हम वकीलों और सरकारी नौकरों से कहते हैं कि इस बेईमान गवर्नमेण्ट से अपना नाता तोड़ लो वह हक्का बक्का होकर कहते हैं कि ऐसा करें तो खायँ क्या? अगर कपड़ा इत्यादि बुनना या और कोई रोज़गार यह लोग सीख लें तो अपने को बेबस न पावेंगे। वह मिहनत की रोटी कमाएँगे और देश में स्वदेशी का प्रचार धूम-धाम से होगा। शाहंशाह औरंगज़ेब अपने पैगम्बर के हुक्म के मुताबिक राज का रुपया न लेकर पोथियाँ बना-बनाकर अपना जाती खर्च चलाता था। भगवान ईसा मसीह ने भी कहा है—"Man shall live by the sweat of his brow." भाइयों! विद्या बेचने के लिए नहीं है। यह परमात्मा की देन है। इससे रोटी कमाना हराम है। अन्त में आपने कहा कि 'आखिर में आप लोगों से हमारी यही प्रार्थना है कि स्वराज्य असहयोग ही से मिलेगा और असहयोग को सफलता उसी समय प्राप्त होगी जब भारत के ३१ करोड़ प्राणी कमर कस कर हर तरह की मुसीबत उठाने के लिए तैयार हो जायँ। हृदय से नफरत और गुस्सा बिल्कुल निकाल डालें और इस आत्म-संग्राम में जेलखाने चले जाएँ, मार खाएँ, अपमान सहें, लेकिन खुद अपने विरोधियों पर हाथ न उठावें और यह कहते हुए सब कुछ सह लें कि, 'सरे तसलीम ख़म है, जो मिजाज़े यार में आये।'

१२ दिसम्बर १९२०

गोरखपुर नगर में रा. विद्यालय का आयोजन
बाबू रघुपति सहाय का भाषण

गत तारीख ५ दिसम्बर को श्री दशरथ प्रसाद द्विवेदी तथा बा. नरसिंह दास के प्रयत्न से स्थानीय अनानास के बाग के पास गोला में एक सार्वजनिक सभा हुई थी। उपस्थिति लग़भग ८ हजार की थी, जिनमें से अधिक तादाद स्थानीय कालेज और स्कूलों के छात्रों की थी। कुछ वकील-मुख़्तार साहबान और अध्यापकगण भी इसमें सम्मिलित थे। सभापति का आसन स्थानीय ख़िलाफ़त कमेटी के सेक्रेट्री हकीम मुहम्मद इलियास साहब ने ग्रहण किया था। इस सभा का प्रधान उद्देश्य था शिक्षा के खास-खास पहलुओं पर विचार करना। बाबू रघुपति सहायजी ने इस सम्बन्ध में जो स्पीच दी थी, वह बहुत ही ला-जवाब थी। आपने कहा कि, 'हमारे देश में इस समय अँगरेजों का राज्य है और शिक्षा की बागडोर भी इन्हीं के हाथ में है। अगर अँगरेज शिक्षा द्वारा भारत की उन्नति भी करना चाहते हों तो वह इंग्लैण्ड ही की शिक्षा प्रणाली और इंग्लैण्ड ही का जीवन आदर्श हमारे सामने उपस्थित कर सकते हैं, और इंग्लैण्ड की सभ्यता का प्रचार भी स्कूलों और कालेजों के द्वारा हो रहा है। इंग्लैण्ड के समाज सुधारकों और दार्शनिकों का एक मात्र यही मत रहा है कि हर एक मनुष्य अपना या अपने परिवार के फायदे के लिए प्रयत्न करे। अपने से जो गिरे हुए हैं उनको उठाना या उनकी मदद करना किसी काम का नहीं है। वह अपनी खबर आप ले लेंगे। इस सिद्धान्त का नाम Individualism (इण्डिविजुयलिज़्म है)। इंग्लैण्ड के सुधारकों ने सभ्यता का मूल मन्त्र इसी शब्द को समझ रखा था। लेकिन इस शब्द ने शान्ति फैलाने के बदले इंग्लैण्ड में तू-तू मैं-मैं का बाजार गर्म कर दिया। आक्सफोर्ड और कैम्ब्रिज के विश्वविद्यालयों में जो लोग पढ़ते हैं, वह अपने से चमत्कार और अपने ही उन्नति का आदर्श और उद्देश्य लेकर इन विद्यालयों से निकलते हैं। लेकिन तभी इंग्लैण्ड में स्वराज्य है और वहाँ प्रजातन्त्र भी है। वहाँ जातीयता, जाति-सेवा और जाति-रक्षा का भाव भी विद्यमान है। यह जरूर है कि अन्य देश के लोगों को और ख़ासकर एशिया के लोगों को इंग्लैण्ड वाले जानवर समझते हैं और इनका कोई अधिकार नहीं समझते इनको

पददलित करना और इनके साथ बेईमानी करना और इनके परिश्रम के पैदा किये हुए धन से अपने देश को मोटा करने में इंग्लैण्ड वाले अपना धर्म समझते हैं। जो हो। जातीयता का भाव इंग्लैण्ड के शिक्षित अफ़सरों, अहलकारों, पुलिस वालों और दूसरे हाक़िमों को इंग्लैण्ड वालों के साथ जुल्म और बेईमानी करने से रोकना है। इंग्लैण्ड में रिश्वत, मारपीट गाली-गलौज और चीं-चपड़ का बाज़ार गर्म नहीं है। वहाँ के हाकिमों को जनता अपना सेवक और मददगार समझती है और उनके लाभ में मदद भी देती है। सारांश यह कि इंग्लैण्ड की शिक्षा-प्रणाली स्वार्थ पर निर्भर होते हुए भी इंग्लैण्ड के लिए इतना हानिकारक नहीं है, क्योंकि वहाँ से जातीयता, स्वतन्त्रता और कौमी जिम्मेदारी के भाव बिल्कुल लोप नहीं हुए हैं।'

'परन्तु यह शिक्षा जो हर आदमी को अपनी ही उन्नति और लाभ का पाठ पढ़ाती है, भारत के लिए बड़ी हानिकारक और ज़हरीली साबित हुई। जहाँ तक मानसिक उन्नति का सम्बन्ध है वहाँ तक तो कुछ लाभ और जागृति अवश्य हुई है। अँगरेजी शिक्षा ने टैगोर, बोस, मालवीय और गोखले अवश्य पैदा किये। प्राचीन भारत के इतिहास, साहित्य, कला, विज्ञान आदि पुनर्जीवित हो रहे हैं। विलायत के बड़े-बड़े विद्वान और देश के पढ़े-लिखे लोग भी भारत की प्राचीन सभ्यता और समाज-संगठन का महत्त्व समझ रहे हैं और इन विषयों पर अँगरेजी और देशी भाषाओं में पुस्तकें भी निकल रही हैं। लेकिन यह जागृति कुछ इने-गिने विद्वानों ही में पैदा हो सकती है। इनका प्रभाव जनता पर बहुत कम पड़ सका है। इसके कई कारण हैं। पहिला कारण तो यह है कि ९६ फीसदी विद्यार्थी केवल क्लर्कों, नौकरी या कुछ और बड़े ओहदों का सपना दिन रात सरकारी विद्यालयों में देखा करते हैं, ऐसी मेहरबान सरकार ने हमारी तिजारत चौपट करके देश को बे हाथ-पैर के कर दिया है और पदोन्नति के सब अवसर अपनी मुट्ठी में कर लिया है। हिन्दोस्तानियों के प्रति इस सरकार की नीयत भी बहुत अच्छी नहीं रहती है। इसलिए बेचारे विद्यार्थी नौकरियों का आश्रंय न लें तो जाएँ कहाँ? इन गरीबों को टैगोर की कविता, बोस के सिद्धान्त और देश के नेताओं के बक-बक झक-झक से क्या काम? दूसरा कारण विद्यार्थियों में अपने देश के साहित्य और सभ्यता से अपरिचित होने का यह है कि सरकारी स्कूलों में प्राचीन आर्यों के कारनामे और प्राचीन भारत की उन्नति का हाल नहीं सिखलाया जाता। उनको यही बतलाया जाता है कि तुम्हारे पूर्वज जंगली थे, तुम्हारे राजा जालिम थे, तुम्हारी सभ्यता में कोई महत्त्व की बात नहीं है और यह कि तुम्हारा धर्म गंवारों का धर्म है। उनको यह बतलाया जाता है कि रेखागणित यूनान से आया, आकर्षण शक्ति का पता न्यूटन ने चलाया, नयी दुनिया, नयी दुनिया कोलम्बस को मिली। इसी तरह जो कुछ उन्नति संसार में हुई वह पश्चिमीय लोगों ने की है। यह जहरीली शिक्षा हमारे

विद्यार्थियों की आत्महत्या कर देती है। उनको अपनी सभ्यता, अपने साहित्य, अपनी सभ्यता में बिल्कुल विश्वास नहीं रह जाता। यहाँ से जो पुस्तकें प्राचीन भारत की उन्नति पर निकलती हैं उसे पढ़ने वाला नहीं मिलता।

हम यह कह चुके हैं कि अँग्रेजी शिक्षा हमें स्वार्थ का सबक पढ़ाती है। उस पर से तुर्रा यह कि शिक्षित लोगों को सिवा नौकरी और ओहदों के कोई और उपाय पेट पालने का नहीं है। जातीयता और जाति-अभिमान, जिम्मेदारी और फर्ज़, देश सेवा और गरीबों के उबारने का सबक बिल्कुल नहीं पढ़ाया जाता। यही कारण है कि सरकारी विद्यालयों से निकलकर जब विद्यार्थी किसी पद या ओहदे को पा जाते हैं तो दिन रात अपना ही उल्लू सीधा करने की फ़िराक़ में रहते हैं। चाहे पुलिस का पेशा हो चाहे वकालत हो, चाहे क्लर्की हो या चपरासगिरी तक क्यों न हो इन ओहदों वाले अपने आप को हाकिम समझते हैं। इनके मुँह से बिला गाली के बात नहीं निकलती। रिश्वतखोरी और चालबाजी यह लोग अपना परम धर्म समझते हैं। जनता की सेवा करना अपना धर्म नहीं समझते। हमको किसी खास मुहकमें से शिकायत नहीं है। देश की कौंसिल के मेम्बरों से लेकर पंखाझली तक—कुँए में भंग पड़ी है। हम एक दृष्टान्त देते हैं—अगर किसी मुहल्ले में किसी गरीब के यहाँ चोरी हो जाती है तो मुहल्ले वाले चाहे शिक्षित हों या अशिक्षित उनके कान पर जूँ भी नहीं रेंगती। पुलिस आती है तो अँधेर ही करती है। जिसके यहाँ चोरी होती है उसी के सर पड़ती है। दो-चार बेकसूर मार और गाली खाते हैं और कुछ रुपया पैसा ऐंठकर दरोगाजी अपने घर की राह लेते हैं। अगर चोर का पता चल भी गया तो कुछ उससे भी ऐंठ लिया। लेकिन इसमें सिर्फ पुलिस ही का कसूर नहीं है। उस मुहल्ले में जो वकील या उच्च शिक्षा पाये हुए सभ्य लोग रहते हैं वह क्यों नहीं मुहल्ले वालों में संगठन पैदा करके इस अत्याचार को रोकते? अगर इनमें हिम्मत हो तो कोतवाल साहब की दाल न गले और इनके तेवर देखकर पुलीस झक मारकर अपना काम करेगी ओर चोर का पता चलाएगी। लेकिन हमारे वकील साहब और 'लीडरों' को तो अपने मेहनताने से गरज। यह चुप-चाप तमाशा देखते हैं। भला इन्हें क्या पड़ी है कि अपनी जान मुफ़्त आफत में डालें।

'तुम को आशुफ़्त मिजाजों के
दिलों से क्या काम,
चुपके तुम बैठे सँवारा करो
गेसू अपना!'

जनाब यह हाल है बी.ए., एम.ए. और एल.एल.बी. के शिक्षा पाये हुए लोगों

का।

'अँगरेजी स्कूलों में और भी बहुत-सी बुराइयाँ हैं। स्वास्थ्य की ओर बिल्कुल ध्यान नहीं दिया जाता। सिगरेट, पान, आरामतलब और बीसों अन्य खराबियों के यह स्कूल घर होते हैं। अध्यापकों और विद्यार्थियों में प्रेम और श्रद्धा नहीं रहता। लड़कों के माँ-बाप और अध्यापकों से जो कोई ताल्लुक नहीं रखता। विद्यार्थियों का मिल-जुलकर काम करना तथा सेवा और दान का पाठ नहीं पढ़ाया जाता। किसानों के प्रति उनके दिल में नफरत पैदा हो जाती है। उन्हें खुद गुलामी करनी है तो वह दूसरों के ऊपर हुकूमत और हुक्म करके और ज़्यादती करके यह टूट पूरा किया चाहते हैं। कालेजों और अँग्रेज अध्यापक सिगार पीते हुए हवा गाड़ियों पर चढ़कर दो सौ का सूट पहने हुए कालेज आते हैं। भला गरीब विद्यार्थी कैसे साहस कर सकते हैं कि इनको अपना मित्र समझें और इनको आदर्श मानें। इनकी सूरत देखकर विद्यार्थियों ही को नहीं बल्कि हिन्दोस्तानी प्रोफेसरों को भी अपनी नानी याद आ जाती है।

किसानों ही के धनों से वसूली कर ज़मींदार और प्रोफेसर, बल्कि लार्ड चेम्सफोर्ड तक की भी इन्हीं से तनख़्वाह दी जाती है। इसका बदला किसान को यह मिलता है कि ज़मींदार और पुलिस से लेकर वकील साहबान और हुक्काम सब उन्हीं के गले पर छूरी फेरते हैं—कम से कम उनके काम से गाफ़िल जरूर हैं। क्या उनकी आत्माएँ शिक्षित भारतीयों को शाप नहीं देती होंगी?'

'यह तो हाल है अँगरेजी शिक्षा का। क्या कोई उपाय इस अँधेर को मिटाने का किया जा सकता है। इन स्कूलों और कालेजों से तो देश की जो रक्षा और उन्नति हो रही है, वह तो आपने देख लिया। मैं बतला चुका हूँ कि गवर्नमेण्ट की नीयत निहायत खराब है। वह हमारे देश को धनी होने देना नहीं चाहती और यह गवर्नमेण्ट अपनी शिक्षा देकर सरकारी ओहदों के लिए ऐसे लोग पैदा कर रही है जो इस बद्नीयत गवर्नमेण्ट के अत्याचारों में गवर्नमेण्ट को मदद दें। ३१ करोड़ हिन्दोस्तानी मुट्ठी भर 'शिक्षित' नौकरशाही जिसमें अधिकांश हिन्दोस्तानी ही हैं, और कुछ इने गिने वकीलों और 'नेताओं' के शिकार हो रहे हैं। अगर यह अत्याचार बन्द नहीं हो सकता है तो हमको अपने विद्यार्थियों को ऐसी शिक्षा देनी चाहिए जो उन्हें देश का ज्ञान, देश से प्रेम, निःस्वार्थ कर्म्म और दया का पाठ पढ़ाये। इन विद्यार्थियों के सन्मुख धन कमाने, हुकूमत करने और गरीबों को पददलित करने का आदर्श नहीं रखना चाहिए। ऐसे विद्यालय खोलने चाहिए जिन में इनको मानसिक ज्ञान के साथ-साथ सदाचार, स्वास्थ्य-रक्षा, संगठित कार्य, जाति-सेवा और खासकर किसानों से हमदर्दी का पाठ पढ़ाया जाय। सरकारी स्कूलों से यह काम नहीं हो सकता। अगर यह काम हो सकता है तो जातीय

विद्यालयों के द्वारा। इन विद्यालयों के विद्यार्थी अपनी विद्या बेचकर पेट पालने के बदले कोई ऐसा रोजगार भी सीखें जिनके द्वारा अपने परिश्रम से स्वतन्त्र होकर रोटी कमा सकें और अपने अशिक्षित देश-भाइयों की सेवा अपने सदाचार और विद्या द्वारा कर सकें। वही भारत के सच्चे नेता होंगे और वही नौकरशाही के जुल्म से देश की रक्षा करेंगे। अगर किसी ओहदे पर भी वह रहेंगे तो ख़ुदगर्जी और घमण्ड को राह नहीं देंगे और नम्रता से अपना काम करेंगे।

स्वामी विवेकानन्द ने बतलाया है कि "Education is the manifestation of the perfection already in man." अर्थात्, 'शिक्षा उस दैवी मूर्ति के विकसित हो जाने का नाम है जो मनुष्य की आत्मा में बीज रूप में पहले से विद्यमान है।' विकास के माने ही है खुलना और फैलना। आज कल की शिक्षा खुदगर्जी सिखलाकर आत्मा में सिकुड़न पैदा करती है, उसको फैलाती नहीं। यह बात सेवा और त्याग से हो सकती है। और यह गुण जातीय विद्यालय के विद्यार्थियों में उनके गुरु अच्छी तरह पैदा कर सकते हैं। क्योंकि नौकरी करना और विद्या बेचना इन विद्यार्थियों का उद्देश्य नहीं रहेगा। इनमें निर्भयता, बहादुरी और जातीयता का जोश और अभिमान भरा होगा। अगर कोई यह कहे कि सरकारी स्कूलों के विद्यार्थी बड़े-बड़े ओहदे पावेंगे और जातीय विद्यालयों के विद्यार्थी कारीगरी और तिजारत करके अपना गुजर करेंगे तो मैं यह कहूँगा कि यह सरासर भूल है। क्योंकि सरकारी स्कूलों के विद्यार्थियों में शायद एक या दो फ़ीसदी कोई अच्छी नौकरी पाने लायक होते हैं, बाकी सब ठोकर खाते हैं। उनसे अच्छे तो अशिक्षित कारीगर, मजदूर और दुकानदार हैं, जो अपना गुज़र बिला किसी चालबाज़ी या बेईमानी के कर लेते हैं। इससे साबित हुआ कि कम से कम ९८ फ़ीसदी सरकारी स्कूल के लड़कों को जातीय विद्यालयों में आ जाना चाहिए, जहाँ उस मानसिकता और धार्मिक शिक्षा के साथ-साथ कोई ऐसा रोजगार उसको सिखलाया जायगा जिसकी बदौलत वह घर बैठे मजे से कमा सके। मुसलमानों, अगर आप चाहते हो कि अरब की शराफत की झलक हम अपने हिन्दोस्तानी हममज़हबों में देखें, अगर आप चाहते हैं कि हाफ़िज, सादी और गालिब हमारे औलाद में निकलें तो अपने लड़कों को जुबली हाईस्कूल या मिशन स्कूल में न भेजो। यहाँ जो रहा-सहा मजहब है वह भी जाता रहेगा। नमाज तक से 'शिक्षित' मुसलमान मुँह मोड़े हुए हैं। हिन्दुओं, अगर आप चाहते हैं कि वेदध्वनि से भारत फिर गूँज उठे; अगर आप चाहते हैं कि वाल्मीकि और कालिदास का इस देश में पुनरागमन हो तो आप जातीय विद्यालय खोलें और उन्हीं में अपने बच्चों को शिक्षा के लिए भेज दें।

'अन्त में मैं आप लोगों की सेवा में यह निवेदन करता हूँ कि जनवरी के शुरू में महात्मा गाँधी आपके शहर में आ रहे हैं। हम लोग एक जातीय विद्यालय खोलने

के उद्योग में लगे हैं। अगर ईश्वर ने चाहा तो गोरखपुर में एक विश्वविद्यालय की भी स्थापना हो जायगी। यह वही शहर है जिसमें बाबा गोरखनाथ ऐसे सिद्ध महात्मा की समाधि है, बुद्ध भगवान का इसी जिले में निर्वाण स्थान है, कसया में अब तक उनकी निशानी मौजूद है। इस नगर में अवश्य एक विश्वविद्यालय होना चाहिए। मगर कम से कम गाँधीजी के आने तक हम लोगों को इतना धन तो अवश्य एकत्रित कर लेना चाहिए कि एक स्कूल के लिए काफी हो और गाँधीजी अपने पवित्र हाथों से उस स्कूल को खोलें। हम लोग दो-तीन आदमी इस उद्योग में लगे हुए हैं। लेकिन हम लोगों की लाज आप लोगों के हाथ में है। मैं अभी आप लोगों से कोई अपील नहीं करता। परन्तु आप लोग इतना धन एकत्रित कर दें कि गाँधीजी का गोरखपुर आना विफल न हो तथा हम लोगों को उनके आने पर लज्जित न होना पड़े।'

बाबू रघुपति सहायजी का धन का नाम लेना था कि एक शख़्श ने झट एक रुपया निकालकर दे दिया। इसके बाद १० रुपये बाबू गप्पूलाल जी ने दिया और २ रुपये पण्डित भागीरथ शर्मा ने इसके बाद देखते ही देखते बिना माँगे ६५१ रुपये इकट्ठा हो गये। बाबू कृपा दास वकील ने भी अपनी माता की ओर से ५०० रुपये देने को कहा तथा बालधर सिंह दास जी ने ५० रुपये माहवार का वचन दिया। अन्त में लोगों से यह कहा गया कि आज चन्दा हम लोग नहीं लेना चाहते 'स्वदेश प्रेस' में इसका प्रबन्ध हो रहा है इसके बाद शिक्षा के ही विषय पर बाबू नरसिंह दासजी का भाषण हुआ और आपके पश्चात श्री दशरथ प्रसाद द्विवेदी ने उन आदमियों के बयान सुनाये जिन पर वोट देने के लिए ज्यादतियाँ की गयी थीं। इस प्रकार यह सभा समाप्त हुई और शाम की नमाज के बाद ख़िलाफ़त कमेटी की ओर से देववन्द के शेख-उल-हिन्द साहब की वफ़ात पर इज़हार ग़म किया गया।

२६ दिसम्बर १९२०

राष्ट्रीय शिक्षा

इस समय अगर संसार में कोई देश गुलाम है तो वह देश भारतवर्ष है। चीन, अफगानिस्तान, अरब और मिस्र आदि देशों को स्वराज प्राप्त है लेकिन संसार के इन सब देशों से अधिक शिक्षित भारत है, स्वराज के लिए तड़प रहा है। विदेशियों ने चाहे हमारी आज्ञा से चालबाजी या जुल्म से भारत पर अधिकार जमा लिया हो, लेकिन भारतवासी इस दोष से रहित नहीं हो सकते उन्होंने अपनी स्वतन्त्रता दूसरों के हाथों क्यों दे दिया। शिक्षित और अच्छे लोग केवल इसी समय भारत में हैं ऐसी बात नहीं जब अँग्रेजों ने भारत को हमसे छीना उस समय भी योग्य पुरुषों का अभाव नहीं था। फिर ३१ करोड़ भारतीयों का एक लाख से कम विदेशियों को स्वीकार करने का क्या कारण था? बात ठीक होती यद्यपि विदेशी हमसे अधिक संख्या में होते तथापि उनमें सामाजिक चेतना है। सामाजिक जीवन और जातीय भाव उनमें कूट-कूटकर भरे हुए हैं। संगठित जीवन (Corporate life) के लाभ को खूब समझते हैं और अपने देश के प्रति अपना धर्म पालन करने में वे आलस्य नहीं करते। जातीयता, उनका कर्त्तव्य है और राष्ट्रीय कर्त्तव्य (Political duty) को भी वह कभी नहीं भूलते।

भारत के अध:पतन का मूल कारण आर्थिक दरिद्रता, जाति-पाँति का भेद, रस्म-रिवाज का भेद नहीं है। परतन्त्रता भी नहीं है। हमारी गिरी हुई अवस्था का एक मूल करण जातीयता के भाव का क्षीण हो जाना है। यहाँ जो विद्वान थे वह अपने लिए विद्वान थे जो बलवान और धनी थे वह अपने लिए बलवान और धनी थे। अपने निर्बल देशवासियों को उठाना इन्होंने अपना कर्तव्य कभी नहीं समझा। परिणाम यह हुआ कि अधिकांश भारतीयों की निर्बलता समस्त देश की निर्बलता का कारण बन गयी और योग्य भारतवासी देश को विदेशियों के आक्रमण से बचा नहीं सके। मनु भगवान की यह वाणी कि जो धर्म को कुचलता है, धर्म उसे कुचल देता है या उन्हीं की यह वाणी कि जिस समाज में शूद्रों की संख्या अन्य जातियों से अधिक हो जाती है उस देश का नाश होना आवश्यक है, भारत के प्रति अक्षरशः सिद्ध हो गयी।

जो देश अपने बच्चों की शिक्षा का भार उठाने के लिए तैयार नहीं है, जो देश

जातीय शिक्षा विजातियों के हाथ में देकर अपने सर का जंजाल टालता है, उस देश को चाहे उसमें सैकड़ों गाँधी और तिलक हो जाएँ—कोई अधिकार स्वराज्य लेने का नहीं है। अगर आज संसार में केवल भारत ही पराधीन है तो आज दुनिया में केवल भारत ही अपने बच्चों की शिक्षा से मुँह भी मोड़े हुए है और जातीयता (Nationalism) के अभाव का यह स्वत: प्रमाण है।

अब रही विदेशी शिक्षा। इसके लिए तो पहले हमारे आचार्यों पर दृष्टि डालनी चाहिए। आचार्यों का जीवन पहले संकल्प और तपश्चर्या का था। अब यह जीवन एक पेशे का नाम हो गया है। और पेशे का नियम है कि वह काम से मनुष्य का चित्त हटाकर दाम (तनख्वाह) की ओर लगा देता है। जर्मनी के महाकवि और दार्शनिक गर्टा (Goethe) ने कहा कि "Nothing is more dangerous than a teacher who knows only that which his public are required to know". अर्थात् ''उस गुरु से बढ़कर कोई वस्तु खतरनाक नहीं है जो केवल वहीं चीजें जानता है जिसकी आवश्यकता उसके शिष्यों को है।'' लेकिन, यहाँ तो इससे भी बिगड़ी हुइ दशा है। गुरु लोग कोर्स के जानने की भी चेष्टा नहीं करते और न करने पाते हैं। सिवाय-भूत प्रेत (Fairy tales) की कहानियों के और कोई पुस्तक स्कूल और कॉलेज की लायब्रेरियों में रखी ही नहीं जातीं। महाभारत तक रखने की इज़ाजत नहीं है। आर्य ग्रन्थ तो दूर रहे, पश्चिमी शिक्षा भी अच्छी तरह हमारे आचार्य प्राप्त नहीं करने पाते। विद्यार्थी भी नौकरी के लिए पढ़ते हैं। उन्हें १०० में ३३ नम्बर पाने से मतलब! विद्याध्ययन से उन्हें कोई सरोकार नहीं है। विद्यार्थियों के माता-पिता भी लड़के का नाम लिखाकर और फ़ीस दाख़िल करके अलग हो जाते हैं।

इसी गोरखधन्धे का नाम वर्तमान शिक्षा प्रणाली है और यह भार अँगरेज उठाये हुए हैं। इसी को अँगरेज (The white man's burden) (गोरे आदमी का बोझ) कहते हैं। इसी शिक्षा ने हमको ऐसे नेता दिये जो अन्याय का ख़िलाफ़त करने के बजाय अत्याचार करने वालों की कौंसिल में जाकर गुलामी कर रहे हैं। इसी शिक्षा ने हमको ऐसे गुरु दिये जो चुप-चाप मई की कड़ी धूप में अपने शिष्यों के साथ अमृतसर और लाहौर में १६ मील रोज़ चलते थे और अँगरेजी झण्डे (Union Jack) को रोज़ तीन बार प्रणाम करते थे। इसी शिक्षा से जो कुछ अधिकार हमको मिले हैं उनकी भी मिट्टी खराब की और इसी शिक्षा ने देश की यह दशा कर दी है।

भारत अपनी आत्मा को भूल गया था, विदेशियों की ठोकरों ने भारत की आँख खोलीं और भारत को अपना अस्तित्व याद आ गया। लेकिन यह जागृति स्वप्नवत्, जागृति (Nightmare) है। भारत उठ तो गया है लेकिन अभी घबराया

हुआ है और जब तक यूरोपीय शिक्षा-प्रणाली यहाँ प्रचलित रहेगी तब तक यह घबराहट दूर नहीं होगी, तब तक भारत सावधान और शान्त होकर अपने आत्मा का दर्शन नहीं कर सकता। शिक्षा का उद्देश्य है आत्मा को दिव्य और प्रकाशित करके कर्ममय करना, घट-घट में परमात्मा को मूर्तिमान करना और निराकार को साकार बनाना। उद्देश्य उस समय तक पूरा नहीं हो सकता जब तक हमारी शिक्षा विदेशियों के हाथ में है। भारत की आत्मा वेदों और ऋषि-ग्रन्थों और प्राचीन समाज संगठन (Social order) में विद्यमान है। चार आश्रम उस आत्मा के चार अंग थे और सन्यास आश्रम भारतीय जीवन का चौथा अंग (Fourth dimen) था। राष्ट्रीय विद्यालय एक दर्पण होगा। प्राचीन ग्रन्थों ने उसे दर्पण का शीशा दिया। नवीन विद्या और मानसिक परिवर्तन का जिम्मा उस शीशे पर होगा और भारतवर्ष इस दर्पण में अपने आत्मा का प्रतिबिम्ब देख सकेगा और अपना सच्चा रूप पहचान लेगा। विदुषी निवेदिता का कथन है कि देश-सेवा बिना देश-ज्ञान के नहीं हो सकता और देश-ज्ञान बिना स्त्री शिक्षा के दुर्लभ है। एक बार जब भारत अपना स्वरूप पहचान लेगा तो यह उस सिंह की तरह हो जायगा जो बहुत भेड़-बकरियों में रहते-रहते अपने को भूल जाता है, लेकिन जो निर्मल जल में अपनी छाया देखकर अपना असली रूप पहचान जाता है और अपने सिंह-नाद से सारे वन को निनादित कर देता है। जिस तरह सूर्य की किरणें अन्धकार को चूम-चूमकर प्रकाशवान कर देती हैं, उसी तरह राष्ट्रीय शिक्षा का सूर्य भारत के आत्मा को अपनी किरणों से स्पर्श करके कायरता, स्वार्थ और शिथिलता को पाट देगा और आर्यरक्त का संचार फिर हमारे समाज में हो जाएगा। स्वतन्त्रता, स्वराज्य यह शब्द बड़े गम्भीर सिद्धान्त के सूचक हैं। जब तक हमारे शिक्षित-जन राष्ट्रीय शिक्षाग्रहण नहीं कर लेंगे तब तक यदि 'स्वराज्य' लोगों को मिल भी जाय तो महात्मा गाँधी के कथनानुसार हिन्दोस्तान का एक दूसरा संस्करण होकर रह जाएगा। राष्ट्रीय शिक्षा ही के द्वारा यह अपने असली रूप में प्रकट हो सकेगा। अपने असली रूप में प्रकट हो जाने को ही स्वराज्य और स्वतन्त्रता कहते हैं।

२९ सितम्बर १९१९

डानजुअन या दीर्घायु नीर

डानजुअन ने कहा, "बेचारा बुड्ढा बीत गया।"

जैसे कोई शराबी भोजन के बाद मेज़ पर रक्खी हुई शराब की बोतलों को एक-एक करके देखता है, उसी तरह डानजुअन दीर्घायुनीर की अद्‌भुत शीशी को लैम्प के सामने देखने की जल्दी में यह नहीं देख सका कि उसके पिता की आँखें पथरा गयी थीं। कुत्ता चकित होकर मुँह बाये कभी डानजुअन की ओर और कभी अपने मरे हुए स्वामी की ओर देखता था। डानजुअन कभी शीशी की ओर, कभी अपने पिता की ओर देखता था। लैम्प अपना झिलमिलाता हुआ प्रकाश दे रहा था, गहरा सन्नाटा था और डानजुअन के हाथ में दीर्घायु नीर भी चुप था। उत्सव के कमरे से गाने की एक लपलपाती हुई आवाज़ इसी समय सुनाई पड़ी। डानजुअन काँप गया। उसको ऐसा जान पड़ा कि उसका पिता उठ रहा है। उन दोषसूचक आँखों से भयभीत होकर उसने उनकी पलकों को अपने हाथ से बन्द कर दिया, जैसे कोई आँधी से खुली हुई खिड़की को बन्द कर देता है। वह चुपचाप खड़ा था और विचार-सागर में गोते लगा रहा था। यकायक एक तीव्र आवाज़ ने जो किसी पुरानी कमानी से गनगना कर निकलती हुई मालूम हुई, सन्नाटा तोड़ दिया। डानजुअन झझक उठा। शीशी उसके हाथ से गिरते-गिरते बच गयी। उसके सारे शरीर से कटार के लोहे से भी अधिक ठण्डा पसीना छूट गया। लकड़ी का मुर्गा धर्मघड़ी के ऊपर निकलकर तीन बार बोला। उन दिनों के लोग ऐसी घड़ियाँ इस गरज से रखते थे कि अन्तिम रात्रि में उन्हें स्वाध्याय इत्यादि के लिए जगा दिया करें। पुरानी धर्मघड़ी को अपने स्वामी की सेवा करने का डानजुअन से ज़्यादा ध्यान था और वह अपने धर्म पर उससे ज्यादा दृढ़ थी। इस कल के अन्दर पुर्जे, कमानियाँ, तार और छोटे-छोटे पहिये थे। डानजुअन के अन्दर यह अद्‌भुत कल था जो केवल मनुष्यों ही के अन्दर होता है। और जिसे हृदय कहते हैं। इस भय से कि कदाचित दीर्घायुनीर छलक न जाय शंकावादी डानजुअन ने उसे मेज की दराज में फिर रख दिया। उसी समय ड्योढ़ी में कुछ दबी हुई हलचल मालूम पड़ी। बहुत लोगों की मिली जुली बोलियाँ, दबी हुई हँसी, हल्के पाँव की आहट, रेशमी वस्त्रों की फरफराहट जैसे कोई नव-विजयिनी सेना अपने आपको शान्त करती हुई,

आती जान पड़ी। द्वार खुला और राजकुमार, डानजुअन के मित्रगण, सातों स्त्रियाँ, गाने और नाचने वाली वेश्याओं ने नर्तकियों की उस उखड़ी हुई मण्डली की तरह प्रवेश किया जो सुबह का सूर्य-उदय होते हुए देख कर चौंक जाती है और जब सूर्य की किरणें दीपक के मलिन लौ से संग्राम करने लगती हैं। यही सब रीत्यानुसार नवयुवक उत्तराधिकारी को ढाढ़स देने आये थे।

लाबम्बिला के कानों में राजकुमार ने कहा, ''अरे क्या बेचारे डानजुअन के हृदय पर सचमुच अपने पिता की मृत्यु का इतना प्रभाव पड़ा?''

उसने उत्तर दिया, ''यह तो अवश्य है कि उसका पिता बड़ा दयालु और सीधा था।''

रात के गहन विचारों ने डानजुअन के मुख पर कुछ ऐसे चिह्न उत्पन्न कर दिये थे जिससे कुछ मण्डली के ऊपर सन्नाटा छा गया। पुरुष सब चुपचाप खड़े थे। स्त्रियाँ जिनके होठ मदिरा से सूख गये थे और जिनके गाल मुर्झा गये थे; अपने घुटनों के बल बैठ गयीं और प्रार्थना करती हुई नज़र आयीं। यह दृश्य देखकर डानजुअन काँप गया, संसार की सारी शान-शौकत, आनन्द, भोग-विलास, सुन्दरता व कोमलता, जीवन का सारा बल, अभिमान और चमत्कार मृत्यु को दण्डवत कर रहे थे।

लेकिन, इस प्रतिष्ठित इटली में धर्म व अधर्म ऐसे सम्मलित और एकामय हो रहे थे कि धर्म एक तरह का व्यभिचार और व्यभिचार एक तरह का धर्म हो गया था। राजकुमार ने डानजुअन से हाथ मिलाया, तब सबके मुख पर वही स्वाभाविक चिह्न उपस्थित हुए, जिसमें कुछ विस्मय, कुछ शक और कुछ लापरवाही मिली हुई थी। यह अद्‌भुत मण्डली तब विदा हुई। कमरा फिर सूना हो गया है, यह मण्डली जीवन की एक प्रतिमा या प्रतिबिम्ब थी। सीढ़ियों से उतरते हुए राजकुमार ने लारिवाबरेला से कहा, 'यह कौन कह सकता था कि डानजुअन का भोगमय जीवन एक खेल जैसा .... था। मालूम होता है कि उसको अपने पिता से कुछ प्रेम था। व्रम्बिला ने पूछा, ''क्या तुमने काले कुत्ते को भी देखा।''

बायंकनकेवे टालीनी ने कहा, ''डानजुअन बड़ा धनी है।''

बेरोनीसि ने अभिमान से कहा, ''तो मुझे इससे क्या?'' यह वही स्त्री थी, जिसने सीप की डिबिया तोड़ डाली थी।

राजकुमार ने फिर कहा, ''डानजुअन बिना तिलक का राजा है।''

पहले तो अनेक विचारों से डाँवाडोल होकर डानजुअन ने कई यत्न सोचे। अपने पिता के सम्पूर्ण धन-सम्पति का हिसाब करता हुआ सायंकाल को वह मृतक के कमरे में गया। इस समय उसकी आत्मा घृणित स्वार्थ और लोभ से भरी हुई थी। इस कमरे में उसने देखा कि कई बड़े दीपकों के प्रकाश में नौकर सब वस्त्र व

आभूषण इकट्ठा कर रहे थे, जिनसे कल मृत्यु शय्या सजी जाने वाली थी। इस महत्वपूर्ण दृश्य को कल तमाम फेरारा देखने आएगा। डानजुअन ने नौकरों से इशारा किया और वह घबराये हुए रुक गये। उसने बदली हुई आवाज़ से कहा, ''मुझे यहाँ अकेले छोड़ दो और जब तक मैं वापस न चला जाऊँ, तुम लोगों को यहाँ आने की आवश्यकता नहीं।''

जब नौकरों के पग-शब्द दूर होते हुए सुनाई पड़े, डानजुअन ने केवाड़ बन्द कर के अन्दर से छड़ चढ़ा दिये। तब इस बात से स्थिर होकर कि वह अकेला है, उसने कहा, ''लाओ देखूँ।'' डान बेलविडरा की लाश एक मेज़ पर पड़ी थी, इस कारण कि इतनी वृद्ध, निर्बल और कुरूप लाश पर देखने वालों की दृष्टि न पड़े, नौकरों ने उसमें तेल फुलेल और मसाला लगाकर, लाश को कपड़े से अच्छी तरह ढक दिया था। केवल मुँह खोल दिया था। इस शून्य भवन में यह लाश पड़ी थी और चादर के बाहर से मृतक शरीर के अंग और हड्डियों की बनावट तथा क्लेश और पीड़ा के चिह्न दिखाई पड़ते थे। चेहरे पर नीले, स्याह और बड़े-बड़े दाग दिखाई देते थे और यह विदित होता था कि अभी इन पर तेल मसाला इत्यादि लगाया नहीं जा चुका था। शंकावाद के कवच से सुरक्षित डानजुअन की आत्मा इस दृश्य को देखकर भयभीत हो गयी और उसके सारे शरीर पर कँपकपी छा गयी। थरथराते हुए हाथों से उसने विल्लूर की शीशी की डाट खोली, लेकिन जब वह सर के बिलकुल निकट पहुँच गया तो वह कुछ देर रुक जाने के लिए विवश हो गया। वह अभी बहुत काँप रहा था। लेकिन इस नवयुवक का जीवन भोग-विलास के जीवन से भ्रष्ट हो चुका था। उसके हृदय में एक प्रबल इच्छा उठी, जो उससे बोली, ''पहले आँख पर लगाओ।'' उसने एक कपड़ा लेकर उसमें दीर्घायु नीर की कुछ बूँदें गिराकर आँख की पलक पर मला आँख खुल गयी।

जिस तरह किसी स्वप्न में हम उस काल से चिमट आते हें, जो एक गहरी खाई के ऊपर लटकती हुई नज़र आती है, उसी तरह डानजुअन ने शीशी ज़ोर से मुट्ठी में दबा कर अपनी छाती से लगा लिया और बोला, ''ऐं, यह क्या?''

उसने एक जीती जागती आँख देखी, जिसमें जीवन का पूर्ण आभा और चमत्कार झलक रहे थे, जैसे कोई मुर्दे के सर में एक बच्चे की आँख देखे। किसी स्वच्छ नाले में पड़ी हुई सूर्य की किरणों की तरह उस आँख में आत्मा का प्रकाश फैल गया। स्याह बरौनियों के बीच में घिरा हुआ यह प्रकाश ऐसा ही था, जैसे जाड़ों की रात में मुसाफिर लोग रेत-स्थलों में देखते हैं। मालूम होता था यह अंगारा डानजुअन को भस्म कर देगा। वह आँख अपनी दृष्टि से डानजुअन को भाव दे रही थी। जीवन के सब भाव उस आँख में झलक रहे थे। नम्रता, दीनता, क्रोध, विनय और लाचारी सब इस दृष्टि में सम्मिलित थे। जीवन के इस टुकड़े में जीवन की

असीम और अथाह धारा इस तरह लहरा रही थी कि डानजुअन मारे भय के पीछे हट गया। वह घबराकर कमरे में इधर-उधर घूमने लगा। उसको उस आँख की ओर देखने का साहस न होता था, परन्तु वह आँख सब जगह दिखाई देती थी। लटकते हुए पर्दों पर, बिछे हुए क़ालीनों पर, खिड़कियों और झरोखों पर सब जगह वह आँख अपनी कठोर झलक दिखला रही थी। तमाम कमरे में जीवन-शक्ति अपनी किरण फेंक रही थी और प्रत्येक वस्तु के हृदय में प्रवेश करती हुई उसे मानसिक शक्ति और चैतन्यता प्रदान कर रही थी। वह डानजुअन का पीछा नहीं छोड़ती थी।

आख़िरकार डानजुअन से न रहा गया। किसी दैनिक शक्ति ने प्रेरित करके उसे फिर धक्के देकर मृत्यु-शय्या के निकट कर दिया और डानजुअन विवश होकर उस ज्वालामय नेत्र को फिर देखने लगा। अकस्मात् उसके मुख से यह शब्द निकल गये, "अभी यह और १०० वर्ष तक अवश्य जीता।"

यकायक उस आँख की पलक भँजी और फिर खुल गयी-जैसे, उस स्त्री की पलक भँज कर खुल जाय तो अपने प्रिय की बात मान ले। यदि डानजुअन के शब्दों के उत्तर में 'हाँ' का शब्द सुनाई देता, तो उसको इतना भय और आश्चर्य नहीं होता जितना इस आँख के झपकने से हुआ।

उसने अपने मन में सोचा, "मैं क्या करूँ।" साहस करके उसने आँख की पलक बन्द करना चाहा, लेनिक उसका परिश्रम व्यर्थ हुआ। फिर उसने सोचा, "क्या यह आँख निकाल लूँ? लेकिन शायद यह काम पिताघातक हो।"

एक तीव्र व्यंग दृष्टि से आँख ने कहा, "हाँ" आखिरकार डानजुअन हैरान होकर बोल उठा, "कुछ नहीं, यह सब जादू का खेल है।" और वह आँख निकालने के लिए आगे बढ़ा। उस समय आँसू का एक बड़ा-सा बूँद उस आँख से मृतक के बैठे हुए गाल पर से ढलककर डानजुअन के हाथ पर गिर पड़ा। उसको पोछते हुए डानजुअन ने कहा, "यह तो जल रहा है।" डानजुअन के हृदय में एक घोर संग्राम हो रहा था, मानों वह किसी देवता से युद्ध कर रहा है। आखिरकार वह यह कहते हुए उठा, "अच्छा, अगर रक्त न बहे तो क्या हानि है?" तब वह कुल साहस इकट्ठा करके जो उसको कायर बनाने के लिए आवश्यक थी, उसने आँखें निकाल लीं और एक कपड़े में लपेटकर दूसरी ओर को देखता हुआ उसे कुचल दिया उसको यह साहस नहीं हुआ कि उस आँख को देखे।

यकायक एक हृदय-विदीर्ण शब्द उसे सुनाई दिया। कुत्ता भूककर मर गया। उस जानवर की ओर देखकर डानजुअन ने सोचा "क्या ऐसा हो सकता है कि यह कुत्ता इस मर्म से परिचित था।"

(२० अक्टूबर १९१९)

डानजुअन लोगों में सपूत प्रसिद्ध हुआ। उसने अपने पिता की कब्र पर एक सफेद संगमरमर की मूर्ति बनवायी और यह काम उसने उस समय के मशहूर मूर्तिकारों के सुपुर्द किया। इस मूर्ति में उसके पिता, धर्म की मूर्ति के सामने, झुककर दण्डवत कर रहे थे। जब तक यह मूर्ति उसके कब्र पर खड़ी नही हो गयी तब तक डानजुअन की आत्मा को चैन नहीं था। इस कब्र में एक शंका दफन थी, जो दुनिया के कार-बार से थक जाने के समय कभी-कभी डानजुअन के हृदय पर सर्प के फण की तरह अपनी फुफकार फेंकती थी और उसकी लहर डानजुअन के सारे शरीर पर नर्क की वायु की तरह आने लगती थी। परन्तु जब डानजुअन इस वृद्ध पूर्व देश यात्री के एकत्रित किये हुए असीम धन पर दृष्टि डालता तो उस समय वह फिर सचेत हो जाता। क्या धन ने उसे दो आत्माओं पर अधिकार नहीं दिला दिया था? अब उसकी गहरी दृष्टि संसार के हर वस्तु की तह तक पहुँच जाती थी और सामाजिक जीवन के प्रत्येक अंग की जाँच करती थी। उसकी दृष्टि जीवन के उस पार देखती हुई अपने चक्र में सारे संसार को ले लेती थी। उसने मनुष्यों और संस्थाओं की परीक्षा की, इतिहास की सहायता से पुराने समय की जाँच की, राजनीति की सहायता से वर्तमान समय की पड़ताल की और धर्म-ग्रन्थों की सहायता से भविष्य पर दृष्टि डाली और सबको तुच्छ पाया। उसने आत्मा और प्रकृति की अग्नि-परीक्षा ली और वह भस्म हो गयी। आज से वह डानजुअन हो गया।

यह खूबसूरत नवजवान भ्रमात्मक जीवन के मर्मों से परिचित, उसी जीवन धारा में कूद पड़ा और संसार से घृणा करते हुए उसी संसार पर अधिकार जमाये रहा। अब उसका आनन्द अमीरों के आलसी जीवन में नही रह गया था। अब भाँति-भाँति के व्यंजन, रंग-विरंग के कपड़े, मदिरों से छलकते हुए प्याले रूपवती युवती, स्त्रियाँ उसके चित्त को आकर्षित और प्रसन्न नहीं कर सकती थीं। वह जीवन को इसी तरह पकड़े था जैसे बन्दर एक अखरोट दाँत से दबाता है, लेकिन अधिक समय तक सूखे और कठोर छिलकों से अपना मनोरंजन न करके, वह उन्हें फोड़ के फेंक देता है, ताकि भीतर के मधुर, मुलायम और रसीले गूदे की छानबीन करे। सांसारिक जीवन के लालायित छोह विछोह और भाव अब उसके सामने तुच्छ और तत्त्वहीन थे।

वह उन धनी और शक्तिवान मनुष्यों की उस त्रुटि और अपराध से मुक्त था जो यह समझते हैं कि छोटी आत्माएँ बड़ी आत्माओं में विश्वास करती हैं, और जो इसी कारण से भविष्य के उच्च महत्वपूर्ण और अविनाशी जीवन को मृत्युलोक के

तुच्छ, तत्त्वहीन और नाशवान् जीवन से बदला लेते हैं। इन लोगों की तरह डानजुअन भी पैर पृथ्वी पर रखकर और सर आसमान में उठाकर चलने के योग्य था। लेकिन उसकी यही रुचि थी कि वह बैठकर अनेक स्त्रियों के कोमल रसीले होठों को चूम-चूमकर सुखाये, क्योंकि मृत्यु की तरह वह जिधर से गुजरता था वहाँ की सब चीजों को निर्लज्ज होकर निगलता जाता था—पूर्ण अधिकार पाने की प्रबल इच्छा से मतवाला, देर तक रहने वाले और प्रसन्नता से प्रदान किये हुए सुख भोग में लिप्त स्त्रियों में वह स्त्रियों से नहीं वरन शक्ति से प्रेम करता था। अपनी आत्मा का स्वाभाविक गुण उसने व्यंग और कटाक्ष बना दिया था। जब उसकी वेश्याएँ अपने सेज को स्वर्ग में जाने की सीढ़ी बनाना चाहती थीं, जहाँ मदमाती होकर अपने यौवन का आनन्द अपने प्रिय की गोद में उठाना चाहती थीं तो डानजुअन उनके हार्दिक भावों से सहानुभूति करता हुआ चुपचाप उनके पीछे हो लेता था— जैसे आत्मविज्ञान का कोई विद्यार्थी। लेकिन जब उसकी वेश्याएँ चिल्लाती थीं "हम" तब डानजुअन गम्भीर स्वर से कहता था "मैं"। वह स्त्रियों से अपना दिल बहलाव करने की कला में निपुण था उसे सदा अपने ऊपर इतनी शक्ति थी कि वह एक अनाड़ी और अल्हड़ प्रेमी की तरह काँपते हुए अपनी प्रिया से कहे, "मैं तुम पर आसक्त हूँ।" लेकिन समय पड़ने पर वह गरज भी सकता था और अपनी तलवार से कुछ काम भी कर सकता था। बड़े-बड़े सैनिकों और सरदारों को रण-भूमि में वह नीचा दिखा चुका था। उसकी सरलता में कटाक्ष भरी होती थी। वह जब चाहता था आँसू बहा सकता था—जैसे कोई औरत अपने पति से बिना परिश्रम के आँखों में आँसू भरकर यह कहे कि "मुझको सैर करने के लिए गाड़ी मँगवा दो, नहीं तो मुझे तपेदिक हो जायगा।" वणिकों के नज़दीक यह दुनिया एक दुकान है और सारा जीवन डण्डियों और बीजकों का एक ढेर है। कई युवकों के लिए दुनिया कोई हसीन औरत है और औरतों के लिए दुनिया कोई पुरुष है। कुछ आत्माओं के लिए दुनिया कोई महत्व का नगर है, डानजुअन के लिए सारा ब्रह्माण्ड डानजुअन था। मृदुता और सभाचातुर्य में निपुण, वह जीवन धारा में बहता हुआ, जिस घाट पर चाहता था, अपनी नौका लगा देता था लेकिन जब अपनी नौका पर कोई खेवैया चढ़ा लेता था, जो केवल उसी ओर अपनी नौका लिवा जाता था जिधर उसकी मौज होती थी, तो वह स्वतन्त्र जीवन का एक नमूना था।

डानजुअन की आयु जितनी बढ़ती गयी उतना ही जीवन पर उसकी शंका और अविश्वास बढ़ता गया। उसने देखा कि साहस अभिमान है, विचार स्वार्थ है, दया और दान चालाकी है, बुद्धि मूर्खता है और सत्य व धर्म एक तरह की रीति है। इस बार शंका और अविश्वास के समय में उसकी आत्मा ने चित्र का दूसरा अंग भी उसे दिखला दिया और एक दैवी लीला उसने देखी। उसने देखा कि संसार में

जो लोग वास्तव में सच्चे, बहादुर, साहसी, विचारवान, दयालु और दानी हैं, वह या तो जन-समूह के पैरों के नीचे कुचले जाते हैं, या उनको धक्के देकर जन-समूह नर्क की ओर बड़े वेग से बढ़ता हुआ चला जाता है। उसने मन में सोचा, ''कैसी अद्भुत, निर्दयी, कठोरात्मक लीला है। परमात्मा इसका रचयिता नहीं हो सकता।'' उसने अब परलोक को भी त्याग दिया। नाममात्र के लिए भी परमात्मा के सामने उसका सर न झुकता और मन्दिरों में धर्म-वीरों और देवताओं की मूर्तियों को वह कलाकौशल के नमूने समझता था। लेकिन मनुष्य समाज के संगठन और रचना को भली-भाँति समझता हुआ वह कभी ऐसा काम नहीं करता था जिससे उसकी मूर्खता और अन्धविश्वास को कड़ी चोट लगे। क्योंकि वह जानता था कि धर्म के पाखण्ड के निर्माता उससे अधिक बली थे। वह समाज के नियमों को सुन्दरता और नम्रता के साथ उल्लंघन करता था। वह समाज का अपमान समाज की प्रशंसा करके करता था। वह हर बात को एक खेल समझता था, सारा जीवन उसके लिए खेल था। स्वयम् उसका जीवन एक महान व्यंग्य और कटाक्ष था, जो मनुष्यों, संस्थाओं और विचारों की एक अति स्वतन्त्र आलोचना थी। रही स्वर्ग की बात, तो पोप दोयम जूलियस से आधे घण्टे मजे-मजे में बात करने के बाद उसने हँसकर कहा, ''यदि किसी शक्ति में विश्वास करना अनिवार्य है तो मैं शैतान के बदले किसी ईश्वर में विश्वास करूँगा। शक्ति दया से सम्मिलित होकर क्रूरता से अधिक बलवान और तेजस्वी होती है।''

पोप ने कहा, ''सत्य है। किन्तु, ईश्वर की इच्छा है कि हम सब इस जीवन में तपस्या करें।''

डानजुअन ने उत्तर दिया, ''आह! तुम्हें हर घड़ी अपनी तपस्या की पड़ी रहती है। मेरे सामने तो अभी एक पूरा जीवन पड़ा है, जिसमें इस जीवन के पापों का पश्चात्ताप और तपस्या कर लिया जायगा।''

पोप ने कहा, ''हाँ, अगर वृद्धावस्था को एक पूरा जीवन समझते हो तो वास्तव में उस समय तुम्हें एक महान प्रायश्चित करके अपने पापों से मुक्त होना पड़ेगा।''

डानजुअन ने व्यंग्यपूर्ण भाव से उत्तर दिया, 'जब आपही पोप हैं तो क्या हानि है। आपके समय में सब कुछ सम्भव है।'' इसके बाद दोनों उठकर वहाँ गये जहाँ सेण्टपीटर का मन्दिर बन रहा था।

पोप ने गर्व से कहा, ''सेण्टपीटर वह अद्भुत आत्मा था जिसने हम लोगों को लोक-परलोक दोनों पर साम्राज्य दिया है। पोपों की प्रथा का यही निर्माता था। वह इस मन्दिर और मूर्ति का अधिकारी है। किन्तु कभी-कभी रात को मैं सोचता हूँ कि एक बड़ी भारी बाढ़ आने वाली है जो इन सबको बहा ले जाएगी और सृष्टि

फिर से आरम्भ होगी।''

डानजुअन और पोप दोनों हँस पड़े। दोनों एक दूसरे का अभिप्राय समझ गये।

लेकिन इस गल्प का अभिप्राय डानजुअन के धार्मिक विचार पर तर्क-वितर्क करना नहीं, इस गल्प का आशय केवल इतना है कि सभ्य जनों पर सिद्ध हो जाय कि यह कथा सर्वथा मिथ्या है। जो बताती है कि डानजुअन की मृत्यु किसी शत्रु से लड़ते हुए एक पत्थर की चोट से हुई। नहीं बल्कि डानजुअन जब साठ वर्ष का हुआ तो वह जाकर स्पेन में बसा, वहाँ वृद्धावस्था में उसने एक सुन्दर युवती से विवाह किया जिससे एक पुत्र उत्पन्न हुआ। लेकिन डानजुअन जान-बूझकर न तो एक आदर्श पति बना, न एक आदर्श पिता। उसने यह देख लिया कि दुनिया में हम लोगों को कोई इतना प्यार नहीं करता, ज़ितना वह स्त्री, जिसकी हम कुछ भी परवाह नहीं करते। डानजुअन की स्त्री डोना एलबिरा की शिक्षा बड़ी संयम से उसकी एक वृद्धा चाची ने ऐण्डलोसिया के विद्यालय में सेनलूकर से कुछ मील के फासले पर दिलवायी थी। वह पतिव्रता और सुशीलता की देवी थी। डानजुअन समझ गया कि वह युवती कन्या ऐसी पत्नी होगी जो जल्दी किसी पाप या त्रुटि में नहीं फँस सकेगी—इसलिए उसे आशा थी कि मरते समय तक वह धर्मात्मा रहेगी। अपने वृद्धावस्था के लिए डानजुअन ने एक भयानक लीला, एक व्यंग्यपूर्ण खेल छोड़ रक्खा था। अपने पिता बोर्ट लोगियों की भूलों से सचेत होकर उसने दृढ़ संकल्प कर लिया था कि जो लीला इसके मरण-शय्या पर होने वाली थी वह पूर्णतः सफल हो गई। इस अभिप्राय से उसने अपने धन का अधिक भाग फेरारा के महल में दफन करा दिया था। और वहाँ वह बहुत कम जाया करता था। जो भाग बचा; उसका उसने इस तरह प्रबन्ध किया कि उसका सूद डानजुअन के जीवन तक उसकी स्त्री और पुत्र को मिलता रहे और बाद उसके मर जाने के वह धन सेनलूकर के गिर्जे का हो जाय। ऐसा करने से उसकी स्त्री और पुत्र का लाभ उसके जीवित ही रहने में था। यह चाल उसके पिता बर्ण्टलोमियो के लिए शायद आवश्यक और लाभदायक होती, लेकिन डानजुअन के लिए इसकी आवश्यकता नहीं थी उसका पुत्र फ़िलिपबेलट्रिबरो का चरित्र इतना पवित्र और धार्मिक था जितना डानजुअन का श्रेष्ठ होना मिसाल है कि कंजूस के पुत्र फ़जूल खर्च होते हैं।

(२२ दिसम्बर १९१९)

डानजुअन ने अपनी स्त्री और पुत्र की आत्म-रक्षा के लिए सेनलूकर के ऐवाट को नियत किया था। यह ऐवाट उनका पुरोहित और गुरु था। ऐवाट एक त्यागी पुजारी था, जिसका शरीर सुडौल, रूप सुन्दर तथा आँखें बड़ी-बड़ी और

स्याह थीं। व्रत और तपस्या से वह निर्बल और दुबला हो गया था तथा एकान्त वासियों की तरह प्रत्येक दिन कामातुर और तामसिक विचारों से उसका मन डाँवाडोल रहता था। वृद्ध धनी डानजुअन कदाचित अपने जीवन का पहला मार्ग समाप्त करने के पूर्व एक ऐवाट के प्राण लेना चाहता था। परन्तु शायद इस कारण से कि इस पुजारी का अंश भी उतना ही बली था जितना डानजुअन का था इस कारण से कि डोना एलबिडा स्पेन की अन्य कन्याओं से अधिक बुद्धिमती और पवित्र थी, डानजुअन को अपने अन्तिम दिवस एक शिथिल और वृद्ध रईस की तरह बिना किसी बदनामी या फ़साद के अपने स्पेन के महल में काटने पड़े। कभी-कभी उसको अपनी स्त्री और पुत्र के धार्मिक नियमों में जो भूल या त्रुटि मालूम होती थी, उस पर टिप्पणी और व्यंग्य करने में उसे मज़ा आता था। नहीं मालूम क्यों, उसकी एकमात्र इच्छा थी कि उसकी स्त्री और पुत्र रोमन चर्च के वह सब नियम पालन करें जो कैथलिक धर्मानुयायियों को उचित है। उसको उस समय बड़ा आनन्द आता था। जब उसकी स्त्री और पुत्र ऐवाट से धर्म-कर्म पर वाद-विवाद किया करते थे।

लेकिन अपने शरीर के बहुत संयम और रक्षा करने पर भी डानजुअन दिन ब दिन क्षीण और निर्बल होता गया। वृद्धावस्था के दुःख अब उसे ग्रसित करने लगे और उसको अपनी शक्ति और बल में भी प्रतिदिन कमी मालूम होने लगी। युवावस्था के भोग-विलास और सुखों के स्मरण के साथ-साथ वृद्धावस्था के दुःखों का अनुभव और भी दुखदायी था। जब वह अपने वृद्ध निर्बल शरीर के रोगों से पीड़ित होकर कराहता तो उसकी आह पश्चात्ताप और शोक के रंग में डूबी हुई थी। वह मनुष्य जो शंकावाद के अन्तिम दशा को पहुँच चुका था और जो दूसरों को उन्हीं सिद्धान्तों में विश्वास करने पर मज़बूर करता था। जिनकी स्वयं अपने जीवन में हँसी उड़ाता था, प्रत्येक रात्रि को अपना सर शंकावाद के कठोर तकिये पर रखकर सोता था।

उच्च कुल का यह पुरुष सभा-चातुर्य का यह आदर्श, भोग-विलास और काम का यह उपासक, रण-क्षेत्रों का यह नायक, स्त्रियों का यह प्रसंशक जो उनके दिलों को इस तरह मरोड़ देता था जैसे कोई बालक किसी गुलाब की पखँड़ी को, यह अद्‌भुत मनुष्य अब सर्दी और खाँसी का शिकार था—गठिया और बात से पीड़ित तथा जीवन के प्रत्येक कामों में दूसरे की सहायता का मुहताज।

उसने अपने मजबूत सफ़ेद व चमकदार दातों को एक-एक करके गिरते हुए देखा, जिस तरह सुन्दर युवती स्त्रियाँ किसी उत्सव के समाप्त होने पर उत्सवमण्डप को सूना छोड़कर एक-एक करके विदा हो जाती हैं। उसके रुखे हुए हाथ अब काँपते थे। उसके पाँव डगमगाते थे। आख़िरकार, एक दिन शाम को फ़ालिस का

दौरा हुआ और उसकी गर्दन ऐंठ गयी। उस दिन से वह प्राय: चिड़चिड़हा हो गया। और सदा रंजीदा और उदास रहा करता था। झल्लाकर कह देता था कि, "तुम लोग जो थोड़ी बहुत सेवा मेरी करते हो, वह केवल रुपये के लोभ से।" इस पर एलविरा और फ़िलिप शोक और अमरख से रोने लगते थे तथा बड़े उत्साह से उसकी सेवा टहल में लग जाते। उनको रोते देखकर डानजुअन का हृदय फिर भर आता था। और, अपनी बोली मधुर करके वह कहता था, "मेरी अत्यन्त प्यारी स्त्री, तुम दोनों मुझको क्षमा करो। क्या तुम मुझे क्षमा न करोगी? यह सत्य है कि मैं अक्सर तुम लोगों से रिस करता हूँ और व्यर्थ तुम्हारे हृदय को दुख होता है। हे भगवान! इन दो पवित्र आत्माओं की परीक्षा मुझसे क्यों करा रहे हो? मुझे तो उचित है कि इनके सुख और आनन्द का कारण बनूँ, न कि इनके दु:ख और क्लेश का।"

ऐसे ही भुलावा देकर, झूठे प्रेम के बन्धनों से उसने इन लोगों को अपने सेज से लगा रखा था। महीनों की झिड़की और तकलीफ़ को झूठी नम्रता और प्रेम दिखलाकर बात की बात में भुलवा देता था। पिता-धर्म की यह शैली उससे अधिक सफल और लाभदायक सिद्ध हुई, जिसका प्रयोग डानजुअन के पिता ने डानजुअन के साथ किया था। अब उसकी बीमारी अन्तिम दशा को पहुँच गयी थी। जीवन-शक्ति ह्रास हो रही थी। आख़िरकार उसकी मृत्यु का दिन आ पहुँचा। इस तीव्र बुद्धिमान शंकावादी ने जिसकी मानसिक शक्ति में बड़े से बड़े रोग और क्लेश के होते हुए अणुमात्र भी अन्तर नहीं आया था, आज अपने को दो ऐसी वस्तुओं के बीच में पाया, जिनसे उसे जन्म भर घृणा रही। अर्थात एक वैद्य और एक कनफेसर। किन्तु उनके संग भी उसने प्रसन्न रहने का यत्न किया। क्या भविष्य के अन्धकार के उस पार कोई प्रकाश नज़र न आता था? आज भविष्य के उस पर्दे पर जो औरों के लिए स्याह है, किन्तु जो डानजुअन के लिए स्वच्छ और साफ शीशे की तरह प्रकाशमय और खुला हुआ था, उसकी जवानी के वह सब भोग-विलास सुख और विषय की लीलाएँ परछाइयों की तरह खेल रही थीं। डानजुअन को निश्चय हो गया कि उसकी मृत्यु आन पहुँची।

ग्रीष्म ऋतु की शीतल मनोहर चाँदनी रात थी। मन्द-मन्द सुमेरु बह रही थी। मालूम होता था कि स्वयं रात्रि अपने विशाल शरीर से स्वाँस ले रही है। स्पेन का आकाश बिलकुल साफ़ था। मालूम होता था, प्रकृति मुसकुरा रही है। यह सब बातें डानजुअन को पुनर्जीवन की आशा दिला रही थीं। तारागण ऊपर से यह दृश्य देख रहे थे। उनकी शीतल और कोमल किरण खिड़की के शीशों को चूम रही थी। डानजुअन ने समझा, तारागण हमको दीर्घायु का आशीर्वाद दे रहे हैं। उसका आज्ञाकारी धर्मात्मा पुत्र उसको आदर और प्रेम से देख रहा था। जब ११ बज गये, डानजुअन ने यह इच्छा प्रकट की कि उसके पुत्र को छोड़कर और सब लोग बाहर

चले जायँ।

तब उसने कहा, ''फ़िलिप!'' ये शब्द नम्रता और प्रेम से इतना भरा हुआ था कि युवक पुत्र का शरीर पिता-प्रेम के भाव से भर गया। उसके रोंगटे खड़े हो गये। प्रेम की धारा आँखों से होकर निकल पड़ी। इसके प्रति अपार सख़्तदिल बाप ने पुत्र के नाम भावपूर्ण उच्चारण नहीं किया था। मरते हुए पिता ने कहा, ''पुत्र! मेरी बात सुनों। मैं एक महान पापी हूँ। इसी कारण जीवन भर मुझे अपनी मृत्यु का ध्यान था। मैं पोप दोयम जूलियस का पहले बड़ा मित्र था। उस बड़े महन्थ ने इस डर से कि कहीं अपनी तामसिक इच्छाओं से प्रेरित होकर अपनी मृत्यु के पहिले मैं कोई घोर पाप न कर डालूँ, मुझे एक शीशी उस पवित्र जल का प्रदान किया, जो रेगिस्तानों के एक चट्टान से निकला था। यह भेद मैंने आज तक किसी से नहीं बतलाया। लेकिन इस रहस्य को मरते समय अपने पुत्र से बतलाने का अधिकार मैं उस पोप से प्राप्त कर चुका हूँ। तुम उस शीशी को गोथिक मेज़ की दराज़ में पाओगे, जो मेरे सेज के निकट सदा रक्खा रहता है। ऐ मेरे प्यारे फ़िलिप! यह अनमोल नीर तुम्हारे काम भी आएगा। तुम अपने आत्मा और परलोक की शपथ खाओ कि तुम बिल्कुल वैसा ही करोगे जैसा मैं कहूँगा।''

फ़िलिप ने अपने पिता की ओर देखा। डानजुअन मनुष्य प्रकृति से इतनी अच्छी तरह से परिचित था कि उसे आशा हो गयी कि अव वह शान्ति से प्राण-त्याग कर सकता है, जिस तरह डानजुअन की दृष्टि से, उसके पिता को शान्ति से प्राण-त्याग करने की कोई आशा न थी। डानजुअन बोला, ''तुझको अवश्य दूसरा पिता मिलना उचित है। मैं तुझसे यह स्वीकार करता हूँ कि आज जिस समय सेनलूकर के एवाट ने मेरा अन्तिम संस्कार कराया, उस समय मुझे परमात्मा की शक्ति और शैतान की शक्ति में एक महान अन्तर मालूम हुआ।''

''हाय पिता!''

''उस समय मैंने अपने मन में सोचा कि जब शैतान किसी की आत्मा ग्रसित करता है तो कोई न कोई यत्न वह भी अपने उपासकों की मुक्ति के लिए अवश्य कर रखता होगा। यह विचार मुझे रह-रहकर बेचैन कर रहा है। पुत्र यदि तुमने मेरी अन्तिम इच्छा पूरी न की तो मैं अवश्य नर्क में जाऊँगा।'

''पिताजी, शीघ्र कहिए, मैं क्या करूँ?''

डानजुअन ने कहा, ''ज्योंही मैं आँखें बन्द कर लूँ, जो शायद कुछ ही देर में होने वाला है, और जब मेरे शरीर में कुछ गर्मी बाकी रहे, उस समय तुम मुझे उठाकर इस कमरे के बीच में मेज पर मुझे अच्छी तरह लिटा देना। उसके बाद लैम्प बुझा देना। तारों का प्रकाश काफ़ी होगा। मेरे शरीर पर से सब वस्त्र उतार लेना। और ईश्वर का नाम लेते हुए परमात्मा के ध्यान से अपनी आत्मा में पवित्र संकल्प

करके बड़ी सावधानी से इस पवित्र जल से मेरी आँखें, मेरे होंठ, मेरा सर और उसके बाद मेरे सब अंग धीरे-धीरे पोछना। किन्तु, देखो पुत्र, परमात्मा की शक्ति महान है, उसकी गति कोई नहीं जानता, कोई बात देखकर घबरा न जाना।''

इस समय डानजुअन को मालूम हुआ कि अब उसकी मृत्यु आ गयी। उसने घबरा के कहा, ''लो, यह शीशी अच्छी तरह थामो।'' यह कहकर डानजुअन ने अपने पुत्र की गोद में प्राण त्याग दिया और उसके कटाक्षयुक्त मुख पर फ़िलिप के आँसू गिरने लगे।

आधी रात का समय था। जब फ़िलिप ने अपने पिता की लाश मेज पर रखी और उसकी कुटिल भृकुटी को आदर से चूमकर उसने लैम्प बुझा दिया तो चन्द्रमा के शीतल और मन्द प्रकाश में फ़िलिप को अपने पिता की लाश ऐसी नज़र आयी जैसे साये में कोई उज्ज्वल वस्तु पड़ी हो। उसने एक कपड़ा दीर्घायु नीर से तर करके और पमरात्मा का पवित्र संकल्प मन में करके उस पूज्य सर को रात्रि के सन्नाटे में आहिस्ता से पोछा। उस समय निस्सन्देह फ़िलिप ने कोई आवाज़ सुनी, लेकिन उसे उसने हवा की सनसनाहट समझा। जब दाहिने हाथ में वह पानी लगा चुका, तो एक मजबूत हाथ ने उसकी गर्दन को खींचकर छाती से लगाना चाहा। वह हाथ उसके पिता का था। भयभीत होकर वह चिल्ला उठा। शीशी उसके हाथ से छूट गयी और गिरकर फूट गयी। जल बिखर गया। महल के नौकर सब मशाल लिये हुए कमरे में दौड़ आये। वह सब एक आवाज़ सुनकर डर गये थे। ऐसा मालूम हुआ कि प्रलय का शंखनाद बजा है, जिससे सारा संसार दहलकर डगमग हो रहा था। सब काँप रहे थे। कमरे में आकर उन्होंने देखा कि डान फ़िलिप की गरदन में एक बलवान हाथ पड़ा हुआ है और वह डानजुअन की लाश पर अचेत पड़ा है।

इसके बाद एक विचित्र घटना घटी। नौकरों ने देखा कि डानजुअन का मुख तेजमय और प्रकाशित हो गया है। जवानी के सब चिह्न चेहरे पर फिर प्रकट हो गये। वही सुन्दरता, वही उमंग, वही कामातुरता, वही मुस्कुराहट, सब उस मुख में लौट आये थे। केश काले और चमकदार, आँखें प्रकाशमय, होंठ और कपोल गुलाब की तहर खिले हुए थे। साथ ही साथ उस मुख पर एक घोर परिश्रम के चिह्न थे यह मालूम होता था कि जीवित सर मृतक शरीर को हिलाने की चेष्टा कर रहा था। इस संग्राम से वह मुख एक भयानक तरह से तन गया था, किन्तु शव न हिली। एक बुड्ढा नौकर बोल उठा, ''ईश्वरीय गति है काल की लीला है।'' कुछ स्पेन-निवासी चिल्ला उठे, ''जादू है, जादू है।'' डोना एलबिरा की पवित्र सरल और धार्मिक आत्मा को जादू इत्यादि में विश्वास नहीं था। इसलिए, उसने सेनलूकर के एबाट को बुलवा भेजा। जब ऐबाट ने यह अद्भुत लीला अपनी आँखों से देखा तो अपने लोभी स्वभाव के अनुकूल उसने इस घटना से लाभ उठाने का इरादा किया।

उसने तुरन्त इस बात की घोषणा कर दी कि डानजुअन देवता हो गया और उसका देवताओं की श्रेणी में प्रवेश कराने का यत्न और संस्कार सेनलूकर के गिरजे में बहुत शीघ्र होगा। उसने यह भी कह दिया कि संस्कार होने के बाद वह गिर्जा 'सेन जुअन डी लूकर' के नाम से प्रसिद्ध होगा। एबाट के इन शब्दों से डानजुअन का सिर कौतुकपूर्ण कटाक्ष से मुसकिराया।

इस तरह की बातों में स्पेन-निवासियों को इतना दृढ़ विश्वास है कि उस धूम-धाम का अनुमान करना कठिन न होगा, जिससे डानजुअन वेलविडरों की लाश सुसज्जित रथ पर रखवाकर सेनलूकर के गिरजे में लायी गयी। इस घटना के दो ही तीन दिन के अन्दर उसकी चर्चा ग्राम-ग्राम में सैकड़ों कोस तक फैल गयी। डानजुअन के असम्पूर्ण पुनर्जन्म का हाल सुनकर यात्रियों और दर्शकों का ताँता लग गया। सेनलूकर के एबाट का महायज्ञ और संस्कार देखने के लिए लोग चारों ओर से आने लगे। सेनलूकर की पुरानी मस्जिद जो एक बहुत विशाल भवन था, जिसे मूरों ने बनवाया था और जहाँ अब तीन शताब्दी से अल्लाह के नाम की जगह पर भगवान ईसु मसीह के नाम की ध्वनि उठती थी, दर्शकों और यात्रियों से खचाखच भर गया था। जगह न मिलने से सहस्त्रों मनुष्य बाहर खड़े थे। मखमल के वस्त्र पहिने हुए, चमकती हुई तलवारें हाथ में लिये हुए सैनिक गिरजे के बड़े-बड़े स्तम्भों के

७ अगस्त १९२१

जापान और कोरिया

कहाँ तो एक ओर संसार स्वतन्त्रता की ओर बढ़ रहा है और कहाँ दूसरी ओर साम्राज्यवादी अपने प्रभुत्व की रक्षा और वृद्धि करने के लिए बेतरह परेशान हैं ! जापान का उदाहरण इस समय हमारे सामने है 'मार्निंग पोस्ट' लिखता है कि जापान और साइबेरिया में युद्ध चल रहा है। बोलशबिन्म को रोकने के बहाने जापान अपनी सेना की वृद्धि कर रहा है और साइबेरिया पर हाथ साफ़ करना चाहता है। मज़ा यह कि किसी की दृष्टि इस ओर नहीं जा रही है। —कोरिया को भी जापान पैरों तले कुचलना चाहता है। यह छोटा-सा देश चीन के पूर्व प्रशान्त महासागर की लहरें लेता है। क्षेत्रफल इसका पंजाब के बराबर और जनसंख्या एक करोड़ पचास लाख है। कोरिया की सभ्यता चार सहस्र पुरानी है, उसकी निज की भाषा है और उसका अपना इतिहास है। गत शताब्दी के अन्तिम और वर्तमान शताब्दी के आदि वर्षों में रूस, चीन और जापान ने इसे हड़पने की कोशिश की थी और १९०५ में कोरिया जापान के हाथ लगा था। तब से जापान ने कोरिया की राष्ट्रीयता को नाश करने के लिए कुछ उठा न रक्खा। ज़बर्दस्ती जापानी भाषा कोरियनों के ऊपर लादकर, स्थानों के नाम बदलकर, कोरिया के राष्ट्रीय चिह्न, साहित्य और ऐतिहासिक लेखों को नष्ट कर तथा कोरिया के राष्ट्रीय स्मृत चिह्नों को जापान भेज-भेजकर वह कोरिया की प्राचीन प्रतिष्ठा का प्राण ले रहा है। परन्तु आत्म-गौरव पर दृढ़ कोरियनों ने अपने को जापानी रंग में रंग जाने से इंकार कर दिया है। आज से दो वर्ष पहिले कोरिया ने जापान का घोर विरोध किया और उसने शन्तिमय असहयोग से काम लिया। यद्यपि जापानियों ने उस समय अपने पशु-बल और क्रूरता से कोरिया को दबा दिया तथापि कोरिया की जीती जागती राष्ट्रीयता को वह कुचल नहीं सका और अब तो शायद कोरिया स्वाधीन हुए बिना विश्राम ही न लेगा।

२३ जनवरी १९२१

जल्लादों की खूँरेज़ी!

हश्र में कहते हैं, कह दो—
यह मेरा क़ातिल न था।
सदक़े इस तक़दीर के
गोया कि मैं बिसमिल न था।

रायबरेली के जल्लादों के इस जुल्म को तो देखिए। पूछने वाले पूछते हैं कि गोलियाँ कैसे चलीं और किसने चलायी तो साफ़ जवाब कहीं और किसी से भी नहीं मिलता। अगर मिलता है तो केवल उन निहत्थे किसानों की ओर से जो खुद इन जल्लादों के गोलियों के निशाना बने। मृत्यु संख्या, घायलों की संख्या और फायरों की संख्या में भी अभी गोलमाल है। गोली चलाने के कारणों पर भी अब तक के सरकारी बयानात से कुछ मदद नहीं मिलती। पुलिस के कप्तान खुद पशोपेश में है। सरदार वीरपाल सिंह की सफ़ाई और उनके नाम पर ढिंढ़ोरा का पिटवाया जाना यह बतला रहा है कि मानों वे बिल्कुल निर्दोष हैं। हो सकता है कि उनका और उनके सरकारी साथियों का गोलियाँ चलाने में अथवा गोली चलाने की आज्ञा देने में कोई हाथ न रहा हो; परन्तु गोलियाँ चलीं किसान जख़्मी हुए, मरे और तड़पे-इससे कोई भी इंकार नहीं कर सकता। वजह पर भी अभी बहस है। लेकिन यह बहस-बहस करने वालों को मुबारक हो। हम तो अपनी प्रान्तीय काँग्रेस कमेटी से यही प्रार्थना करेंगे कि वह जितना जल्दी हो सके इन मामलों की पूरी जाँच करे और अपनी रिपोर्ट दे। हम यह रिपोर्ट इसलिए नहीं चाहते कि इसे लेकर हम अधिकारियों के दरवाज़ों पर दस्तक लगाएँगे, उनसे उन जालिमों के जुल्म की सजा देने के लिए याचना करेंगे, बल्कि इस रिपोर्ट को लेकर संसार को दिखला सकेंगे कि हमारी गति कितनी गम्भीर हैं और हमें उत्तेजित करने और फँसाने के लिए क्या-क्या जाल बिछाये जाते हैं। हमसे कोई बात छिपी नहीं है और छिपी उनसे भी नहीं है जो इस समय अपने दोषों से अपने को मुक्त करना चाहते हैं। क्योंकि—

वक़्त इनकार ......चलती
खून इक़रार का करते है मुकरने वाले!

२३ अक्टूबर १९२१

गणेश गौरव

किसी बड़े आदमी का कहना है कि समय बदलते देर नहीं लगती। एक समय था कि किसी राष्ट्रीय कार्यकर्ता के फँस जाने पर इस सरकार की दुहाइयों के पुल बाँध देते थे और प्रार्थना करते-करते हमारी जुबान घिस जाती थी। एक समय अब यह है कि सरकार अन्याय पर अन्याय कर रही है, हजारों माई के लाल, खुशी-खुशी बलि-वेदी पर चढ़ते चले जा रहे हैं, कारागार स्वर्गागार हो रहा है, लेकिन न तो अब सर्द आहें भरते हैं, न हमारी आँखों से आँसुओं की झड़ी बँधती है और न हम अब अपनी जुबान ही खाली करते हैं। देखते ही देखते। कितना विचित्र परिवर्तन! इस परिवर्तन में ही हमारी आशा की आभा दमक रही है। हम देख रहे हैं कि आगे क्या होने वाला है। जो होने वाला है, वह हमारे और हमारे देश के लिए शुभ है। फिर भी हमें कोई हक़ नहीं, किसी भी पापात्मा को कोई हक़ नहीं कि वह किसी पवित्रात्मा की झाँकी शब्दों में दिखलाये। इसलिए हम अपने उपास्य-देव गणेश शंकर को कृष्णागार में चले जाने पर किसी भी तरह बधाई देने के पात्र नहीं। बधाई देने के पात्र वे ही हो सकते हैं, जिनका हृदय गणेश का सा निष्कपट और निश्चल हो, जिसके नस-नस में गणेश जी की स्फूर्ति हो, अपने भाइयों की नई गुज़री हालत पर जिनके रुधिर का प्रवाह वैसे ही बहता हो जैसे कि गणेश का रुधिर हो, जो अपना तन-मन-धन, गणेश की तरह, मातृभूमि पर निछावर कर चुका हो और गणेश की ही तरह जिसके शब्द-टंकार से तेरह हज़ार मूर्तियों के सर तो प्रत्यक्षतः और न जाने कितने हज़ार मूर्तियों के सर अप्रत्यक्षतः झूम जाते हों। गणेश देवता के हम हैं उपासक, वे हमारे उपास्य देव हैं, हम हैं उनके भक्तगण। वे हमारी आँखों के ओट खुद ही हो गये—किसी ने उनको छुआ तक नहीं। उन्होंने, कवि 'रमेश' के शब्दों में साफ़-साफ़ कह दिया कि,

> ''मेरी पाक हस्ती का दामन न छूना।
> बुलाने न आना—मैं खुद आ रहा हूँ॥''

सवाल हो सकता है कि ऐसा उन्होंने क्यों किया? इस पर हमारा उत्तर यह है कि उन्होंने ऐसा किया—भक्तों की परीक्षा लेने के लिए। भक्त कौन है और भक्ति की पहचान क्या है? भक्त वह है जो अपने उपास्यदेव के निकट आये और उसकी भक्ति की पहचान यह है कि अपने उपास्य देव के जितने ही निकट भक्त पहुँचता जाय उसकी भक्ति उतनी ही अधिक दृढ़ होती जाय। भक्ति प्रेरणा से भक्त भगवान के चरणों में रहा और सदा उनको जगाता रहा। अपने हृदय मन्दिर में हमने सदा के लिए उनकी पवित्र मूर्ति की स्थापना कर ली। अभी हमारी आराधना पूरी नहीं हुई है और न होगी शायद 'प्रताप' के उन पाठकों को ही, जिनके लिए हर सप्ताह गणेश अपनी कलम घिसा करते थे और करुणामय स्वरों में देश की दीन हीन दशा का ख़ाका खींचा करते थे। गणेश में यह बहुत बड़ी खूबी थी कि वे कल की ओर न दौड़कर, अपने कर्त्तव्य की ओर अधिक ध्यान देते थे। उनका वह कर्त्तव्य ही मौन भाषा का रूप धारण करके हृत्तन्त्रियों को झनझना देता था। भक्तजन मुग्ध हो जाते थे और अपनी श्रद्धा के पुष्प उनके चरणों पर ला लाकर चढ़ाते थे। यह वही गणेश हैं, जिन्होंने आज तक, प्रताप के कालमों में, प्रताप ही के लिए, संकट पर संकट सहते हुए, कभी भी धन की अपील नहीं की। लेकिन जब-जब भारत की नौकरशाही ने अपनी भौहें टेढ़ी की तब-तब लोगों ने देखा होगा कि लक्ष्मी हाथ बाँधे उनके सामने खड़ी रहती थी। आज फिर अपने उसी कर्त्तव्य-पालन की प्रेरणा से वे कानपुर के जेल की शोभा बढ़ा रहे हैं। मौन वाणी फिर अपना काम कर रही है। जेल जाते समय, अन्य प्रशंसा अभिलाषी जनों की भाँति, उनहोंने खुल्लम-खुल्ला किसी को कोई सन्देश नहीं दिया। परन्तु उनका सन्देश उनके भक्तों के हृदय में अंकित हो गया। मौन भाषा में, अपने भक्तों तक उन्होंने यह सन्देश पहुँचा दिया कि साल भर की अवधि का बहुत बड़ा भाग तुम यों ही बिता चुके, अब थोड़ा ही समय और बाक़ी है। उठो, काम में लग जाओ। इस बार मुझे 'प्रताप' चलाने के लिए धन नहीं चाहिए, चाहिए केवल स्वतन्त्रता। मैं तो स्वतन्त्र हो ही गया। स्वतन्त्र अब तुम बनो। गुलामी की जंजीर अब तुम तोड़ो। स्वराज्य तुम प्राप्त करो। यही मेरी आशा है और यही मेरी अभिलाषा है। पूरा करना चाहते हो तो पूरा करो। और जब तुम पूरा करोगे तो मैं देखूँगा कि तुम्हारे गले में अब गुलामी का तौक तो नहीं है, तुम अपने तथा अन्य देशों में मान-मर्यादा के साथ रह सकते हो या नहीं, तुम्हारे हाथ इतने मजबूत हो गये या नहीं कि तुम—केवल तुम—मुझे छुड़ा सको। अगर तुम ऐसा कर सके तो मैं तुम्हारे सामने हूँगा, तुम्हारी अभिलाषा पूरी करूँगा, स्वतन्त्र होकर अपनी भूमि में विचरूँगा, बोलूँगा, लिखूँगा और सब तरह के बन्धनों से अपने को मुक्त पाऊँगा।

१० अप्रैल १९२१

बुढ़वा मंगल की लोकल डाक

यह विश्वसनीय सूत्र से मालूम हुआ कि बाबू गिरधरदास बालशविक लोगों से मिल गये हैं। शायद इसलिए पण्डित हरिशंकर जी लेनिन से बातचीत करने उत्तराखण्ड जा रहे हैं। बालशविक लोगों के धन से गोरखपुर से एक अख़बार भी निकलने वाला है।

तय है कि कूँड़ाघाट के सरकारी खेत में अब सिर्फ बैर और फूट की खेती होगी। जिसका निरीक्षण करेंगे पण्डित जमनाधर जी मुख्तार।

यह बहुत सच्ची ख़बर है कि बाबू जुगल किशोर के बगीचे के सामने एक गिरा हुआ पेड़ खड़ा हो गया है और महात्माजी की कृपा से वह हरा भी हो गया है। प्रतिदिन लाखों आदमी उसको देखने आते हैं जिससे करोड़ों रुपया रोज़ महसूल मिलता है। इसलिए बाबू कृष्ण प्रसाद जी की सिफ़ारिश से अब सरकारी डाक महसूल न बढ़ेगा और न अब बजट में ही कमी रहेगी।

ख़बर उड़ी थी कि गोरखपुर के कुओं में केवड़ें की गन्ध आ रही है। अब ख़िलाफत कमेटी से पता चला कि श्रीयुत शिव मंगल गाँधी ने अपने केवड़े के कराबे कुओं में डाल दिये थे, क्योंकि सुनते हैं सुन्दर श्रृंगार कार्यालय का क्रिया-कर्म करके आपको शीघ्र ही प्रेस के प्रपंच में पड़ना है।

मातृ-भाषा प्रेमियों के अनन्य दास पण्डित राजमणि त्रिपाठी ने नया भूगोल बनाया है। शायद ब्रह्मा का बनाया हुआ पुराना भूगोल अब सड़ गल गया है। इसीलिए त्रिपाठीजी को कष्ट उठाना पड़ा है। गवर्नमेण्ट ने आपकी इस दूरन्देशी से प्रसन्न होकर आपको अहलमद बना दिया है। शायद अब लार्ड रीडिंग के आने से आपको और भी ज़ोर का पद मिल जाय, क्योंकि आप रीडिंग यानी पढ़ने के बड़े ही प्रेमी है।

१४४ की नोटिस के कारण असहयोगियों का मुँह खुजलाता है, इसलिए बाबू रघुपति सहाय रात्रि के तृतीय पहर में मुक्ती फ़ौज के डोमड़ो को लेक्चर सुनाया करते हैं। इसका पता देने वाले को कैसर हिन्द पदक दिया जायगा। बाबू गुरु प्रसाद सिंह जी स्वामी गड़बड़ानन्द की कुटी की ओर गये हैं, क्योंकि

''राम कै चिरई राम कै खेत,
खाले चिरई भर-भर पेट''

मालूम हुआ है कि पण्डित बेनी सेवक जी अब शरीक न रहेंगे, क्योंकि खिलाफ़त वालों ने अभी तक आपके रुचि के अनुकूल पड़ी सस्ती नहीं करवायी है। तिवाड़ीजी ने सोचा था कि स्वराज के आड़ में सब चीज़ें टके सेर हो जायंगी। फिर अपने राम अँधेर नगरी के गोवर्धन दास की तरह से मस्त होकर राबड़ी चाभेंगे।

लोग जानते हैं कि राय बहादुर बाबू अभयनन्दन प्रसाद कुछ नहीं करते हैं। ऐसे लोगों को सुनकर प्रसन्नता होगी कि असुरलोंगों की सहायता से आपने एक ऐसा चरख़ा बनाया है जिससे सूत की जगह पर मोतीचूर के लड्डू निकलेंगे जो भगवान विष्णु को चढ़ाकर प्रसाद उनको दिये जायँगें जिसने परमात्मा रूप से बाप महादेव के चढ़ने के लिए नादिया बैल और बेटा गणेश के लिए ताऊन का चूहा दिया है।

'स्वदेश' की इतनी प्रतियाँ छपती हैं जितनी कि हद्द नहीं। लोगों को आश्चर्य होता है कि इतनी प्रतियाँ होती क्या हैं। अब रामखेलावनजी से पता चला है कि रात में जिन्नात लोग 'स्वदेश' की कापियाँ खरीदते हैं। सम्पादकजी को लाल खाँ कोतवाल की मदद से जिन्नात का पता मिल गया था। दूसरी बात यह है कि आप संगत के पास हैं।

''संगत पाय न सूधरै ताको पूर अभाग।''

लीजिए बाबू बच्चाराज ने भी असहयोग कर दिया है। डोमिन गढ़ की म्यूनिसिपल चौकी आपने खरीद ली है। मुक्ती फौज़ की डोमिनैं, मौलवी सुभान अल्लाह साहब के हुक्म से, आपको मिल गयी है। वहीं रहकर आप चरखा चलवा

रहे हैं। इसीलिए आपके निवास स्थान का नाम पड़ा है डोमरी निवास।

सुना गया है कि महात्मा गाँधी फिर गोरखपुर आने वाले हैं। इसके लिए गोरखपुर के डिप्टी इन्स्पेक्टर बनर्जी महोदय ने एक आवेदन पत्र भेजा है। गगहा के बालकों ने आपकी ख़बर ली है। पहले तो आपने समझा था "बाल मराल की मन्दर लेहीं", लेकिन अब आप कहते हैं

"बारि बरोबर बारि है कि तापर बहै बयार।
रघुवर पार उतारिये अपनी ओर निहार।"

गोरखपुर में सबसे अधिक काम कर रहे हैं किशोरी भैया। आप हमेशा ताल ठोककर खड़े रहते हैं और बड़े वीर हैं। लेकिन जिन्होंने आपकों नहीं देखा है वे नाम से समझते हैं कि आप श्रीमती सरोजनी नायडू की छोटी बहन हैं और कहते हैं।

"जय जय जय गिरिराज किशोरी,
जय महेश मुख चन्द्र चकोरी।"

टर्क लोगों ने बड़ा धोका दिया। हिन्दोस्तान को चढ़ाकर वे लोग अलग हो गये। इस पाप के लिए उनको दण्ड देने के लिए बाबू मंगल सिंह, पण्डित सत्य नारायण शुक्ल, मुख़्तार की मदद से, एक सेना तैयार कर रहे हैं जिसके कमाण्डर होंगे श्रीयुत कैप्टन जमुना रावत। टर्क लोगों की ओर से शिक्षा विभाग के वृद्ध पितामह मिनवाँ के बाबू हरबंस सिंह ने बीड़ा उठाया है, क्योंकि आपको आशा है कि ऐसा करने से पाँचों सवारों में आपकी गिनती हो जायगी।

पण्डित बलकर्ण मिश्र जी आज कल दोनों वक्त भोजन बनाने का अभ्यास कर रहे हैं। क्योंकि, आप का ख़याल है कि कारागारवास में रसोइये के काम में बड़ा मज़ा रहता है। ऐसा करने से न तो चक्की चलानी पड़ेगी और न रामबाँस कूटना पड़ेगा।

१० अप्रैल १९२१

गोरखपुर का कर्त्तव्य

मद्रास सूबे के बेजवाड़ा स्थान में भारतवर्ष के लगभग सभी नेता एकत्रित हुए थे। वहाँ एक प्रस्ताव बड़े ही महत्व का पास हुआ है। उस प्रस्ताव के तीन भाग हैं। पहला भाग तो यह है कि 'तिलक स्वराज्य फण्ड' के लिए जल्द से जल्द एक करोड़ रुपया जमा हो जाना चाहिए। गोरखपुर ज़िला युक्त प्रान्त में सबसे बड़ा ज़िला है। यहाँ की आबादी ३९ लाख है। और इस ज़िले में ७०७२ गाँव हैं। मेरे पास प्रान्तीय काँग्रेस कमेटी का एक पत्र आया है, जिसमें गोरखपुर से पचास हज़ार रुपया 'तिलक-स्वराज्य फण्ड के लिए माँगा गया है। जिन-जिन गाँवों में मुठिया निकल रही है, सब बेंचकर, मनीआर्डर या आदमी द्वारा वह धन मेरे पास फ़ौरन आ जाना चाहिए। यहाँ से उस रक़म की रसीदें चली जाएँगी। प्रस्ताव का दूसरा भाग यह है कि सारे हिन्दोस्तान में बीस लाख चरख़े अन्दर एक महीने के चल जाने चाहिए। अतएव हर गाँव के पंचायतों के पंच मुझको पत्र द्वारा सूचित करें कि कितने चरख़े उस गाँव में चल रहे हैं तथा चरख़े के बारे में क्या काम हो रहा है? गोरखपुर में पचास हज़ार चरख़े एक माह के अन्दर चल जाने चाहिए। इसी प्रकार प्रस्ताव का तीसरा भाग यह है कि एक महीने के अन्दर एक करोड़ स्त्री-पुरुषों को काँग्रेस का मेम्बर हो जाना चाहिए। जो लोग काँग्रेस का मेम्बर दूसरों को बनाना चाहें, वह मेरे पास पत्र भेजें ताकि मैं उनके पास छपे हुए फ़ार्म भेज दूँ। गोरखपुर से एक लाख मेम्बर एक महीने के अन्दर बन जाने चाहिए।

'स्वदेश' के गोरखपुर ज़िले के ग्राहक और पाठक अगर बीस-बीस रुपया तिलक स्वराज्य फण्ड के लिए महीने भर के अन्दर भिक्षा माँग दें अगर बीस-बीस चरख़े चलवा दें, अगर बीस-बीस काँग्रेस के मेम्बर बनवा दें तो यह सब काम बड़ी सुगमता से हो जाय। अब व्याख्यानों का समय नहीं रहा, चुप-चाप घर-घर जाकर काम करने का समय है।

सुनने में आ रहा है कि गवर्नमेण्ट की तरफ़ से भी गाँव-गाँव में पंचायत क़ायम करने का उद्योग हो रहा है। यह भी सुना जाता है कि जो पंचायतें काँग्रेस और असहयोग के उद्देश्यानुसार क़ायम हो चुकी हैं उनको भी गवर्नमेण्ट हथियाना चाहती है! इन पंचायतों के संचालकों को याद रखना चाहिए कि जिन पंचायतों को

लोगों ने महात्मा गाँधी का सन्देश सुनकर क़ायम किया है, वह पंचायतें असहयोग के फूल हैं। इसलिए गवर्नमेण्ट की ज़हरीली हवा से उनको बचाना चाहिए, लोगों को गवर्नमेण्ट पंचायत में शरीक नहीं होना चाहिए, गवर्नमेण्ट के पंचायतों का पंच नहीं बनना चाहिए और सबको उनसे एकदम असहयोग करना चाहिए। हर गाँव और तहसील के पंचायत को देश की बड़ी पंचायत यानी काँग्रेस के अन्तर्गत रहकर काम करना चाहिए। जो मुक़दमें गाँव या तहसील के पंचायतों में फ़ैसल हो उनकी अपील गोरखपुर के राष्ट्रीय अदालत वाक़ै महल्ला खूनीपुर मुत्तसिल अंजुमन इसलामियाँ गोरखपुर हो सकती है।

'स्वदेश' के गोरखपुर जिले के जो ग्राहक या और कोई सज्जन अगर चन्दा जमा करने चाहें या और कोई राष्ट्रीय काम करना चाहें तो वह अपना ग्राहक नम्बर और पूरा पता लिखकर मुझको भेजें ताकि विचार करके काँग्रेस कमेटी की ओर से उनके पास सर्टीफ़िकेट और रसीद वगैरः भेज दी जाय। लोगों को हर गाँव में इस बात को भी सूचित कर देना चाहिए कि बिना काँग्रेस कमेटी की चिट्ठी के कोई शख़्श कहीं धन जमा नहीं कर सकता।

फ़सल कट चुकी है। ईश्वर की कृपा से इस साल बहुत अच्छी फसल हुई है। इसलिए चुटको के साथ-साथ खलिहानी भी हर गाँव में निकलनी चाहिए। यह खलिहानी बेकार भिखमंगों को न देकर इसको बेचकर इसका दाम गोरखपुर मेरे पास 'तिलक स्वराज्य फण्ड' में भेज देना चाहिए।

गोरखपुर जिले के हर गाँव में 'स्वदेश' अख़बार तथा सम्भव हो तो 'प्रताप' भी और अन्य राष्ट्रीय पत्र अवश्य जाना चाहिए। लेकिन कम से कम 'स्वदेश' तो ज़िले के हर गाँव में ज़रूर जाना चाहिए। हर गाँव में एक या दो आदमी इस भार को अपने ऊपर ले लें और हर सप्ताह में गाँव वालों को जमा करके उन्हें 'स्वदेश' और अगर कोई दूसरे पत्र जाते हों तो उनके भी मुख्य-मुख्य लेख सुना समझा दें। इस तरह से ज़िले के सात हज़ार बहत्तर गाँव एक में नथ उठेंगे और इस प्रकार बड़ी उन्नति होगी तथा ज़िले में संगठन भी अच्छा हो सकेगा।

सितम्बर सन् १९२० में कलकत्ता की स्पेशल काँग्रेस में भारत के इकतीस करोड़ वाशिन्दों के प्रतिनिधियों ने साल भर के अन्दर स्वराज्य लेने की प्रतिज्ञा की थी। इस प्रतिज्ञा को नागपुर की काँग्रेस में पचास हज़ार भारतवासियों ने फिर दुहराया। उसी प्रतिज्ञा को पूर्ण करने के लिए भारत के हिन्दू और मुसलमान नेताओं ने बेजवाड़ा में तारीख़ ३१ मार्च सन् १९२१ को जमा होकर ऊपर लिखे हुए तीन प्रस्तावों को पास किया।

सितम्बर से अब तक पूरे छः महीने व्यतीत हो चुके हैं। छः महीने से असहयोग आन्दोलन भारत को मथ रहा है। लेकिन स्वराज्य का वह मुकुट,

जिसको जाति ने भारतमाता के सर पर सितम्बर सन् १९२१ तक रख देने का प्रण किया था, अभी बहुत नीचे है और उस मुकुट के साथ-साथ हमारा हृदय भी इस आन्दोलन के सागर में डूबा हुआ है। महात्मा गाँधी भी अभी चिल्ला-चिल्लाकर यही कह रहे हैं—

उभारो तो ज़रा शायद मेरा डूबा हुआ दिल हो।
कोई राय बहरेग़म में तहनशीं मालूम होती है!

इन पंक्तियों के पाठकों को याद रखना चाहिए कि आगामी छः महीनों में देश की क़िस्मत का फैसला कर देना है। एक-एक पल में हमें स्वराज्य को अपने निकट लाना है। इसलिए हर एक आदमी को दिन में कम से कम तीन घण्टा ऊपर के तीन प्रस्तावों को सफल बनाने में लगा देना चाहिए। अपने महल्ले, अपने गाँव, अपने क़स्बे को ही अपना कार्य-क्षेत्र और धर्म-क्षेत्र समझिए और घर-घर में चरख़ा चलवाइए; काँग्रेस के मेम्बर बनवाइए और धन जमा कीजिये; घूम-घूमकर व्याख्यान देने का काम दूसरों पर छोड़ दीजिये। अगर आपने महीने भर के अन्दर बीस रुपया दिलवाया, बीस काँग्रेस के मेम्बर बना दिये और बीस चरख़े चुपचाप चलवा दिये तो आपने बड़े-बड़े व्याख्यान देने वालों से बढ़कर काम किया। अब एक-एक पल बड़े महत्व का है। पत्र और धन मेरे पास इस पते से आना चाहिए—

रघुपति सहाय, लक्ष्मी भवन, शहर-गोरखपुर

१३ फरवरी १९२१

बाबू रघुपति सहाय का पत्र

महात्मा गाँधी और मौ. मुहम्मद अली साहब के स्वागत के सम्बन्ध में ९-२-२१ को जो व्याख्यान मैंने दिया था, उसके बारे में यह सुना जाता है कि मेरे कुछ सम्मानित मित्र उसके कुछ अंशों से असन्तुष्ट हैं। शिव! शिव! मेरा वह मतलब कैसे हो सकता था कि असहयोग के प्रचार व किसानों और मजदूरों को भड़काकर उन शिक्षित और रईस लोगों का अपमान या हत्या या और कोई हानि कराएँगे, जो असहयोग में सम्मिलित नहीं हैं। असहयोग के प्रचारक इतने पतित नहीं हैं। और यदि कोई असहयोगी ऐसा विचार रखता है तो उसकी करनी असहयोग के पवित्र मस्तक पर कलंक का एक टीका है। ऐसे सहयोगी से तो खुफिया पुलिस और मार्शल ला वाले ही अच्छे हैं। मेरा मतलब यह है कि भारत में राज्य-क्रान्ति आरम्भ हो गयी है। असहयेाग आन्दोलन उस क्रान्ति का स्पष्ट सूचक है। अब्राहम लिंकन ने कहा है कि, 'Be not deceived. Revolutions never go backward.' 'आप धोखा न खायें, क्रान्तियाँ पीछे नहीं हटती हैं।' चाहे शिक्षित लोग इस आन्दोलन में शामिल हों या न हों, अब यह आन्दोलन भारत में टिक गया और भारत को मथेगा। अब इस राजनैतिक जीवन के सागर से विष निकले अथवा अमृत, यह बहुत कुछ शिक्षित समाज की सहानुभूति और मदद और नेतृत्व स्वीकार करने या न करने पर निर्भर है। यदि उन्होंने नेतृत्व से मुँह मोड़ा, तो जैसा फ्रांस, रूस और संसार की राज्य-क्रान्तियों में हुआ, जनता भड़क उठेगी और लूटमार का बाज़ार गरम हो जायगा—जैसा फैजाबाद और रायबरेली में हमारे आँखों के सामने हुआ है। इन ज़िलों में शिक्षित समाज का ढीलापन किसान आन्दोलन को शान्त न रख सका, बल्कि जब शहर से मेरे मित्र पण्डि जवाहर लाल जी व पण्डित गौरी शंकर जी इत्यादि गये तभी शान्ति हुई। इसके अलावा जब पंजाब में जनता के आन्दोलन पर मार्शल ला जारी हुआ था तो बैरिस्टर, वकील, मुख्तार, रईस इत्यादि के मकानों पर नम्बर नहीं लगा था। विभीषण के घर की तरह डारविन के मतानुसार बन्दरों की नई औलाद ने इन लोगों के घरों को अग्नि ज्वाला से वंचित नहीं रखा।

६ मार्च १९२१

दमननीति का दौरदौरा

इस समय देश भर में दफा १४४ जाब्ता फौजदारी की धूम है। हमारे अधिकारियों ने भानमती के पिटारा की तरह जहाँ देखो तहाँ केवल एक इसी दफा से देश भर की शान्ति का बीड़ा उठा लिया है। कहीं कोई गिरफ्तार हो रहा है, कहीं किसी की जुबान बन्द की जाती है, कहीं कुछ हो रहा है और कहीं कुछ। हमारा गोरखपुर ज़िला भी इस दफा से मुस्तसना नहीं है। अब तक इस जिले में ५ आदमियों के मुँह पर ताले लटक चुके हैं और एक शख़्स पर निर्ख बाजार की दस्तनदाज़ी का दोष मढ़ा गया है। आगे क्या होने वाला है—इसके विषय में, अभी से कुछ नहीं कहा जा सकता। परन्तु जैसी कि हमें खबर मिली है, मालूम होता है कि गोरखपुर जिले में बहुत जोरों की दमननीति शुरू होने वाली है। हमें यह सुनकर कुछ भी आश्चर्य नहीं है। आश्चर्य तो तब होता जब मिस्टर कालेट की नेकनियती पर ज़िला कोरा छोड़ दिया जाता। हमें यह अच्छी तरह मालूम है कि ज़िला मजिस्ट्रेट मिस्टर कालेट एक फौजी शख़्स होते हुए भी बज़ात खुद हृदय के बड़े साफ़ हैं। उन्होंने अपनी मजिस्ट्रेटी की हालत में सत्याग्रह दिवस, ख़िलाफ़त दिवस और न जाने कितने दिवस देखे हैं और उन्हें मालूम हुआ था कि गोरखपुर शहर कितना शान्त-प्रिय है। महात्मा गाँधी और मौलाना मुहम्मद अली के शुभागमन के अवसर पर तो कई लाख की भीड़ हो गयी थी और जिस शान्ति से उसका प्रबन्ध किया गया था, वह भी हमारे ज़िला मजिस्ट्रेट को अच्छी तरह मालूम है। ऐसी स्थिति में शान्ति के लिए उसका दमन नीति का आश्रय लेना हमारी कुछ समझ में नहीं आता। हाँ एक बात हमारी समझ में जरूर आती है कि दफ़ा १४४ की कार्रवाई करने की वह डोरी कहीं ऊपर से हिलायी गयी होगी और इसीलिए समूचे देश में इसी का दौर दौरा है। और यही वजह है कि नौकरशाही शासन-पद्धति के अनुसार इसमें महकमा पुलीस की चमगोटी है। थानों के थानेदार अपने-अपने थाने पर बैठकर जो कुछ लिख देते हैं यह ब्रह्मलीक समझ ली जाती है और उसके अनुसार कार्य होना आरम्भ हो जाता है। हमारी ख्वाहिश थी कि पिछले अवसरों की भाँति मिस्टर कालेट ऐसे शुद्ध हृदय के लोग इस फेर में न पड़ते तो अच्छा होता। परन्तु, मालूम यह होता है कि शायद वह बज़ात खुद मजबूर हैं। गोरखपुर में महात्मा गाँधी

का चरण पड़ जाए और ज़िले में दमननीति शुरू न हो—इसे हाकिमें आला भला कब गवारा कर सकते हैं! जो हो। अधिकारियों का काम इस समय एक मात्र असहयोग को दमन करना हो रहा है। भारत की नौकरशाही इस समय बौखला उठी है, उसका सद्विवेक नष्ट हो चुका है, इसलिए उसे मालूम नहीं होता कि हम क्या कर रहे हैं और क्या नहीं, तथा हमारे इस करने धरने का नतीजा क्या होगा? ऐसे अवसर पर हमें अपना कर्तव्य पथ दृढ़ रूप से निश्चित कर लेना चाहिए। अगर हम चाहते हैं कि गाँधी के इस असहयोग आन्दोलन में हमारी विजय हो और नौकरशाही को अपनी भूलों के लिए पश्चात्ताप करना तथा घुटने टेकने पड़े तो यह हमारा पवित्र कर्तव्य होना चाहिए कि खूब जीवट के साथ हम अपने कर्तव्य क्षेत्र में डटे रहें और नौकरशाही के हर वार को फूल की छड़ी समझकर बरदास्त करते जाएँ। महात्मा गाँधी का यह भी आदेश है कि हमें प्रत्येक सरकारी कानून का इस समय पालन करना चाहिए। इसलिए, लोग महात्माजी के इस आज्ञा का सदैव स्मरण रक्खें। दमन नीति की परवाह न करना भी हमारा एक खास उद्देश्य होना चाहिए। दमननीति कहीं कभी भी सच्चाई पर परदा नहीं डाल सकी है और न वह आगे ही ऐसा कर सकती है। क्या पंजाब से बढ़कर अँग्रेजी राज्य में कभी पहिले वैसी दमननीति जारी हुई थी? नतीजा क्या हुआ? आज नौकरशाही के छक्के छूट रहे हैं। थोड़े दिनों का मामला और है। सितम्बर तक हमें स्वराज्य लेना है, इसलिए जो लोग अपनी जाति, समाज तथा देश का भला चाहते हैं वे शान्तचित्त होकर अपना कार्य करते जाएँ और हृदय के इस विश्वास को दूर न करें कि हमें चाहे जितनी मुसीबत उठानी पड़े हम पर इस समय चाहे जितना जोर और जुल्म हो, लेकिन अन्त में सत्य की ही विजय होगी और असत्य को परास्त होना पड़ेगा। अतएव इस दृष्टि से हम गोरखपुर की नौकरशाही नीति पर अब अधिक कुछ लिखना नहीं चाहते, केवल हमें अपने जिले के निवासियों से यह निवेदन करना है कि अगर आप अपने जिले की, अपनी और महात्माजी के शुभागमन की लाज रखना चाहते हैं, तो नौकरशाही की इस दमननीति पर बलि हो जाइए—मरकर, कष्ट झेलकर; परन्तु किसी पर हाथ उठाकर या कष्ट देकर नहीं। देखें तो, हमारे अधिकारी कहाँ तक, कितना और किन-किन पर कैसा जुल्म करते हैं।

२३ जनवरी १९२१

नादिरशाही लूट

एक्सचेंज का प्रस्ताव पेश करते हुए, मिस्टर बोमन जी ने कहा कि जब करेंसी कमेटी ने यह रिपोर्ट की थी कि इस समय एक्सचेंज की दर १शिलिंग ७ पेंस है, इसलिए अब 'रिबर्स कौंसिल' उसी समय जारी किये जायँ जब व्यापारिक लेन-देन का रुख भारतवर्ष के खिलाफ हो। परन्तु जब व्यापारिक लेन-देन का रुख इस देश के पक्ष में ही था उसी समय भारत सरकार ने रिवर्स कौंसिल बेचना शुरू कर दिया, और एक्सचेंज को २ शिलिंग ११ पेंस तक चढ़ा दिया। इस प्रकार उसने भारतवर्ष को बड़े घाटे में डाल दिया। यह एक बड़ा गहरा हथकण्डा है। जब कभी उस आर्थिक अन्याय का हाल लिखा जायगा जो युद्ध के समय होता रहा तो मालूम पड़ेगा कि वह हाल इस देश में अँगरेजी शासन का सबसे बुरा हाल होगा। ईस्ट इण्डिया कम्पनी के समय से अन्याय होता आ रहा है, जबकि विलायत में भारतीय कपड़े पर शत प्रतिशत की चुँगी बैठा दी गयी थी। यह बात कही सुनी जाती है कि ढाका के जुलाहों के अँगूठे काट दिये गये थे; और यह इसलिए कि पिता का काम पुत्र न कर सके। परन्तु ये तो गये ज़माने की बातें हैं। युद्ध के बाद, इंग्लैण्ड भारतवर्ष का कर्ज़दार था। वह कनाडा और आस्ट्रेलिया का भी कर्ज़दार था। इंग्लैण्ड ने कनाडा और आस्ट्रेलिया का रुपया तो चुका दिया, परन्तु भारतवर्ष का रुपया नहीं चुकाया। इस कर्ज़ को साफ़ कर देने के लिए इंग्लैण्ड वालों ने यही चाल चली। उन्होंने करेंसी कमेटी नियत कर दी, जो वैसी ही थी जैसा कि पब्लिक सर्विस कमीशन या जैसा इण्डस्ट्रियल कमीशन या जैसा आगे चलकर रेलवे कमीशन होगा। इस कमेटी ने तय किया कि एक्सचेंज की दर दो शिलिंग कर दी जाय। यह हुआ आप के १५ रुपये के बदले में विलायत के केवल साढ़े सात रुपये। इसी प्रकार ब्रिटिश गवर्नमेण्ट ने साढ़े पाँच करोड़ पौण्डों का भुगतान कर दिया। इस अकेले भुगतान में, भारतवर्ष को ढाई करोड़ पौण्ड की हानि हुई। यह बहुत कुछ करेंसी कमेटी की राय से हुआ। उस कमेटी के एक हिन्दोस्तानी मेम्बर मिस्टर दयाल की बात मानी ही नहीं गयी। व्यापारिक लेन-देन का रुख भारतवर्ष के खिलाफ़ भारत सरकार के रिचर्स कौंसिल के बेचने के कारण हो गया। सरकार जानती थी कि एक्सचेंज का दर दो शिलिंग पर नहीं लायी जाएगी और अन्त में फल यह हुआ कि

मिस्टर दलाल की बातें ठीक निकलीं। सरकारी रिपोर्ट में व्यापारियों को धोखा दिया। इसलिए यह वाजिब है कि व्यापारी अपने कन्ट्राक्ट तोड़ दें। इसी आर्थिक अन्याय के कारण देश के लोग भूखों मर रहे हैं। भारतवासियों को इतिहास में नादिरशाह की लूट का हाल पढ़ाया जाता है परन्तु वह लूट इस संगठित और कानूनन जायज अँगरेजी लूट से बढ़कर क्या हो सकती है जो सालों से देश में हो रही है।

८ अगस्त १९२०

लोकमान्य तिलक के जीवन पर एक सरसरी नज़र

यदि भारतवासियों को अपना प्रधानमन्त्री चुनने का अधिकार होता तो इस समय सर्वसम्मति से जो पुरुष उस आसन को सुशोभित कर सकता वह लोकमान्य तिलक होते। निस्सन्देह वह भारतमाता के तिलक थे। इसमें शक नहीं कि गुजरे ज़माने में भी हमारे नेताओं में सुरेन्द्रनाथ जैसा वक्ता, भण्डारकर जैसा विद्वान, लाजपतराय जैसा कर्मपरायण, अरविन्द जैसा विचारशील लेखक और सुब्रह्मण्यम नैयर जैसा नीति-कुशल नेता विद्यमान हैं, लेकिन एक लोकमान्य तिलक ही ऐसे थे उनमें ये सबके सब गुण इकट्ठे पाये जाते थे। वही एक पुरुष थे जिनके राजनैतिक सिद्धान्तों में आज तक कोई परिवर्तन नहीं हुआ। उन्होंने देश और जाति की व्यवस्था को सूक्ष्म दृष्टि से देखकर एक बार जो सिद्धान्त स्थिर कर लिया उसमें फिर कोई फेर-फार नहीं होने दिया। उन्होंने स्वराज्य की दुन्दुभी उस समय बजायी जिस समय कि भारत में नरम दल की प्रधानता थी। उस समय लोगों ने उन्हें 'ड्रीमर' (स्वप्न देखने वाले) की पदवी दी थी। गाम्भीर्य में डूबे हुए नेताओं ने कहा था कि यह व्यावहारिक राजनीति नहीं है—यह सब हवाई महल है। ऐंग्लो-इण्डियन पत्रों ने उन्हें झक्की, सनकी और चन्द्रमा के पीछे दौड़ने वाले जैसे शब्दों से सम्मानित किया था! लेकिन आज हम देखते हैं कि भारत के कल्याण के लिए जो मार्ग उन्होंने आज से १४-१५ वर्ष पहले निश्चित कर दिया था, उसी पर आज सारी जाति चल रही है। आज से १४-१५ वर्ष पूर्व उन्होंने जो दीपक प्रज्वलित किया था उसी के प्रकाश में हम अपनी भविष्य-उन्नति का मार्ग पार कर रहे हैं। राजनीति के क्षेत्र में ऐसी विजय प्रायः लोगों को नहीं मिलती है। प्राचीन सभ्यता के अनुयायियों ने तो सदैव ही उन्हें पूज्य दृष्टि से देखा, लेकिन नवीन सभ्यता की चकाचौंध में पड़े हुए लोग, अभी थोड़े दिनों के पहले तक लोकमान्य तिलक को उद्दण्ड समझते थे। विचार किया जाता था कि यद्यपि वह विद्वान हैं तथापि उनकी उद्दण्ड प्रकृति उनके विवेक और बुद्धि पर पर्दा डाल देती है। उनकी दृढ़ता और कर्मपरायणता के कायल होकर भी लोग उनके राजनैतिक विचारों को देश के लिए कल्याणकारी नहीं समझते थे। लेकिन १९०८ में उन्होंने जस्टिस दावर के इजलास में अपने अभियोग की पैरवी में जो निर्भयता, जो विद्वता, जो तर्क-शक्ति और जो

परिश्रमशीलता प्रकट की थी उसने उनके विपक्षियों को भी उनका भक्त बना दिया था। लोग पत्रों में उनके प्रमाण, उनकी वक्तृताएँ पढ़ते थे और उनकी असामान्य बुद्धिमत्ता, अलौकिक तर्क-शक्ति और अकाट्य युक्तियों पर मुग्ध हो जाते थे। जूरियों को उन्होंने जिस मार्मिक, देशभक्तिपूर्ण भाव में उनके कर्त्तव्य का स्मरण दिलाया, उनके सामने निष्पक्षता का जो उच्चादर्श उपस्थित किया, जिस ओजस्विनी भाषा में देश की आस्था का दिग्दर्शन कराया, वह सदा हमारे कानों में गूँजती रहेगी। जनता अपने नेताओं में जिस गुण को सर्वाधिक महत्वपूर्ण समझती है वह उसका आत्मत्याग है। जिस देशभक्त ने देश के लिए जितना ही अधिक कष्ट उठाया है; वह जनता की दृष्टि में उतना ही मान्य रहा है। महात्मा गाँधी और लाला लाजपत राय भी उन्हीं लोगों में हैं जिन्होंने देश के लिए अपना जीवन दान कर दिया है। लोकमान्य तिलक ने कई बार कारावास का कष्ट भोगा। कभी अपने सत्य सिद्धान्तों के लिए, कभी देश के हित के लिए और कभी लोक-सत्ता की रक्षा के लिए जेल में पदार्पण किया। और यही कारण है कि पिछले दिनों वह भारत के जातीय गगन-मण्डल में सूर्य की भाँति प्रकाशमान थे।

संसार में दो प्रकार के राजनीतिज्ञ हुआ करते हैं। एक वे जो अपने विचारों को वर्तमान स्थिति के अनुकूल बनाये रहते हैं। दूसरे वे जो भविष्य मार्ग और जाति के अन्तिम लक्ष्य का निर्णय करके अपना मत प्रतिपादन करते हैं। प्रथम प्रकार के लोग बहुधा बड़े-बड़े काम कर जाते हैं और द्वितीय श्रेणी के महात्मा प्रायः अपने सिद्धान्तों के प्रकाशन और पुष्टि में ही जीवन व्यतीत करते हैं; उनके परिश्रम का फल उन्हें दूसरे जन्म में मिला करता है। लेकिन लोकमान्य तिलक को यह सौभाग्य अपने जीवन-काल में ही प्राप्त हो गया।

लोकमान्य तिलक का जीवन आत्मत्याग का एक आदर्श उदाहरण है। उन्होंने अपने सिद्धान्त और देश के सामने स्वार्थ का सदैव निरादर किया। जिस युवावस्था में हमारे हृदय धन और ऐश्वर्य की कामनाओं से परिपूर्ण होते हैं, जिस समय नाना प्रकार की वासनाएँ हमारे मन को डाँवाडोल करती हैं, उस समय भी लोकमान्य तिलक के मन में यही अभिलाषा थी कि देश का कल्याण कैसे हो। उन्होंने अपने जीवन का सर्वोत्तम समय धनोपार्जन में खर्च करके, वकालत या अन्य व्यवसाय करते हुए अपने पूर्वजों के संचित धन का भोग करते हुए जाति-सेवा का साधन नहीं ग्रहण किया। यह उनके जीवन का मूल तत्त्व था। मानों केवल देश-सेवा के लिए ही उनका जन्म हुआ था।

लोकमान्य तिलक का अदम्य उत्साह और अविश्रान्त परिश्रम अपूर्व था। उनकी आयु मृत्यु के समय ६५ वर्ष थी। और यद्यपि उनका स्वास्थ्य अच्छा नहीं था, तथापि अवस्था के साथ उनका उत्साह भी बढ़ता जाता था। यह भूमण्डल एक

विस्तृत कर्मक्षेत्र है। भगवद्गीता के भक्त तिलक ने अपनी कर्मवीरता से गीता के कर्मोपदेश को चरितार्थ कर दिया था।

लोकमान्य तिलक धनवान माता-पिता के पुत्र नहीं थे। भारतवर्ष ही नहीं, संसार के अन्य देशों में भी, जाति और देश के सेवक बहुधा मध्य श्रेणी के मनुष्य ही हुआ करते हैं। उन्हें देश की दशा का अनुभवजन्य ज्ञान रहता है और जनता को जो कठिनाइयाँ झेलनी पड़ती हैं उन्हें वे स्वयम् झेले रहते हैं उनका हृदय उन कष्टों को स्मरण करके द्रवित हो जाता है। भारतवर्ष में इस समय भी हमारे नेताओं में अधिकांश इसी श्रेणी में उत्पन्न हुए हैं। तिलक के पिता एक मराठी पाठशाला में अध्यापक थे। वह निर्धन होने पर भी सच्चरित्र थे। शिक्षा विभाग में उनका मान्न था। उनकी रची हुई कई पुस्तकें पाठ्य विषयों में नियत थीं। यह निस्सन्देह है कि पिता ने तिलक की शिक्षा पर विशेष ध्यान दिया होगा। लेकिन तिलक १६ वर्ष के थे कि उनके पिता का देहान्त हो गया। पर पितृहीन तिलक को कुटुम्ब के पालन पोषण की चिन्ता न करनी पड़ी। उनके पिता ने कुछ दिनों तक निर्वाह करने योग्य धन छोड़ा था। अतएव १८७६ में उन्होंने बी.ए. की परीक्षा पास कर ली और १८७९ में वकालत की परीक्षा में उत्तीर्ण हुए। लेकिन देश-सेवा की धुन उन्हें उसी समय से लगी हुई थी। सरकारी नौकरी या वकालत की अभिलाषा उन्हें रही नहीं। उसी समय उनका परिचय अगरकर जी से हुआ। दोनों सज्जनों के हृदय में एक ही उमंग थी। उन्होंने पूना में एक पाठशाला और एक विद्यालय स्थापित करने का संकल्प किया। इस शुभ कार्य में श्रीयुत् आपटे, चिपलूणकर और ...... जोशी ने भी योग दिया। और १८८० ई. में अँगरेजी पाठशाला की स्थापना हुई। दोनों मित्रों ने मिलकर दो समाचार पत्र—केसरी और मराठा को जन्म दिया, जो आज भी बड़ी सफलता के साथ चल रहे हैं। आज भारतीय भाषाओं में मराठी और केसरी की तुलना का दूसरा पत्र नहीं है। यह मण्डली सफलतापूर्वक अपना काम करती रही। १८८४ में दक्षिण शिक्षा समाज (Decean education Society) का जन्म हुआ और कई अन्य सज्जनों की सहायता मिल जाने पर सन् १८८५ में फर्गूसन कालेज की स्थापना हुई। लोकमान्य शिक्षा-कार्य में अपनी स्वाभाविक योग्यता का परिचय देते रहे। १८९० में उन्होंने कालेज से सम्बन्ध त्याग दिया। क्योंकि इसी बीच में सामाजिक प्रश्नों के सम्बन्ध में कुछ मतभेद हो जाने के कारण श्रीयुत् अगरकर ने 'केसरी' से अलग होकर एक नया पत्र निकाल लिया था। लोकमान्य तिलक को दो पत्रों के सम्पादन करने में बड़ा परिश्रम करना पड़ता था और वह अपने अध्यापकीय कार्यों को सफलतापूर्वक नहीं कर सकते थे।

लोकमान्य तिलक का सदैव यह सिद्धान्त रहा कि सामाजिक विषयों में गवर्नमेण्ट के हस्तक्षेप की आवश्यकता नहीं है। समाज को अपने सुधार आप करने

चाहिए। इसीलिए यद्यपि लोकमान्य तिलक गवर्नमेण्ट के (Age of consent) बिल की उपयोगिता को स्वीकार करते थे तथापि केवल सिद्धान्त के लिए उन्होंने इसका विरोध किया।

इसी समय लोकमान्य तिलक ने वेदों का अध्ययन आरम्भ किया। दो पत्रों के सम्पादन और विद्यार्थियों को कानून पढ़ाने से जो समय बचता था उसे वह वेदों के अनुशीलन में लगाते थे। उन्होंने वेदों की प्राचीनता (Origin) नामक एक अँगरेजी पुस्तक लिखकर ऐसी विद्वत्ता और मौलिकता प्रमाणित की कि विद्वन्मण्डली में उनके विचारस्वातन्त्र्य की बड़ी प्रशंसा हुई। इससे यूरोप के अनेकानेक विद्वान उन्हें जानने लगे। आर्यों के सम्बन्ध में विद्वानों में परस्पर जो मतभेद था, कोई कहता था कि वह मध्य एशिया से आये, कोई कास्पियन सागर को उनका आदि स्थान बतलाता था, इन सब मतों की गवेषणापूर्ण समालोचना करके, इन्हें मिथ्या सिद्ध करके, लोकमान्य तिलक ने नक्षत्रों की गति पर यह धारणा प्रकट की कि आर्यों का आदि स्थान साइबेरिया का उत्तरीय प्रान्त था। उस पुस्तक के विषय में एक अँगरेज विद्वान की यह सम्मति है—'इस पुस्तक में ग्रन्थकर्त्ता ने नम्रतापूर्वक हम लोगों को सूचित किया है कि ऋग्वेद का समय ईसा के पूर्व ४००० वर्ष से कम नहीं हो सकता। पहले मुझे ग्रन्थकर्त्ता की इस ऐतिहासिक धृष्टता पर कुछ हँसी आयी। किन्तु वह व्यंगपूर्ण हँसी शीघ्र ही लुप्त हो गयी और उनके स्थान पर हृदय में आकांक्षापूर्ण बेचैनी का अनुभव हुआ जो आशा और स्वीकृत सिद्धान्तों के प्रतिकूल कोई असाधारण बात हो जाने से उत्पन्न होती है। जिस ढंग से लेखक ने वैदिक साहित्य और तत्सम्बन्धी पश्चिमीय बातों का प्रयोग किया है उसे देखकर प्रथम मैं कुछ घबरा सा गया। जिन अंशों को मैंने यों ही साधारण रूप से पढ़ा था उन्हें मैंने फिर ध्यानपूर्वक पढ़ा और लेखक के विचारों की हँसी उड़ाने के लिए कटिबद्ध रहने पर भी मुझे अन्त में स्वीकार करना पड़ा कि ग्रन्थकर्त्ता ने मुझे सभी आवश्यक बातों से सन्तुष्ट कर दिया है। निस्सन्देह इतिहास को मिस्टर तिलक के ग्रन्थ का आदर करना होगा और उसे साहित्य भण्डार में एक नवीन रत्न स्वीकार करना पड़ेगा।

महात्मा तिलक पर जनता की इतनी भक्ति क्यों थी? लोग उन्हें देव-तुल्य क्यों समझते थे? इसका कारण यही था कि उन्हें भी जनता पर उतना ही प्रेम था। वह केवल प्लेटफार्मों पर स्पीच देकर और समाचारपत्रों में लेख लिखकर ही जनता के प्रति अपने कर्त्तव्यों की इति-श्री नहीं समझते थे। एक कारण और था, कि, वह आहार-व्यवहार, रहन-सहन में पक्के हिन्दू थे। कोट, पतलून, नेकटाई और कालर वालों को जनता सन्देह की दृष्टि से देखती है। विदेशी भाषा के नीचे जातीयता का विश्वास शिक्षित समाज को तो हो जाता है लेकिन सर्वसाधारण को नहीं होता।

आराम बाग और बंगलों में निवास करने वाले, टेबल और चेयर पर डटकर खाने वाले और देवलोक की भाँति जनता से अदृश्य रहने वाले देश-सेवकों पर जनता विश्वास नहीं करती। भक्ति से भक्ति मिल सकती है। इसके प्राप्त करने का कोई अन्य साधन नहीं है। लोकमान्य तिलक का सरल स्वभाव उनका सार्वजनिक जीवन ही उनकी अद्‌भुत लोकप्रियता की कुंजी थी। उनके पास जो जिस समय चाहे जा सकता था। उन्हें इस काम के लिए समय का अभाव नहीं रहता था। सन् १८९३ में जब महाराष्ट्र प्रान्त में भीषण अकाल पड़ा था, उस समय महात्मा तिलक ने अपने देशवासियों के कष्ट निवारण के निमित्त पूना में सस्ते भाव पर अन्न बेचने के लिए दुकानें खुलवायीं, शोलापुर और नागपुर में वह स्वयं गये और गवर्नमेण्ट को प्रजा के कष्ट निवारक कार्य में सहायता दी। इसी प्रकार जब पूना में प्लेग का प्रकोप हुआ तो लोकमान्य तिलक फिर सेवा-धर्म में तत्पर हुए। अन्य प्रगल्भ राजनैतिक नेता तो पूना से भाग खड़े हुए, पर लोकमान्य तिलक वहीं अपने कर्त्तव्य पर स्थिर रहकर सर्व साधारण की सहायता करते रहे। जनसाधारण के लिए उन्होंने एक औषधालय खोलने का प्रबन्ध किया। और अपने पत्रों में सरकार के प्लेग निवारण सम्बन्धी प्रयत्नों को सर्वप्रिय बनाने की चेष्टा करते रहे।

लेकिन उनकी यह चेष्टा सफल नहीं हुई। उन्होंने इससे पहिले जनता में राष्ट्रीय भावों के विकास के लिए छत्रपति महाराज शिवाजी के नाम पर गणपति उत्सव का प्रचार किया था। १८९७ में महाराष्ट्र प्रान्त में प्लेग के प्रकोप के कारण यह उत्सव १३ जून को मनाया गया, जो शिवाजी का जन्म दिन और उनके राज्याभिषेक का दिन है। १८ जून के 'केसरी' में इस उत्सव के समारोह का वर्णन प्रकाशित हुआ। और २२ जून को पूना में वह भयंकर हत्याएँ हुईं, जिन्होंने सारे भारतवर्ष के अँगरेजों में हलचल मचा दीं। मिस्टर रैण्ड और लेफ्टिनेण्ट ऐअर्स्ट, जो सरकार की ओर से प्लेग ड्यूटी पर नियुक्त हुए थे मार डाले गये। सरकार को यह सन्देह हुआ कि यह घृणित कार्य नेताओं के इशारे पर किया गया है। 'केसरी' का वह लेख राजविद्रोहपूर्ण समझा गया और लोकमान्य तिलक बम्बई में पकड़ लिये गये। उन पर राजविद्रोह का अभियोग चलाया गया। इस अभियोग को सुनने के लिए जो जूरी नियुक्त की गयी, उसमें तीन भारतवासी और ६ यूरोपियन थे। भारतवासी जूरियों ने लोकमान्य तिलक को निर्दोष ठहराया। पर यूरोपियनों ने उन्हें दोषी निश्चित किया और महात्मा तिलक को १८ मास कारावास का दण्ड मिला। लेकिन लोकमान्य तिलक विलायत के कई विद्वान अँगरेज मित्रों के प्रयत्न से १८९८ के सितम्बर मास में ही मुक्त हो गये।

१५ अगस्त १९२०

फिर वही रफ्तार

हिन्दू बच्चों का जब कान छेदा जाने लगता है तो प्राय: उसके माता-पिता उसके सामने कोई मीठी चीज़ रख देते हैं। उधर वह मीठी चीज़ खाने लगता है और इधर मौका ताड़कर उसके कान में सूई भोंक दी जाती है। इस समय यही हाल हम 'बच्चों' के साथ हमारी 'माँ-बाप सरकार' का भी है। सुधार स्कीम रूपी चिउँटहा गुड़ अथवा हाथों में लपेटने वाला शीरा उसने हमारे सामने रख दिया है। हम इन्हें अकेले ही घोंट जाने के लिए अपना हाथ चपचपाते हुए यह समझकर कि हमें गुड़ क्या मिला एक नियामत मिल गयी, आपस में ही सर-फुड़व्वल मचाये हुए हैं। उधर हमारी 'माँ-बाप सरकार' हम बच्चों की इस बचपन को देखकर मन ही मन खुश होती है और इस घात में लगी है कि कब मौका मिले और कब हम इन्हें अपने नागफाँस में बाँध लें। पिछले दिनों हमने अखबारों में पढ़ा था कि पहिला अगस्त की आमद में पंजाब में एक अस्पताल 'सजाया' गया था और वहाँ वह सब प्रबन्ध कर लिया गया था जो कि ख़ून-खराबी के अवसर पर घायलों की 'सेवा' के लिए लाज़िमी है। हमने सरकार की ओर से इस समाचार के खण्डन में, अभी तक, कहीं कुछ नहीं पढ़ा। इसलिए आश्चर्य नहीं, यदि यह सब बात बिल्कुल ठीक हो। रस्सी को देखकर साँप का अनुमान करना यही कहलाता है। इस पर हमारा निवेदन यह है कि यदि हमारी सरकार को असहयोग रूपी 'साँप' से इतना भय है तो वह क्यों नहीं अपना अगवारा-पिछवारा इस तरह साफ़ रखती कि हृदय से यह अन्देशा ही जाता रहे। वह क्यों नहीं जनता की, की गयी प्रार्थनाओं को मान लेती? एक बात और है। साँप का दूसरा नाम, देहाती बोली में काल है। लेकिन, यह सभी जानते हैं कि जब किसी का काल आता है तभी काल काटता है। साँप जहरीला जानवर है, उसके विष में लहर है, उसके काटने से अधिकांश जन परलोक सिधार जाते हैं। परन्तु, यदि आप साँप को छेड़े नहीं, अथवा वह खुद औचट में न पड़ जाय तो निश्चित बात है कि साँप किसी पर बेवजह आक्रमण नहीं करता। हाँ, साँप की प्रकृति उन लोगों की प्रकृति में जो असहयोग-पसन्द हैं, एक बड़ा भारी फर्क यह है कि साँप अपना बदला चुकाएगा, लेकिन असहयोग-पसन्द लोग ऐसा नहीं करेंगे। क्योंकि उनकी नीति सत्याग्रह रूपी मजबूत नींव पर खड़ी की गयी है। हाँ

साँप की फुँकार और असहयोग पसन्दों की फुँकार में विशेष अन्तर नहीं है। असहयोग-पसन्द अपने आक्रमणकारियों को घूँसे का बदला घूँसा से नहीं देंगे, बल्कि यह कहना चाहिए कि उनके हृदय में बदला लेने का ख़याल ही नहीं उठेगा। परन्तु साँप की फुँकार की तरह यदि हमारे बालों में, हमारी मुई खाल की श्वासों में, हमारी कराह में, हमारी आहोजारी में इतना बल है कि वह एक फुँकार में सफेद रंग को साँवले रंग में तबदील कर सकती है तो इससे बचने का केवल एक उपाय है कि उसके पास जाया ही न जाय। नतीजा भी दोनों तरफ अच्छा होगा। असहयोग-पसन्द लोग मस्त होकर अपना काम करते जायँगे और इस डर से कि घर में साँप मौजूद है विपक्षी दल अपने उत्तरदायित्व की फ़िक्र करेगा और अपनी जिम्मेदारी की फ़िक्र करना, उसे समझना, उसके अनुसार कार्य करना, मानों साँप के दाँत तोड़कर उसे अपना लेना है। जिस तरह साँप से डरने का कारण उसके दाँत हैं, उसी तरह असहयोग पसन्द से डरने का कारण उसकी सर्द आहें ही हो सकती हैं। फिर सरकार क्यों नहीं अपनी प्यारी प्रजा को इस प्रकार सन्तुष्ट रखती कि हमारे हृदय से ठण्डी आहें निकले ही नहीं। और अगर साँपों के मरने से साँपों का वजूद मिटाया जा सकता हो, तो ठीक है कि सरकार जितना चाहे दमन नीति से काम ले। परन्तु, हमें तो विश्वास नहीं है कि वह अपने इस प्रयत्न में किसी तरह सफल होगी। प्रकृति और इतिहास इस बात के साक्षी हैं। इस समय भी हम देख रहे हैं कि प्रेम करने से ही प्रेम बढ़ सकता है। उलफ़त से उलफ़त पैदा होती है। लेकिन मालूम होता है कि हमारी सरकार ने प्रेम को तिलांजलि दे दी है। इधर फिर ख़बरें आने लगी हैं कि अमुक-अमुक प्रेसों और पत्रों से इतनी ज़मानतें ली गयीं अथवा ज़ब्त की गयीं; अमुक स्थान पर अमुक प्रकार की कड़ाई हो रही है, इत्यादि। इस समय हमारी सरकार असहयोग और खिलाफ़त से वैसे ही भड़क रही है जैसे लाल कपड़ा दिखाने से मरकहा बैल। लेकिन बैल के भड़कने से लाल कपड़ा नहीं जलाया जा सकता। बल्कि यह जरूर हो सकता है कि मरकहे बैल का सींग ही काट दिया जाय। हमारी सरकार में शान (प्रेस्टिज) की जो हेकड़ी है, यही सब मुसीबतों की जड़ है—उसके और हमारे दोनों के लिए। नहीं तो, यह कैसी हँसी की बात है कि हिन्दोस्तानियों से कहा तो यह जाय कि तुम्हारा शासन तुम्हारी ही इच्छा पर होगा और हम अपनी ग़लतियों के लिए तुम्हारे सामने ज़िम्मेदार होंगे और किया जाय बिल्कुल इसका उलटा अर्थात् हमारी बातें मानने की कौन कहे, सुनी तक न जायँ! लेकिन जो हो। आज नहीं तो कल हमारी बातें सुनी जाएँगी और जरूर सुनी जाएँगी। और सुनेगी स्वयम् हमारी यही सरकार! हाँ नीति और रंग-ढंग में तब कुछ फ़र्क ज़रूर रहेगा। परन्तु, यह सफल हो सकता है तभी, जब हम अपने को मनुष्य समझेंगे और जब हम अपनी, प्राचीनता का आह्वान करेंगे। इसके सिवा कोई दूसरी सूरत नहीं है।

२५ सितम्बर १९२१

शुद्ध स्वदेशी खद्दर

जब से महात्मा गाँधी ने यह कहा है कि हिन्दोस्तान के लोगों को चाहिए कि वे शुद्ध स्वदेशी खद्दर का इस्तेमाल करें तब से जिस अखबार में देखो इसी मज़मून के विज्ञापन धड़ाधड़ निकल रहे हैं कि यदि किसी को शुद्ध स्वदेशी खद्दर लेना हो तो वह हमारे यहाँ से मँगाये। लेकिन असलियत यह है कि इनमें से अधिकांश कोरे विज्ञापनबाज़ हैं। ख़ासकर युक्त प्रान्त में तो बहुत कम ऐसे स्थान हैं जहाँ चरखों के ही सूत के ताने बाने से शुद्ध स्वदेशी खद्दर तैयार किया जाता हो। ऐसी स्थिति में हमारे मित्र श्रीयुत राम किशोर जी के अनुरोध से गोरखपुर के श्रीयुत मंगलचन्द महादेव प्रसाद जी का यह उद्योग सराहनीय और प्रशंसनीय है कि उनके यहाँ जो खद्दर तैयार होता है वह बिल्कुल शुद्ध ताना और बाना दोनों ही चरख़े के सूत का होता है। हमारे पास भी इनमें के कुछ थान आये थे और हमसे कहा गया था कि हम 'स्वदेश' में इसकी सूचना निकाल दें। लेकिन चूँकि हमें खुद शुद्ध और अशुद्ध का ज्ञान नहीं था और हम नहीं चाहते थे कि 'स्वदेश' को इस मामले में कलंक का टीका अपने सर लगाना पड़े, इसलिए कारख़ाने में इस्तेमाल किये जाने वाले सूतों की कुछ गड्डी और तैयार किये हुए कोरे और धुले हुए दो थान हमने कलकत्ता में महात्मा गाँधी की परीक्षा के लिए भेजा। महात्माजी ने इसे पास कर दिया और लिखवा भेजा कि जो थान उनके पास भेजे गये थे बिल्कुल शुद्ध स्वदेशी खद्दर के हैं। हाँ, जुबानी उन्होंने इतना और कहा कि यह सूत बहुत कमजोर है और बुनाई में गफ़ नहीं है, इस ओर कुछ विशेष तवज्जह देने की ज़रूरत है। हमने महात्माजी का यह सन्देश श्रीयुत मंगलचन्द महादेव प्रसाद और अपने मित्र श्रीयुत राम किशोरी जी तक पहुँचा दिया है। आशा है, वे लोग महात्माजी की इस आज्ञा पर अवश्य ध्यान देंगे। एक बात महात्माजी ने और कही थी और वह यह कि ये थान कुछ मँहगे पड़ रहे हैं। दाम भी ठीक हैं। लेकिन, अभी कुछ दिन तो यह मँहगी बरदाश्त करनी ही पड़ेगी। जो हो। इन सब बातों के लिखने का प्रधान कारण यह है कि आगामी ३० सितम्बर तक, अगर देश को स्वराज्य लेना मंजूर है और वह महात्मा गाँधी का अपने को सच्चा अनुयायी सिद्ध करना चाहता है, तो बिना एक मिनट की देर किये हुए अपने विदेशी कपड़ों को फूँक ताप डाले और शुद्ध खद्दर

के रंग में रँग जाय। हमारी यह अपील गोरखपुर जिले वालों से खास तौर पर है। उनसे हमारी प्रार्थना है कि वे या तो अपने गाँव या आस पास के गाँवों में जहाँ उन्हें इतमीनान हो चरख़े के ही सूत का ताना-बाना कराकर शुद्ध स्वदेशी खद्दर तैयार करायें और उन्हें पहनें और जो यह सब जहमत न उठाना चाहें वे श्रीयुत रामकिशोरी जी, मुहल्ला बसन्तपुर, शहर गोरखपुर से मिलकर महात्मा गाँधी द्वारा पास किया हुआ खद्दर ले जाएँ अथवा बज़रिये चिट्ठी उनसे मँगा लें। यह तो हुई वह बात जिन्हें गोरखपुर ज़िला के हर निवासी को करना चाहिए। अब हमें दो-तीन प्रार्थनाएँ अपने मित्र श्रीयुत रामकिशोरी जी तथा श्रीयुत मंगलचन्द महादेव प्रसाद जी से भी करनी है। हमारी पहिली प्रार्थना तो यह है कि उनके जो खद्दर तैयार हों, उन पर कृपा करके हमारे प्रेस का मुहर लगवा लिया करें, दूसरी यह कि ये खद्दर जितने सस्ते भाव पर दिये जा सकें, दिये जाएँ, और तीसरी बात यह कि कुछ करघों को इसलिए छोड़ दिया जाय कि वे स्वतन्त्र रूप से, मुनासिब मज़दूरी लेकर, अगर कोई अपने घर का सूत बुनाना चाहे तो उसे निराश न करें और उसे अपने यहाँ बुनवा दें। समय कम है, देश को शुद्ध स्वदेशी के रंग में रँग देना है, हमें स्वराज्य-संग्राम में खद्दर पहनकर मैदान में उतर जाना है, इसलिए हमारे ये दोनों मित्र भी इस पुण्य कार्य में जहाँ तक हो सके ऐसा योग दें कि समूचा गोरखपुर ज़िला उनका कृतज्ञ रहे। आशा है, इन कुछ पंक्तियों पर लोग ख़ासतौर पर ध्यान देंगे।

११ सितम्बर १९२१

चरख़े के सूत राष्ट्र की नसें हैं

भारत-आत्मा का उज्ज्वल चमत्कार खद्दर के भीतर से झलकेगा

आज दो वर्ष का ज़माना गुज़र गया जबकि पंजाब में हमारे भाइयों पर वह मुसीबत टूट पड़ी थी, जिसको देखकर आसमान काँप उठा था। बेकसूर बालक, बेचारी स्त्रियाँ और निहत्थे भारतवासी उस जुल्म का शिकार बने थे, जिसकी मिसाल दुनियाँ की बलवान और ज़बरदस्त कौमों, कमज़ोर और पद-दलित कौमों के खून से होली खेलकर समय-समय पर संसार के इतिहास में पेश करती हैं। सितारों ने डबडबाई हुई आँखों से वह दृश्य देखा था जब जलियानवाला बाग के घायल तड़प-तड़पकर अपना दम तोड़ रहे थे।—स्वराज्य के मण्डप को वह गारा, जो पंजाब के घायलों के खून से देश के हाहाकार के बीच आँसुओं के तरारे देकर साना गया था, अब तक पड़ा सूख रहा है। और अगर अब भी हमने जल्दी से काम नहीं किया तो इस साल की बरसात उस गारे को बहा ले जाएगी।—लगभग एक वर्ष हो गये, काँग्रेस में महात्मा गाँधी की ललकार पर देश का भरा हुआ दिल उमड़ आया था। सैकड़ों वकील और बैरिस्टर तथा सरकारी मुलाज़िम अपना काम छोड़ बैठे और लगभग एक लाख नवयुवक सरकारी स्कूलों को छोड़कर राष्ट्रीय विद्यालयों में दाखिल हो गये। आज इनमें से कई सौ सत्याग्रही देश-सेवा के अपराध में जेल काट रहे हैं और अपने पसीनों से स्वराज्य मण्डप के सूखते हुए गारे को भिगोते जाते हैं। धर्म-संग्राम छिड़ा हुआ है। आत्मिक बल और पाशविक बल अपनी-अपनी शक्तियाँ आजमा रहे हैं। सत्याग्रह की ढाल पर जुल्म की तलवारें गिरकर अपनी झनकारें सुनाती हुई टूटती चली जा रही हैं और शत्रु का हाथ थक चला है। अब समय आ गया है जब हमको अपना वह ब्रह्म अस्त्र चलाने के लिए तैयार हो जाना चाहिए जिसके लिए महात्मा गाँधी ने इशारा कर दिया है। वह ब्रह्म-अस्त्र कौन सा है, जिसके चलाने के लिए; वह महामन्त्र कौन सा है, जिसको जगाने के लिए—देश ने असहयोग कर और सब काम स्थगित कर दिया है? वह महामन्त्र स्वदेशी है और वह ब्रह्म अस्त्र चरख़ा है जिसके सूत तीव्र और चमकीले किरणों की तरह ताना-बाना कर सनसनाते हुए अन्धकारमय शत्रुदल पर बरसेंगे और हमारी विजय होगी। सम्भव है, कुछ लोगों के हृदय में यह सन्देह बाक़ी रह गया हो कि स्वदेशी

आन्दोलन से दिल्ली की गद्दी अपने हाथ में फिर किस तरह लौट आयेगी?— सोचने की बात है कि इंग्लैण्ड वालों का भारत पर राज्य करने का उद्देश्य क्या है? राज्य किया जाता है इसलिए कि प्रजा के बीच में रहकर राजा प्रजा के प्रेम और सम्मान का मज़ा चखे या शान शौकत दिखलाकर खूब प्रजा को प्रभावित करता रहे, अथवा राज्य करने वाले प्रजा के धन से खूब गुलछर्रे उड़ावें। लेकिन, न तो इस देश में राजमहल है और न राजा रहते हैं, न तो राजा के प्रतिनिधि अँग्रेज़ लोग हमारी भाषा-भेष, धर्म-कर्म, रहन-सहन से कुछ सरोकार रखते हैं और न कोई शान-शौकत ही का मज़ा अपनी बन्द और आबादी से दूर कोठियों में इनको मिल सकता है। सैकड़ों वर्ष से इन 'विदेशी राजाओं' ने हमसे असहयोग कर रखा है। सिवा इसके कि यह मुट्ठी भर हुक्काम बड़ी-बड़ी तनख़्वाहें लेकर क्लबघरों में या अपनी कोठियों में अपना जीवन व्यतीत करें, उनको हमारे सामाजिक जीवन से कोई वास्ता नहीं। जो हिन्दोस्तानी रईस अँगरेज हाकिमों से उनकी कोठियों में जाकर बराबर मिला भी करते हैं उनको भी इस बात का अच्छी तरह से अनुभव हो चुका है कि अँगरेजों के जीवन और उनके जीवन में ज़मीन-आसमान का अन्तर है। अँगरेज लोग हाथ तो हमारे इन भाइयों से मिला लेते हैं, लेकिन उस समय भी दिलों में हजारों कोस का फ़ासिला रहता है। ऐसा नहीं मालूम होता कि भाई-भाई या राजा-प्रजा मिल रहे हैं। जब तक दोनों साथ रहते हैं, दोनों को कुछ अनकुस सा मालूम होता है। अगर सचमुच राजा और प्रजा में भाई चारे और प्रेम का भाव होता, अगर सचमुच दिल मिले होते, अगर सचमुच अँगरेज लोग हिन्दोस्तान को अपना घर समझते होते, तो क्या वे हमाने हिन्दोस्तानी रईसों के घर टहलते-टहलते कभी चले न आया करते? लेकिन ऐसा मेलजोल तो दरकिनार, बड़े से बड़े रईस के शादी-ब्याह, मरने-जीने, दुःख सुख में शरीक होने के लिए कब किस अँगरेज ने अपनी कोठी छोड़ी है? राय बहादुरी, खान बहादुरी, ख़िताब, जागीर, सब दूर से ही देकर किसी तरह से अँगरेज अपने सर का बोझ हटाते हैं! राजभक्ति हमारे रगों-रगों में भिनी हुई है लेकिन बड़े से बड़े राजे इस बात को तरस गये कि कोई अँगरेज हमारे घर आता, भाई-बन्धु की तौर पर हमारा हाल-चाल दरियाफ्त करता और हमसे घराय करता। डेढ़ सौ वर्ष से वह अपने 'विदेशी राजाओं' के प्रेम-दृष्टि के लिए तरस गया, लेकिन हमारे 'विदेशी राजा' कट्टर असहयोगी निकले और टस से मस नहीं हुए। प्रेम, सम्मान, शान-शौकत से अँगरेजों ने अपने आप को स्वयं वंचित रखा। यदि वे एक आध दरबार भी करते हैं तो उसमें ऐसा बैठते हैं मानों अपने ऊपर जबरदस्ती कर रहे हैं। इसको वह खुद समझते हैं और हिन्दुस्तानी दरबारी भी समझते हैं। जिस राज्य में सूर्य कभी अस्त नहीं होता, उस राज्य के दरबार में इतना भी सच्चा भाव, शान-शौकत, प्रेम और सम्मान नहीं होता जितना

एक मामूली रईस के दरबार में होता है। जब हमारी नरम और सरस भाषा को साहब लोग तोड़-मरोड़ कर और अटक-अटक कर उच्चारण करते हैं तो उस समय खुशामदी से खुशामदी हिन्दुस्तानी के दिल पर ठेस लगती है और ग्लानि तथा लज्जा से वह मिट जाता है और अपने मन में सोचता है कि जो राजा हमारी भाषा भी नहीं बोल सकता वह हमारे ऊपर राज्य क्या कर सकता है ? —अब रही रुपये पैसे की बात। यहाँ अलबत्ता मालूम होता है कि अँगरेज लोग हमारे राजा हैं। संसार के किसी देश में इतनी बड़ी-बड़ी तनख़्वाहें हाकिमों को नहीं दी जाती हैं जितनी हिन्दुस्तान में। और, तिजारत के ज़रिये से भी जितना धन हर साल हिन्दुस्तान से इंग्लैण्ड जाता है उतना किसी एक देश से दूसरे देश में नहीं जाता। इसी से इस राज्य को क्षत्रिय राज्य न कहकर वैश्य राज्य या बनिया राज्य कहा जाता है। अब सिद्ध हो गया कि इंग्लैण्ड को या हमारे राजाओं को हिन्दुस्तान से अगर कोई फ़ायदा है तो वह धन का फ़ायदा है। यह कहना बिल्कुल यथार्थ है कि ब्रिटिश साम्राज्य एक व्यापारी कम्पनी (Joint Stock Company) है, जिसका ख़ास काम मुनाफ़ा कमाना है। जिस दिन इस मुनाफ़े को धक्का पहुँचेगा उस दिन अँगरेज लोग हिन्दुस्तान में हमारी भाषा बिगाड़कर बोलने के लिए, बे-दिली से कभी-कभी दरबार करने के लिए, यहाँ की कड़कड़ाती हुई धूप में रहने के लिए बैठे न रहेंगे; उसी दिन अँगरेज लोग खुशामदियों की खुशामद और चुगुलखोरों की चुगली पर ठोकर मारकर, उनका सलाम भी सीधे न लेकर अपने ठण्डे मुल्क का रास्ता लेंगे। इस वैश्य राज्य के मुनाफ़े को जहाँ धक्का पहुँचा, इसका पैसा जहाँ खोटा हुआ, उसी दिन अपनी फ़ौज, पुलिस, अदालत, इन्तिज़ाम, सब कुछ राज्य का आडम्बर हिन्दुस्तानियों को सुपुर्द करके अपनी बही बस्ता बाँधकर यह व्यापारी भाई अपने घर चल देंगे। इसलिए मालूम हुआ कि स्वदेशी आन्दोलन ही न्याय और शान्ति के साथ इस उद्देश्य को पूरा कर सकता है। जिस दिन आपने अपनी तिजारत अपने हाथ में कर लिया, उसी दिन बिना माँगे यह व्यापारी स्वराज्य आपको दे देंगे। कपड़ों का ७५ करोड़ रुपया जब आपने अपने हाथ में कर लिया, मादक वस्तुओं का निषेध करके जब आपने लगभग एक अरब रुपया रोक लिया और विदेशी वस्तुओं का बहिष्कार करके जब आपने कई अरब रुपया रोक रक्खा तो उसी दिन इस व्यापारी कम्पनी (Joint Stock Company) का, जिसका नाम अँगरेजी साम्राज्य है, दिवाला हो जाएगा। इतनी शक्ति अपने अन्दर जब आप ला चुकेंगे तो उन तनख़्वाहों का रुपया जो केवल मुट्ठी भर अँगरेजों के हाथ में जाता है, अव्वलन तो इतना काफ़ी नहीं है कि जिससे इंग्लैण्ड का पेट भर सके और अगर इन रुपयों की लालच से यह राज्य करना भी चाहें तो यह तनखाहें भी धीरे-धीरे हम अपने हाथ में उन उपायों से कर लेंगे जो इस समय गुप्त हैं, लेकिन जो स्वदेशी आन्दोलन के सफल होने के बाद

प्रकट हो जाएँगे—परन्तु, सब विदेशी वस्तुओं का बहिष्कार एक ही दम नहीं हो सकता। इसलिए हमें पहले कपड़े का व्यापार अपने हाथ में कर लेना चाहिए। हिन्दुस्तानी मिलों के वह कपड़े, जो विदेशी सूत से नहीं बनते, मुश्किल से ६-७ फ़ीसदी हिन्दुस्तानियों के बदन ढाँक सकते हैं। इसलिए एकमात्र उपाय देश को स्वदेशीमय कर देने का यही है कि घर-घर जल्दी से जल्दी चरख़े चल जायँ। भारत को चरख़े के सूत से पाट दो, क्योंकि यही सूत राष्ट्र की रगें हैं। इन्हीं सूतों से राष्ट्र का विराट स्वरूप प्रकटित होगा और भारत आत्मा का उज्ज्वल चमत्कार खद्दर ही के भीतर से झलकेगा। खद्दर के सोलहों प्रकाश से संसार चकाचौंध हो जाएगा। ज़रा सोचिए तो सही कि कितने शोक की बात है ४ करोड़ इंग्लैण्ड निवासी जिनके घर पैसा भर रुई नहीं होती भारत के ३१ करोड़ प्राणियों को—जिन के घर संसार भर को वस्त्र पहिनाने के लिए काफ़ी रुई होती है—हिन्दुस्तानी को यह धमकी दे सके कि अगर हम कपड़ा तुम्हारे घर न भेजेंगे तो तुम नंगे हो जाओगे! हममें बहुत से लोग जोश में आकर कानून तोड़ना चाहते हैं, जेल में जाकर चक्की चलाना चाहते हैं, ग़दर की बातें करते हैं, लेकिन मेरा निवेदन यह है कि पहिले चरख़े की चक्की चला लीजिये पहिले यह ग़दर कर लीजिए, उसके बाद और कुछ सोचिएगा। याद रहे कि स्वदेशी और स्वराज्य के दुश्मन लंकाशायर, मैनचेस्टर और अँगरेज लोग नहीं हैं। देश के शत्रु, महात्मा गाँधी को कलंकित और बदनाम करने वाले, उनके उद्देश्य का खून करने वाले, अँगरेज लोग नहीं है, पुलिस नहीं है, अमन सभाएँ नहीं है बल्कि यह खुद हमारे वे देश-निवासी हैं जो स्वराज्य और गाँधीजी की जय पुकारने में आसमान सर पर उठा लेते हैं लेकिन जिन्होंने अपने घरों में चरख़ा अब तक नहीं चलाया। जिस तरह से बिना गऊ, बिना चूल्हे, बिना स्त्री बालक के घर मनहूस समझा जाता है उसी तरह से वह घर जिसमें चरख़ा नहीं चलता, गृहस्थ का घर नहीं है। देश का सच्चा हितैषी वही है, महात्मा गाँधीजी की जय पुकारने का अधिकार उसी को है जो उस समय तक खाना, पीना, सोना, दुःख-सुख अपने लिए हराम समझे जब तक उसके घर में एक या दो चरख़ा आकर न चलने लगे। यह भी याद रहे कि अगर हम खुद सूत कातकर कपड़ा बुनवाने लगें तो मोल लेने के भरोसे स्वदेशी कपड़ा हमको नहीं मिल सकता। पहिले तो हिन्दुस्तानी मिलों में जो कपड़ा बनता है वह काफ़ी नहीं होता इसके अतिरिक्त ऐसे कपड़े में अधिकांश विदेशी सूत रहता है। जुलाहों के बुने कपड़ों में भी अधिकांश विदेशी ही सूत होते हैं।

१८ सितम्बर १९२१

मोपलों का जीवन-इतिहास

मोपलों के हाल के उपद्रव ने स्वभावतः पूरे हिन्दोस्तान का ध्यान अपनी ओर आकर्षित कर लिया है। परन्तु ये मोपले कौन हैं, इस विषय पर पत्रों में अभी बहुत कुछ रोशनी डाली गयी है। आज हम यहाँ इस बात का कुछ उल्लेख कर देना चाहते हैं कि आगे चलकर वर्तमान उपद्रव की जाँच-पड़ताल करते समय हमारे लोगों को अपनी सम्मति स्थिर करने में कोई कठिनाई न हो। अस्तु। 'स्वदेश' में प्रकाशित पिछले लेखों को पढ़कर पाठकों को यह मालूम ही हो गया होगा कि मोपले अरब हैं और ८ वीं या ९ वीं शताब्दी में मद्रास सूबे के दक्षिण पश्चिम भाग—मलाबार में आकर बस गये थे। गत माह मोपले शब्द की उत्पत्ति के विषय में आपने यह भी पढ़ा होगा कि मोपला तामप्पिल्ला शब्द तमिल भाषा का है इसका शब्दार्थ होता है दामाद। इसी विषय पर, गत सप्ताह एक कहानी भी छपी थी। परन्तु इस सप्ताह के कुछ अखबारों को देखने से मालूम होता है कि मोपले शब्द के कई लोगों के कई मत हैं। कुछ का यह कहना है कि इनका ठीक नाम मोपला नहीं, बल्कि महापिलिया है, जिसका अर्थ यों है—महा माने बड़ा और पिलिया माने लड़का। परन्तु थर्स्टन साहब के अनुसार मोपलों का शुद्ध नाम है मापिल्ला और इस शब्द का सम्बन्ध आप अरबी भाषा के 'मुफ़लिह' (सुखी) अथवा ....(खेतिहर) से बताते हैं। कुछ लोग यह भी कहते हैं कि 'मपिल्ला' शब्द ....धातु से बना है, जिसका अर्थ होता है ज़मीन जोतना। एक महाशय ने 'मापिल्ला' को मलाबारी शब्द कहकर उसका अर्थ यों लगाया है :—'मा' माने माता और 'पिल्ला' माने बच्चा। अर्थात अपनी माता का बच्चा। वह कहते हैं कि इस जाति का 'मापिल्ला' नाम इसलिए पड़ा क्योंकि इनकी उत्पत्ति मलाबार के स्त्रियों और अरब वासियों के मेल से हुई है। जो हो। यह एक प्रामाणिक बात है कि वर्तमान मोपलों के पूर्वज अरब से आये थे और मालाबार के उस वक्त के राजा ने इन अरबी मुसलमानों का स्वागत किया, उन्हें अपने यहाँ बसाया और खुद भी वह इस्लाम धर्म क़बूल करके अरब चला गया और वहीं इसकी मृत्यु हो गयी। क़िस्सा कोताह इन मोपलों की आबादी लगभग ११ लाख है और मालाबार के मुसलमानों में इन्हीं की बहुलता है—इस ११ लाख की आबादी में से ८ लाख मोपले तो मालाबार में बसे हैं और बाकी मालाबार के उत्तर-दक्षिण कनारा तथा मालाबार के दक्षिण द्रावेंकोर में। मोपलों का शरीर बहुत हट्टा

कट्टा होता है। इनमें बहु-विवाह की प्रथा ज़ोरों से प्रचलित है—अर्थात दक्षिण, मालाबार में तो ८० फ़ीसदी मर्दों के दो या दो से भी ज़्यादे औरतें हैं, परन्तु २० फ़ीसदी के तो तीन और चार-चार औरतें हैं। मालावार में लड़कों का व्याह १९ वर्ष की उम्र में और लड़कियों का १४ वर्ष की उम्र में होता है। इसी प्रकार दक्षिण मालावार में लड़कों का १६ वर्ष में और लड़कियों का १० ही वर्ष में विवाह हो जाता है। थर्स्टन साहब का यह भी कहना है कि किसी-किसी जगह मोपले अपनी औरतों को अपने घर बहुत कम ले जाते हैं, वह अपने मैके में ही पड़ी रहती हैं। मोपला हमेशा से धर्म के बड़े कट्टर रहे हैं और धर्म के नाम पर वे तुरन्त जोश में आ जाते हैं। वे बड़े हठधर्मी भी होते हैं। आज से नहीं, आरम्भ से ही मोपले सर्वदा लड़ाकू और फ़सादी रहे हैं और ये लोग धर्म के नाम पर जान देने के लिए सरनाम है। कहा जाता है कि मालाबार देश में जो राजा रहा, उसको मोपलों की चिन्ता सदैव बनी रही। हैदर अली और टीपू सुल्तान के समय में भी इन के उत्पात सुने जाते हैं। गोरे-चमड़े वालों से उनका पुराना बैर था। डच और पुर्तगाल वालों से भी उनकी नहीं पटी। अँगरेजों से भी इनका कुछ विशेष प्रेम नहीं मालूम होता। अगर किसी से इनसे पटी तो कालीकट के अमेरिकन तथा कनानोर के अली राजा से जो लक्क द्वीप तथा मालद्वीप के राजा थे। मोपलों के मकान ख़ूब मज़बूत छोटे-छोटे किलों की भाँति बने हुए होते हैं और उन में गोली चलाने के वास्ते जगह-जगह पर सूराख़ (छेद) बने रहते हैं। लड़ाकू होने के साथ-साथ ये बहादुर भी खूब होते हैं। कहा जाता है कि अन्तिम ८० वर्षों में छोटे-मोटे मामलों को छोड़कर कम से कम ३६ बार बड़े-बड़े फ़साद इन लोगों ने मचाये। अकेले १८३६ से १८५३ तक लगातार इन्होंने २२ बार दंगे फ़साद किये। १८४९ का दंगा बहुत भीषण था और उसमें सरकार को इन्हें दबाने के लिए फौज तक भेजनी पड़ी थी। समय-समय पर इनको शान्त रखने के लिए सरकार को नये कानून भी गढ़ने पड़े थे। कहा जाता है कि इनके झगड़े फ़साद प्रायः दो कारणों से होते हैं—या तो धार्मिक अथवा व्यक्तिगत (कृषि सम्बन्धी) इनके धार्मिक जोश के विषय में इतना ही कहना काफ़ी है कि मोपलों के हृदय में रूस के वास्ते बड़ा आदर और सम्मान है, क्योंकि उसे ये लोग ख़िलाफत की गद्दी मानते हैं। अपने मुल्लाओं के वास्ते भी इनके हृदय में बड़ा सम्मान है। इनका मोपलों पर ख़ासा प्रभाव भी है। ये लोग शराब को हराम समझते हैं और तलवार, तोप तथा बन्दूक से रत्ती भर भी नहीं डरते। सुनते हैं कि लड़ाई आरम्भ करने के पहिले ये लोग एक रात, रात भर ईश्वर की प्रार्थना करते हैं और फिर दूसरे रोज़ निडर होकर मृत्यु का सामना करते हैं। शायद इनकी इस दिलेरी को ही देखकर सरकार ने इन्हें सेना में भी भर्ती किया था, परन्तु बाद को सन् १९०७ में इनका रिसाला तोड़ दिया गया। फिर भी यूरोपीय महायुद्ध के अवसर पर ये लोग

पुनः सेना में भरती किये गये थे और अभी हाल ही में ये फौज से अलग किये गये हैं। मोपलों का बस यही संक्षिप्त जीवन-इतिहास है। इसे सामने रखकर पाठक पिछली घटनाओं को तौलें और आगे जो ख़बर आये उन पर विचार करें।

३१ जुलाई १९२१

भगवान तिलक

सचमुच दिन जाते देर नहीं लगती है। देखते-देखते, आज-कल करते-करते पूरे एक वर्ष हो गये—जब हमारे सौभाग्य का सूर्य अस्त हुआ था, जब हमारे सार्वजनिक जीवन पर बज्राघात हुआ था, हमारे लहलहाते, कमल-वन पर पाला पड़ गया था, हमारा अपना सगे से सगा गुरु, पिता, भ्राता, बेटा और जीवन-सर्वस्व लुट गया था, जब बम्बई के सरदार-गृह में भगवान बाल गंगाधर तिलक का स्वर्गारोहण हुआ था—देवदूत कई दिनों से विमान लेकर प्रस्तुत थे, देववृन्द लोकमान्य के दर्शन के लिए आतुर थे, लेकिन भारत माता का प्रेम अटल और अचल था और माता के प्रेम का गंगाधर को ध्यान था। इसलिए हमारे प्रेम ने कई दिनों तक उनको रोक दिया था। सुरसमूह के देखने योग्य, कवियों की प्रतिमा के अनुकूल, चित्रकारों के चित्र के लिए मनोहर सामग्री थी, जब कई लाल भारतीय रात-दिन तिलक महाराज के स्वस्थ होने की मंगल-कामना कर रहे थे। रोते थे, घबराते थे, अधीर होकर कराहते थे, लेकिन फिर भी आशा की शमा हृदय में आकर धैर्य कराती थी। लेकिन हुआ वही जो न होना चाहिए था, ...किया वही जो न करना चाहिए था। आज एक वर्ष के बाद भी जिस अनिष्ट की सम्भावना से हृदय दहल जाता है वही सामने आया। "सम्भवामि युगे-युगे" की सान्त्वना देते-देते हमारी आँखों का प्यारा, वृद्ध भारत माता के जीवन का सहारा, पार्थिव शरीर को छोड़कर चल बसा! नाथ हम जानते हैं कि तुम हमको हृदय से नहीं छोड़ सकते हो, मानते हैं कि भारत से तुम मुख नहीं मोड़ सकते हो। प्यारे! तुम देख रहे होगे कि आँख के आँसू आगे नहीं चलने दे रहे हैं, लिखने नहीं देते हैं। मालूम है कि तुम जहाँ रहोगे माता को और उसकी मूक जनता को नहीं भूल सकते हो, तुमको कुछ देकर इन्द्र लुभा नहीं सकता है उसका बज्र तुमको डरा नहीं सकता है, तुम्हारा निर्भीक सिंह-नाद वहाँ भी वैसे ही अधिकारियों का हृदय-विदीर्ण करता होगा। लेकिन, स्वार्थ और तुम्हारा प्रेम, धैर्य धारण नहीं करने देते हैं।— यह ठीक है कि कौंसिल तुम्हारे न रहने पर भी ख़ाली नहीं हैं, बड़े-बड़े पद लेने वाले भारतीयों की कमी नहीं है, चढ़ाव-उतार के व्याख्यान देने वाले राजनीतिज्ञों का भी अभाव नहीं है, स्वतन्त्रता का युद्ध भी चल ही रहा है, लेकिन वृद्धावस्था में माता के लिए वर्षों

के वास्ते जलावतन होने वाले तुम्हीं थे। देश में जब स्वराज्य की भावना करने वाले के हृदय तक की तलाशी ली जाती थी। तब ताल ठोककर-कलेजा खोलकर— आघात पर आघात सहने वाले आप ही थे। तन को तन न समझा, धन को धन न माना, आदर निरादर की कभी परवा नहीं की, सशस्त्र, सशक्ति, संगठित और मदान्ध नौकर-शाही को खुले शब्दों में चैलेंज देने वाले आप अकेल थे, आप का प्रथम पद निर्विवाद था, तुम्हारी तुलना के लिए तुम्हें छोड़कर दूसरा नहीं मिलता है। तुम्हारी देशभक्ति की तुलना तुम्हारे बलिदान से करें या तुम्हारी विद्वता की तुलना तुम्हारे सदाचार से करें। तुम्हारी प्रतिभा की समता तुम्हारी सरलता से दें— या तुम्हारे आह्वान की बराबरी समदर्शिता से करें। तुम्हारे बल को तुम्हारी बुद्धि की श्रेणी में रखें या तुम्हारी दीनवत्सलता को तुम्हारी निर्भीकता से मिलायें। तुम्हें वेदपारंगत कहें या गणितज्ञ। पुरातत्त्वावेदी कहें या राजनीति विशारद, नीतिपटु नेता कहें या बेख़ौफ सिपाही, योगी कहें या भगवद् भक्त, प्राणधन कहें या जीवन-सर्वस्व, प्राणेश्वर कहें, विश्वेश्वर कहें या ईश्वर। —हम लिखने बैठे थे तुम्हारा चरित्र लेकिन हृदय भर आया है। रह-रहकर उसी अमंगल दिवस एक अगस्त का स्मरण हो आता है, जब तुम मृत्यु शय्या पर पड़े थे और तुम्हारे बग़ल में बैठा था नवयुग का सबसे बड़ा अहिंसात्मक असहयोगी कर्मवीर महात्मा मोहनदास कर्मचन्द गाँधी। ऐसा प्रतीत होता था जैसे तुम मोहनदास को भारतमाता की सेवा का चार्ज दे रहे थे। समझ-समझकर, एक-एक करके, वह एक-एक बात को देखकर आपकी दीक्षा ले रहा था; आपकी थाती सहेज रहा था। तुम्हारे मिशन को किस पटुता से वह पूरा कर रहा है, तुमने देख लिया होगा। तुम्हें विश्वास होगा और देश को भी विश्वास है कि गाँधी आपका कार्य कितनी पटुता से पूरा करेंगे। लेकिन आपको भी तो सोचना है कि अचानक इस दुबले-पतले देशभक्त पर कितना बोझ पड़ गया। उसको पदच्युत करने को कितने साम, दाम, दण्ड और विभेद दिखाये जा रहे हैं। यह ठीक है कि तुम काफ़ी तकलीफ उठा चुकने पर अब आराम करते होगे, लेकिन हृदय तो नहीं मानता है, भारतमाता तो तुम्हें नहीं भूलती हैं, महात्मा गाँधी तो रह-रहकर लोकमान्य-लोकमान्य की पुकार कर रहे हैं। —भारत गगनांगण के सूर्य एक बार फिर उदय हो जा। कर्मयोग के कोकिल एक कूक फिर सुना जा, महाराष्ट्र सिंह एक नाद फिर कर दे, अब हम सचेत हो गये हैं। अब हम तुम्हारे ऊपर आघात न होने देंगे। रोटियों के लिए बिके हुए तुम्हारे देशवासी गुप्तचर अब तुम्हारे विषय में झूठी रिपोर्ट न देंगे, पद-लोभी भारतीय जज भी अब तुम्हारे साथ अन्याय न करेगा, नौकरशाही को अब हम प्रहार न करने देंगे, अपनी राष्ट्रीयता का संहार न करने देंगे, नरम-गरम का भेद-भाव अब न रहेगा। हमारे भाल के सौभाग्य तिलक, हमारी वाटिका के बसन्त तिलक हमारी राष्ट्रीयता के गौरव तिलक, हमारी

वीरता के विकास, तिलक देश-भक्ति के मूल तिलक, शत्रुओं के शूल तिलक, स्वमी तिलक, नेता तिलक, विजेता तिलक, भगवान तिलक, प्यारे तिलक आओ।

२४ जुलाई १९२१

परमहंस राघवदास का संक्षिप्त परिचय

पच्चीस वर्ष की आयु में विलक्षण प्रतिभा

कौन ऐसा अभागा भारतवासी होगा जिसने स्वराज्य की दुंदुभी बजाने वाले स्वर्गीय लोकमान्य तिलक के निवास स्थान, बम्बई प्रान्त के पूना नगर का नाम न सुना हो। यही पवित्र पूना नगरी हमारे चरित नायक बाबा राघवदास की भी जन्मभूमि है। बाबा राघवदास का जन्म एक बहुत ही प्रतिष्ठित धनवान कुल में तारीख १२ दिसम्बर सन् १८९६ को हुआ था। आपके सात भाई और पाँच बहिने थीं। परन्तु ईश्वर की लीला विचित्र है। आप की दो बहिनों को छोड़कर शेष तीन बहिनों, ६ भ्राता और पूज्य माता तथा पिता सभी का देहान्त प्लेग में हो गया। बालक राघवेन्द्र की अवस्था उस समय पाँच वर्ष की थी। शेष दो बहिनों का भी देहान्त बाद को हो गया और अब आप के पास कुटुम्ब में आप का सगा कोई नहीं है। बाबा राघवदास महाराष्ट्रीय ब्राह्मण हैं। आपकी आरम्भिक शिक्षा सितारा ज़िला और उच्च शिक्षा बम्बई में हुई थी। अँगरेजी आप ने एफ.ए. क्लास (सेकण्ड इयर) तक पढ़ी है। महाराष्ट्रीय होने के कारण मराठी भाषा में तो आपकी अच्छी पैठ है ही, साथ ही साथ आप गुजराती और हिन्दी के भी अच्छे जानकार हैं। रही देववाणी (संस्कृत) उससे तो आपका अगाध प्रेम है। आपने संस्कृत के ग्रन्थों—विशेषत: दर्शनशास्त्र आदि—का अच्छा ज्ञान प्राप्त किया है और इसमें आपका जी भी खूब लगता है। पढ़ने के समय से ही आप की इस ओर प्रवृति थी। परमहंस श्री रामकृष्णजी, स्वामी रामतीर्थ, स्वामी विवेकानन्द और मिस्टर इमर्सन के विचारों तथा उपनिषदों की गुत्थियों ने कॉलेज के विद्यार्थी श्रीयुत राघवेन्द्र देशपाण्डेय को चैन नहीं लेने दिया और वे अनुभव द्वारा उपर्युक्त विचारों के मनन (Realisation) करने के लिए सन् १९१३ में घर से निकल पड़े। उसी समय नवयुक राघवेन्द्र का नाम राघवदास पड़ा बाबा राघवदास की अवस्था इस समय केवल २५ वर्ष की है। लेकिन इतनी ही कम उम्र में आपने वह सम्मान प्राप्त कर लिया है और आपका अनुभव भी इतना बढ़ा-चढ़ा है कि बड़े-बूढ़े तक आप पर रश्क कर सकते हैं। ख़ैर। यह तो बीच की बातें हुई। कहना हमें यह है कि जिस समय बाबा राघवदास ने अपना ज्ञान-भण्डार बढ़ाने के लिए अपना घर-वार त्याग दिया तो योग-साधना

के निमित्त आप पहिले पहल सीधे पूना से प्रयाग ज़िला के हण्डिया स्टेशन के पास आये। वहाँ से अपने चित्त की शान्ति के लिए आप ने एक मास तक काशी में क़याम किया। काशी से आप ग़ाजीपुर गये। आपके ग़ाजीपुर जाने की ख़ास वजह यह थी कि ग़ाजीपुर ज़िलान्तरगत मीरा बाज़ार में एक ऐसे सन्यासी थे जिनकी प्रसिद्धि बहुत थी। बाबा राघवदास जी उक्त सन्यासी जी का दर्शन करना और उनसे उपनिषदों का उपदेश सुनना चाहते थे। तत्पश्चात् बाबा ग़ाजीपुर से चलकर श्री परमहंस रामकृष्ण मठ केदार पहुँचे। वहाँ से जगन्नाथपुरी, कटक, चाइवासा, बिलासपुर, अमरकण्टक, विन्ध्याचल, कानपुर आदि में भ्रमण तथा बड़े-बड़े महात्माओं का दर्शन करते और उनके सदुपदेशों से अपनी ज्ञान-पिपासा बुझाते हुए फिर ग़ाजीपुर लौट गये। वहीं आपने बलिया ज़िलान्तरगत इन्दुपुर के महात्मा नारायण दास जी की प्रशंसा सुनी। अतएव आप ग़ाजीपुर से इन्दुपुर पहुँचे। वहाँ आप 'शबदों' (महात्मा कबीर के वचनों) का अभ्यास करने लगे। तत्पश्चात् आपने बलिया से आरा मोलडगगंज (छपरा) होते हुए सहजनवा (ज़िला गोरखपुर) के राप्ती नदी के तट पर विश्राम किया। वहीं पाली नाम का एक ग्राम है। इस ग्राम के कई लोगों की आप पर विशेष भक्ति थी। पाली से बाबा जी बरहज आये। बरहज में आप के आने का प्रधान उद्देश्य था कि वहाँ उस समय कोई ३५ साल से परमहंस श्री अनन्त महाप्रभु जी विराजमान थे। परमहंस जी श्रीमद्भागवत के बड़े ही ज़बरदस्त विद्वान थे। उन्हें सम्पूर्ण श्रीमद्भागवत क़रीब-क़रीब कण्ठस्थ था। इसके सिवा परमहंस जी व्याकरण और दर्शनशास्त्र के भी अच्छे विद्वान थे। उनका योगाभ्यास बहुत बढ़ा-चढ़ा था। आप गायत्री के परमभक्त और पूर्ण त्यागी थे। चौबीसों घण्टे आप योगासन में लीन रहते थे। बाबा राघवदास परमहंस श्री अनन्त महाप्रभु के दर्शन पाकर कृतार्थ हो गये—विशेषतः इसलिए कि बाबा राघवदास परमहंस श्री रामकृष्ण जी महाराज के अनन्य भक्त थे और बरहज के परमहंसजी में भी श्री रामकृष्णजी के लक्षण विद्यमान थे। बरहज के परमहंस जी में एक विलक्षण बात यह भी देखी गयी कि वे रात-दिन कभी भी सोये हुए नहीं पाये गये। वे नियत समय पर लोगों से मिलते थे। हिन्दू, मुसलमान, ईसाई आदि सभी मज़हब के लोग आप के दर्शनों के लिए उत्सुक रहा करते थे। परमहंस जी भी उनसे सद्भाव से मिलते थे। गोरखपुर के भूतपूर्व कलक्टर मिस्टर मिलवराड भी एक बार परमहंस जी का दर्शन करने के लिए उनकी कुटी पर गये थे। परमहंस जी का चोला १३९ वर्ष की अवस्था में बरहज ही में छूटा। बाबा राघवदास जी उस समय बरहज में नहीं थे। वह केवल ३-४ मास ही वहाँ रहे थे। बाद को आप हरिद्वार, उत्तरकाशी होते हुए बनारस गये हुए थे। वहीं आपने परमहंस जी के विषय में 'सरस्वती' में पढ़ा कि परमहंस जी का चोला छूट गया। इसी बीच में बरहज के बहुत से लोग

बाबा राघवदास के दर्शनार्थ काशी पहुँचे और वहाँ उन्होंने बाबा राघवदास से बरहज आने का अनुरोध किया। बाबाजी ने इस प्रस्ताव को प्रसन्नतापूर्वक स्वीकार कर लिया और जिस समय परमहंसजी की वार्षिक श्राद्ध थी उस समय आप दोबारा बरहज पधारे और तब से स्थायी रूप से अब तक आप वहीं हैं। अलबत्ता बीच-बीच में आप इधर-उधर भ्रमण करने निकल जाया करते हैं। जब से महात्मा गाँधी का अहिंसात्मक असहयोग शुरू हुआ तब से बाबा राघवदासजी ने भी इस क्षेत्र में विशेष और प्रत्यक्ष रूप से भाग लेना शुरू कर दिया—'यद्यपि, आपके राजनैतिक विचार बहुत पहिले से उच्च कोटि के थे और सामयिक पत्र-पत्रिकाओं का आप विशेष रूप से पहिले ही से अवलोकन करते थे। बाबा राघवदास को काँग्रेस की पूरी व्यवस्था पहिले ही से ज्ञात थी। आपने कई बार काँग्रेस के सभापतियों के भाषणों और काँग्रेस के अधिवेशनों की कार्रवाइयों का भी अच्छा अध्ययन किया है। समाचार पत्रों में 'केसरी', 'नवजीवन', 'यंगइण्डिया' और 'माडर्न रिव्यू' आदि को आप बड़े चाव से पढ़ते हैं।' 'स्वदेश' पर भी आप की बड़ी कृपा है। इन पंक्तियों के लेखक पर उनका बड़ा अनुग्रह रहता है। आपने अपने अमूल्य उपदेशों और प्रत्यक्ष कार्यों से जिले का बड़ा उपकार किया है। केवल गोरखपुर ज़िला के ६ तहसीलों में ही नहीं वरन् असहयोग के सम्बन्ध में आप ने अन्य ज़िलों को भी लाभ पहुँचाया है। आपके इन्हीं सद्गुणों पर मुग्ध होकर गोरखपुर की ज़िला काँग्रेस कमेटी ने अपने गत अधिवेशन में आपको अपना उपसभापति चुना और जिले की ओर से जो ८ सदस्य प्रान्तीय कमेटी में चुने गये हैं उनमें से आप भी एक हैं। हमें मालूम हुआ है कि अकेले आप के प्रयत्न से केवल देवरिया तहसील में अब तक सवा दो हज़ार काँग्रेस के मेम्बर बन चुके हैं तथा ढाई हज़ार चरखों का प्रचार है। तिलक स्वराज फण्ड में भी आपने अपने परिश्रम से अब तक लगभग पाँच हज़ार रुपये दिये हैं। त्याग भी आपका बड़ा ज़बरदस्त है। सेवा समितियों के संगठन और राष्ट्रीय शिक्षा के प्रचार में भी आप भरपूर मेहनत करते रहे हैं। कई स्थानों में जो समितियाँ और राष्ट्रीय विद्यालय खुले हैं, वह सब आपकी कृपा से। आप का गोरखपुर ज़िला—विशेषतः देवरिया और हाटा तहसील—में सम्मान भी खूब है। शायद ही कोई शख़्स हो जो आपके गुणों से अपरिचित हो। ऐसे सज्जन, सौम्य, गुणवान, देशोपकारी और अहिंसा की सच्ची प्रतिभाशाली मूर्ति को अपने बीच में पाकर गोरखपुर ज़िला सचमुच बड़ा भाग्यवान है। आस-पास के छपरा, बलिया, आजमगढ़ और ग़ाजीपुर जिले में भी आपकी कीर्ति पताका फहरा रही है। आप के दर्शनों के निमित्त दर्शकों की भीड़ हर समय और हर स्थान पर ठट्ठ की ठट्ठ लगी रहती है। और ऐसे शख़्सों की तादाद उँगलियों पर गिनने योग्य होगी जिसका माथा आपके सामने न झुक जाता हो। परमहंस बाबा राघवदास के प्रयत्न से उनकी कुटी

पर एक परमहंसाश्रम और विद्यालय भी स्थापित है। इस विद्यालय में जितने ब्रह्मचारी हैं वे सब बड़े कुशाग्र बुद्धि के हैं। पिछले दिनों जब महात्मा जी गोरखपुर आये थे तब इन बालकों ने वेदस्तुति की थी। महात्माजी ने उनसे कुछ प्रश्न भी किये थे। एक छोटे से बालक ने महात्मा जी के उन प्रश्नों का उत्तर दिया। महात्माजी बहुत ही सन्तुष्ट रहे। इन बालकों की देख-रेख एक प्रकार से उन्हीं के हमजोली श्रीयुत् सत्यव्रत जी पर है और सत्यव्रत जी पर बाबा राघवदास की विशेष कृपा है। आप इन्हें बहुत मानते हैं। यही परमहंस राघवदास का संक्षिप्त जीवन वृतान्त है। ईश्वर ऐसे सर्वगुण सम्पन्न, त्यागी साधु को हमारे गोरखपुर में बहुत दिनों तक बरकरार रक्खें ताकि हम उनके चरणों की धूल अपने मस्तक पर रखकर सदैव कृतार्थ होते रहें।

प्रथम ब्लर्ब

मेरे क़ाबिल दोस्त बाबू रघुपति सहाय इल्म दोस्त आदमी हैं। शेर-ओ-सुख़न का चर्चा पसन्द है। आदमी सुख़न-फहम है। दमाग़ फ़लसफ़ियाना है। मुस्तैद। मगर ज़रा मुतलव्विन है।

प्रेमचन्द
(चिट्ठी पत्री से साभार)

दूसरा ब्लर्ब

स्वदेश के फ़िराक़ के लेखक का परिचय
डॉ. भवदेव पाण्डेय

पूर्व हिन्दी-प्राध्यापक के.बी. स्नातकोत्तर महाविद्यालय, मिरज़ापुर, उ.प्र.
जन्म—वैशाख पूर्णिमा, सम्वत् १९८१ (सन् १९२४) जिला-गोरखपुर, ग्राम-'भसमा' में।
पिता—स्व. श्री त्रिविक्रम पाण्डेय, वेद-शास्त्रवेत्ता, बहुभाषाविद, स्वतन्त्रता संग्राम सेनानी।
शिक्षा—एम.ए. (हिन्दी), पी.एच.डी.
शोध-प्रबन्ध—हिन्दी के ऋतुगीत

प्रकाशित पुस्तकें—

१. अन्धेर नगरी—समीक्षा की नई दृष्टि (१९९५)
२. अन्धा युग—अधुनातन समीक्षा-दृष्टि (१९९५)
३. भारतेन्दु हरिश्चन्द्र—नये परिदृश्य (१९९७)
४. बंग महिला—नारी मुक्ति का संघर्ष (१९९९)
५. पाण्डेय बेचन शर्मा 'उग्र' (२००१)
६. आचार्य रामचन्द्र शुक्ल—आलोचना के नये मानदण्ड (२००३)
७. एवम् निराला—(२००४)
८. हिन्दी कहानी का पहला दशक (२००६)
९. बंग महिला रचना समग्र (२००६)
१०. उग्र का परिशिष्ट (प्रकाश्य)
११. आलम विनिबन्ध (प्रकाश्य, साहित्य अकादेमी, नई दिल्ली)

विशेष सम्मान—विद्या वाचस्पति 'हिन्दी साहित्य सम्मेलन प्रयाग' (१९९६)
पुरस्कार—सच्चिदानन्द हीरानन्द वात्स्यायन 'अज्ञेय' नामित उ.प्र. साहित्य संस्थान, लखनऊ (१९९७), साहित्य भूषण, उ.प्र. हिन्दी साहित्य संस्थान, लखनऊ (२००५)
हिन्दी की लगभग सभी साहित्यिक पत्रिकाओं में आलोचना, लेख, संस्मरण, इण्टरव्यू आदि निरन्तर प्रकाशित। दूरदर्शन और आकाशवाणी से वार्ता, रेडियो रूपक, कविता आदि प्रसारित।

सम्पर्क सूत्र—प्रेमघन मार्ग, मिरज़ापुर-२३१००१, उ.प्र.
फोन-०५४४२-२५७३९६, मोबाइल-९४१५९२८४३४